Unterwegs

Second edition

DEUTSCHER SPRACHKURS 2

by David Shotter
Head of the Faculty of Modern Languages
Furze Platt Comprehensive School, Maidenhead

illustrated by Gabrielle Morton
and Judy Henry

H·E·B

Heinemann Educational Books · London

Heinemann Educational Books Ltd
22 Bedford Square, London WC1B 3HH

LONDON   EDINBURGH   MELBOURNE   AUCKLAND
HONG KONG   SINGAPORE   KUALA LUMPUR   NEW DELHI
IBADAN   NAIROBI   JOHANNESBURG
EXETER (NH)   KINGSTON   PORT OF SPAIN

© David Shotter 1974, 1983
First published 1974
Reprinted 1976, 1977, 1978, 1981
Second edition 1983

British Library CIP Data

Shotter, David
 Unterwegs.—2nd ed.—(Deutscher Sprachkurs; 2)
 [Pupils' book]
 1. German language—Grammar—1950-
 I. Title   II. Series
 438   PF3112

 ISBN 0 435 38853 3

For my mother and father

Printed by BAS Printers Limited
Over Wallop, Hampshire

Contents

Preface

Unterwegs is the second book of the four-part *Deutscher Sprachkurs*. It contains sufficient material for those pupils taking a short course to O level or CSE. Book III concentrates on particular aspects of these two examinations.

The main aim of the course is to build up gradually the basic structures of German within an everyday vocabulary and so enable the learner to handle the language confidently both in speech and writing.

Book II moves away from the village situation of Biberswald and is set mainly in Munich. In addition to many basic situations essential for any secondary course, it also contains a survey of a large city and Maria Fiedler's return visit to England. Much of the vocabulary of *Biberswald* is revised. There is ample scope for practice with the Imperfect, Perfect and Pluperfect tenses which are essential for CSE. The Conditional, Future Perfect and Conditional Perfect tenses are also introduced as are the Passive and Subjunctive in Indirect Speech for those pupils who have O level in mind. The book is, however, so arranged that these aspects of German may be easily omitted by the teacher.

Unterwegs consists of:
(a) this Pupil's Book containing 26 chapters, listening comprehension questions and a detailed reference section with grammatical summaries and word lists. There is a lesson vocabulary and an alphabetical vocabulary which includes the lexical items that appeared in *Biberswald*.
(b) a set of three tapes/cassettes. These contain most of the texts and dialogues of the individual chapters, together with some exercises.
(c) supplementary overhead-projector materials in colour presenting key situations from the book and offering more scope for working with the material.
(d) a Teacher's Book which explains the aims of *Unterwegs* and suggests many ways of presenting and integrating the various types of material.

Teachers are referred to the accompanying Teacher's Book for a more detailed explanation of the course.

Lektion 1
Renate und Inge

A.

Im Zentrum von München

Renate Fiedler ist 20 Jahre alt und stammt aus Biberswald, einem schönen Dorf in den Bergen. Für den größten Teil des Jahres aber studiert sie an einer Hotelfachschule in der Großstadt München.

Dort wohnt sie bei der Familie Maier in einem angenehmen Vorort der Stadt. Die Maiers haben ein modernes Einfamilienhaus mit einem großen Keller und einem hübschen Garten. Schon seit einem Jahr mietet Renate ein nettes Zimmer oben im ersten Stock. Während ihres Aufenthaltes in München hat sich Renate mit der jüngeren Tochter, Inge, angefreundet. Diese arbeitet in einem Reisebüro in der Stadtmitte.

Fragen

1. Bei wem wohnt Renate in München?
2. Wohnt sie in der Stadtmitte?
3. Wohnen die Maiers in einer Wohnung?
4. Was für einen Keller und was für einen Garten haben die Maiers?
5. Ist Renates Zimmer unten im Erdgeschoß?
6. Sage mit anderen Worten!: Während sie sich in München aufhält.
7. Welche Tochter der Maiers ist Inge?
8. Wo studiert Renate?
9. Wo arbeitet Inge?
10. Wohin muß Inge fahren, um das Reisebüro zu erreichen?

bei Maier

Aufgabe

Beschreibe dein Haus und deinen Garten!

B. Die Familie Maier

Herr Maier ist als Tischler in einer großen Möbelfabrik angestellt. Als seine Frau jünger war, arbeitete sie in einer Bank. Jetzt aber arbeitet sie als Empfangsdame in einer Klinik. Inge hat zwei Geschwister – eine ältere Schwester, Jutta, die seit drei Jahren verheiratet ist und die in Köln wohnt, und einen vierzehnjährigen Bruder, Peter.

Vor einem Jahr hat sich Inge verlobt. Ihr Verlobter heißt Erich Becker. Renate hat auch einen festen Freund. Er heißt Rainer Franke.

Fragen

1. Sage mit anderen Worten! Herr Maier ist in einer Möbelfabrik angestellt.
2. Hat Inge zwei Schwestern und zwei Brüder?
3. Ist Peter älter als Jutta?
4. Wie alt ist Peter?
5. Ist Jutta ledig?
6. Wann hat Frau Maier in einer Bank gearbeitet?
7. Wo arbeitet sie jetzt?
8. Wie heißt Inges Verlobter?
9. Seit wann ist Inge verlobt?
10. Wer ist Rainer Franke?

Zum Auswendiglernen

Er ist **als** Tischler angestellt.: *He is employed* **as** *a carpenter.*
Inge ist jünger **als** ihre Schwester.: *Inge is younger* **than** *her sister.*
als sie jünger war: **when** *she was younger*

Merke!

(a) **vor** + the dative can mean **ago**
vor ein**er** Woche: *a week ago*
vor ein**em** Jahrhundert: *a century ago*

(b) Remember that an extra '**n**' must be added to the normal plural in the dative:
vor zwei Tage**n**: *two days ago*

Aufgabe

Stell' dir mal folgendes vor!
1. Wir haben jetzt 198-. Wann hatten wir (a) 1982, (b) 1970?
2. Es ist jetzt 4.20 Uhr. Wann war es (a) 4.19 Uhr, (b) 4.18 Uhr?
3. Es ist jetzt 5.00 Uhr. Wann war es (a) 4.00 Uhr, (b) 2.00 Uhr?
4. Wir haben jetzt den achten Oktober. Wann hatten wir (a) den achten September? (b) den achten August?

3

C.

Wie Renate ist auch Inge 20 Jahre alt. Sie hat lange, rotbraune Haare. Sie liebt moderne Kleidung in auffallenden Farben. In den Augen ihres Verlobten, Erich, ist sie ein sehr freundliches und gutaussehendes Mädchen.

Ihre Freizeit verbringt Inge am liebsten mit Schwimmen im Sommer und Skilaufen im Winter. Auch trifft sie sich häufig mit Erich. Dann gehen die beiden in eine Disco, ins Kino oder manchmal auch ins Theater.

Da Inge im Reisebüro sehr viel mit Reisen und Urlaubsplänen zu tun hat, verreist sie in den Ferien gerne. Deswegen spart sie einen Teil ihres monatlichen Gehalts, damit sie eine Reise ins Ausland machen kann.

Fragen

1. Wie alt ist Inge?
2. Sind ihre Haare kurz?
3. Welche Farben sind auffallend?
4. Wer ist Erich?
5. Sage mit anderen Worten!: Ein gutaussehendes Mädchen.
6. Was macht Inge gern im Sommer? Und im Winter?
7. Sieht sie Erich nur selten?
8. Wozu geht man ins Theater?
9. Wozu geht man ins Kino?
10. Was macht Inge in den Ferien gern?
11. Welches andere deutsche Wort bedeutet auch ‚Ferien'?
12. Wann bekommt Inge ihren Gehalt?
13. Was macht sie mit einem Teil ihres Gehalts?
14. Weshalb?

Merke!

(a) A verbal noun (i.e. a noun ending in **-ing**) can be formed from most infinitives. It is always neuter:

das Rauchen: *smoking* das Schwimmen: *swimming*

(b) stündlich: *hourly* monatlich: *monthly*
täglich: *daily* jährlich: *yearly*
wöchentlich: *weekly*

(c) Expressions of **definite time** (without a preposition) are in the *accusative*:
letzten Monat: *last month*
nächste Woche: *next week*
jedes Jahrhundert: *every (each) century*

(d) Many nouns in German are declined like adjectives. In other words they take the endings of the three adjectival groups (c.f. §12, 13 and 14, pages 183–4):
der Verlobte (Group I, nom. sing.): *the fiancé*
mein Verlobter (Group II, nom. sing): *my fiancé*
mit ihrem Verlobten (Group II, dat. sing): *with her fiancé*

Wiederholung

I   Give the German word with gender and plural for:
(a) second (b) minute (c) hour (d) day (e) morning (f) afternoon
(g) evening (h) night (i) week (j) month (k) season (l) year

II 1. Wie heißen die vier Jahreszeiten?
2. Wie heißen die sieben Tage der Woche?
3. Wie heißen die zwölf Monate des Jahres?
4. ‚monatlich‘ bedeutet ‚jeden Monat‘. Was bedeuten:
(a) stündlich, (b) täglich, (c) wöchentlich,
(d) jährlich?

III Translate into German:
(a) on Tuesday (b) in March (c) in spring

IV Give the German word with gender and plural for:
(a) beard (b) finger (c) eye (d) shoulder (e) hand (f) arm
(g) head (h) hair (i) leg (j) ear

V   Revise the groups of adjectival endings (c.f. §12, 13 and 14, pages 183–4) and
then answer the following questions:

(a) *Beispiel:* Ein blauäugiges Mädchen ist ein Mädchen, das
blaue Augen hat.
1. Was ist ein braunäugiges Mädchen?
2. Was ist ein graubärtiger Mann?
3. Was ist ein breitschultriger Mann?
4. Was ist ein langbeiniger Junge?
5. Was ist eine blondhaarige Frau?

(b) *Beispiel:* Ein vierzehnjähriger Junge ist ein Junge, der
vierzehn Jahre alt ist.
1. Was ist ein zwölfjähriges Mädchen?
2. Was ist ein vierzigjähriger Mann?
3. Was ist eine einundzwanzigjährige Frau?

VI **Ergänze!**
(a) mit lang— Finger— (b) mit groß— Hände—
(c) mit kurz— Arme—

VII 1. Wie alt bist du?
2. Wann bist du geboren?
3. Was trägst du gewöhnlich (a) in der Schule? (b) zu Hause?

Aufgabe

Beschreibe entweder (a) deine Mutter bzw. deinen Vater
oder (b) deine beste Freundin bzw. deinen besten
Freund!

D.

München: eine Fußgängerzone

Inges Reisebüro ist neben einem modernen Kaufhaus in der Stadtmitte. Dieses ist sehr groß, und dort kann man fast alles kaufen – Kleider, Schuhe, Möbel, elektrische Geräte, Spielwaren usw. Die oberen Abteilungen sind entweder mit dem Fahrstuhl oder mit der Rolltreppe zu erreichen.

Fragen

1. Wo ist Inges Reisebüro?
2. Was für ein Kaufhaus ist es?
3. Liegt das Kaufhaus in einem Vorort von München?
4. Eine Metzgerei ist ein Laden, wo man Fleisch kaufen kann. Was sind (a) eine Bäckerei, (b) ein Lebensmittelgeschäft, (c) ein Gemüseladen, (d) ein Fotogeschäft, (e) ein Kaufhaus?
5. Was benutzt man, um die oberen Abteilungen des Kaufhauses zu erreichen?
6. Nenne zehn Kleidungsstücke!
7. Nenne acht Möbelstücke!
8. Nenne vier elektrische Geräte!

6

Lektion 2

Am Morgen

A.

Jeden Morgen, außer sonntags, klingelt der Wecker in Inges Schlafzimmer um 7.00 Uhr. Kurz darauf steht sie auf und geht ins Badezimmer, wo sie sich wäscht und sich die Zähne putzt. Danach geht sie ins Schlafzimmer zurück, um sich anzuziehen. Dann bürstet und kämmt sie sich das Haar, bevor sie sich schminkt. Erst dann geht sie nach unten in die Küche, wo sie mit Renate und den anderen Mitgliedern ihrer Familie frühstückt.

Um etwa 7.40 Uhr verläßt sie das Haus mit Renate, und die beiden eilen die Straße entlang zur Haltestelle, wo sie auf die Straßenbahn warten. Sobald sie ankommt, steigen die beiden ein und fahren zusammen zur Stadtmitte. Am Hauptbahnhof steigen sie wieder aus. Dort verabschieden sie sich. Inge biegt links ein, um zu ihrem Reisebüro zu gehen, während Renate geradeaus zur Hotelfachschule geht, wo sie studiert.

Aufgabe

Rewrite the passage above from Inge's point of view. (Jeden Morgen außer sonntags klingelt der Wecker in meinem Schlafzimmer um 7.00 Uhr. Kurz darauf stehe ich auf und . . .)

Fragen

I   um . . . zu

Beantworte die folgenden Fragen mit „um . . . zu . . ."!

1. Warum geht Inge ins Badezimmer?
2. Warum geht sie ins Schlafzimmer zurück?
3. Warum geht sie in die Küche?
4. Warum gehen Renate und Inge zur Haltestelle?
5. Warum steigen sie in die Straßenbahn ein?

II   **Womit?**

Folgende Menschen müssen zur Arbeit fahren:

1. Herr Braun holt seinen Wagen aus der Garage. Womit wird er zur Fabrik fahren?
2. Frau Lembke wartet auf einen Bus. Womit wird sie zum Büro fahren?
3. Inge und Renate warten auf eine Straßenbahn. Womit werden sie zum Hauptbahnhof fahren?
4. Fräulein Fassbender wartet auf einen Zug. Womit wird sie in die Stadt fahren?
5. Peter holt sein Fahrrad aus der Garage. Womit wird er zur Schule fahren?

7

Aufgabe

Im Klassenzimmer

Folgende Schüler bzw. Schülerinnen in Peters Klasse haben verschiedene Sachen zu Hause gelassen. Ergänze die folgenden Sätze!:

1. Gerd kam ohne sein – Füller.
2. Jochen kam ohne sein – Radiergummi.
3. Uwe kam ohne sei – Taschentuch.
4. Ursula kam ohne ihr – Schal.
5. Anna kam ohne ihr – Regenschirm.
6. Klaus kam ohne sein – Deutschhefte.
7. Gisela kam ohne ihr – Bücher.
8. Heidi kam ohne ihr – Haarbürste.
9. Günther kam ohne sein – Kamm.
10. Hartmut kam ohne sein – Armbanduhr.

Fragen

1. Wachst du auf, oder weckt dich jemand?
2. Um wieviel Uhr stehst du auf?
3. Was machst du mit Wasser und Seife?
4. Was machst du mit einem Handtuch?
5. Was machst du mit deiner Zahnbürste?
6. Was ziehst du jeden Morgen an? (mindestens 4 Beispiele)
7. Was machst du mit einem Kamm?
8. Wo frühstückst du?
9. Mit wem frühstückst du?
10. Um wieviel Uhr verläßt du das Haus?
11. Womit fährst du zur Schule?
12. Um wieviel Uhr erreichst du die Schule?

München: der Marienplatz

B. Die Schlange

In der Schlange stehen:

Ein alter Mann mit einer Zeitung.
Eine blonde Schülerin mit Büchern.
Eine dunkelhaarige Schülerin mit einer Schulmappe.
Eine alte Hausfrau mit einer Einkaufstasche.
Eine dicker Geschäftsmann mit einer Aktentasche.
Inge und Renate.
Eine junge Mutter mit einem kleinen Mädchen.
Eine elegante Frau mit einem Knirps.

Merke!

der Knirps (-e): *dwarf*
Knirps is also a trade name that has come to mean 'a collapsible umbrella': Ein Knirps ist ein zusammenklappbarer Regenschirm.

Fragen

I   1. Was liest der alte Mann?

     2. Was hält die Schülerin, die einen Anorak trägt, in den Armen?

     3. Was hält die Schülerin, die einen Pullover und Jeans trägt, unter dem Arm?

     4. Was hält die Hausfrau in der Hand?

     5. Was hält der Geschäftsmann in der Hand?

     6. Was hält die Frau, die einen Hosenanzug trägt, in der Hand?

II Die Menschen in der Schlange stehen entweder vor-, hinter- oder nebeneinander, bzw. ganz vorne oder ganz hinten. Beantworte die folgenden Fragen:

    Beispiel: Wo steht Inge? – Sie steht neben Renate, vor der jungen Mutter und dem kleinen Mädchen und hinter dem dicken Geschäftsmann.

    1. Wo steht der alte Mann?

    2. Wo steht der dicke Geschäftsmann?

    3. Wo steht die junge Mutter?

    4. Wo steht die elegante Frau?

    5. Wo steht die alte Hausfrau?

    6. Wo steht die Schülerin mit den Büchern?

    7. Wo steht die Schülerin mit der Schulmappe?

    8. Wo steht das kleine Mädchen?

    9. Wo steht Renate?

III 1. Welche Schülerin trägt die Bücher? (Die Schülerin, die . . .)

    2. Welche Schülerin trägt die Schulmappe?

    3. Welches Mädchen ist Renate?

    4. Welcher Mann ist der Geschäftsmann?

    5. Welcher Mann hat einen Bart?

    6. Welche Frau hat ein kleines Mädchen?

    7. Welche Frau ist die Hausfrau?

    8. Welche Frau trägt einen Hosenanzug?

Aufgabe

Wen siehst du in der Schlange?

(Use a suitable adjective where possible *and* a relative clause in your answer.):

Beispiel: In der Schlange sehe ich einen alten Mann, der eine Zeitung liest, eine blonde Schülerin, die Bücher hält, eine dunkelhaarige Schülerin, die . . .

C. nachdem

Inge steht auf, nachdem der Wecker geklingelt hat.
Sie geht ins Badezimmer, nachdem sie aufgestanden ist.
Sie wäscht sich, nachdem sie ins Badezimmer gegangen ist.
Sie trocknet sich ab, nachdem sie sich gewaschen hat.
Sie putzt sich die Zähne, nachdem sie sich abgetrocknet hat.
Sie geht ins Schlafzimmer zurück, nachdem sie sich die Zähne
geputzt hat.

Merke!

(a) **nachdem** (*after*) is a subordinating conjunction. The verb is sent
to the end of the clause or sentence.

(b) You will have noticed from the examples above that *two* tenses are
used in each sentence – the present and the perfect:
Inge **steht auf** (present), nachdem der Wecker **geklingelt hat** (perfect).
Inge **gets up** (present), after the alarm **has rung** (perfect).

Fragen

I   1. Wann steht Inge auf? (Nachdem . . .)
   2. Wann geht sie ins Badezimmer?
   3. Wann wäscht sie sich?
   4. Wann trocknet sie sich ab?
   5. Wann putzt sie sich die Zähne?
   6. Wann geht sie ins Schlafzimmer zurück?

II   Link each of the two statements below to form single sentences
   using **nachdem**:
   Beispiel: Sie ist ins Schlafzimmer zurückgegangen. Sie zieht
         sich an.
         Sie zieht sich an, nachdem sie ins Schlafzimmer
         zurückgegangen ist.
   1. Sie hat sich angezogen. Sie kämmt sich das Haar.
   2. Sie hat sich das Haar gekämmt. Sie schminkt sich.
   3. Sie hat sich geschminkt. Sie geht nach unten in die Küche.
   4. Sie ist in die Küche gegangen. Sie frühstückt.
   5. Sie hat gefrühstückt. Sie verläßt das Haus.
   6. Sie hat das Haus verlassen. Sie geht die Straße entlang.
   7. Sie ist in die Straßenbahn eingestiegen. Sie fährt zum
      Hauptbahnhof.
   8. Sie ist aus der Straßenbahn ausgestiegen. Sie geht zum
      Reisebüro.

III   Beantworte die folgenden Fragen! Benutze **nachdem** in den
   Antworten!
   1. Wann gehst du ins Badezimmer?
   2. Wann wäschst du dich?
   3. Wann putzt du dir die Zähne?
   4. Wann frühstückst du?
   5. Wann verläßt du das Haus?

Lektion 3

Rainer und Erich

A. Wiederholung

Berufe (Definitionen)

Ein Kunstlehrer ist ein Mann, der Kunst unterrichtet.

1. Was ist ein Mathematiklehrer?
2. Was ist eine Deutschlehrerin?
3. Was sind Sportlehrer?
4. Was ist eine Kellnerin?
5. Was ist ein Fotohändler?
6. Was ist ein Metzger?
7. Was ist ein Bäcker?
8. Was ist ein Busfahrer?
9. Was ist ein Tischler?
10. Was ist ein Lebensmittelhändler?
11. Was ist eine Gemüsehändlerin?
12. Was ist ein Friseur?

Fragen

Ein Wagen mit dem Nationalitätszeichen E kommt aus Spanien.
Aus welchen Ländern kommen Wagen, die die folgenden Nationalitätszeichen haben?

(a) A   (b) CH   (c) DK   (d) I   (e) GB

(f) D   (g) F   (h) P   (i) S   (j) USA

Beginne jede Antwort mit: Er kommt aus. . . .

München: Steine für Stammgäste

13

B. Rainer

Renates Freund heißt Rainer Franke. Er studiert schon seit vier Jahren an der Kunstakademie in München und steht jetzt kurz vor dem Abschluß seiner Prüfungen. Er will Werbegraphiker werden.

Rainer hat zwar sehr viel zu tun, aber dennoch geht er am Wochenende (und auch manchmal während der Woche) gern mit Renate aus.

Seine Familie stammt aus Garmisch-Partenkirchen. Sein Vater ist Kunstlehrer am dortigen Gymnasium.

Rainer ist 1,80 m groß, hat dunkles Haar und einen Bart. Er ist 24 Jahre alt. Am liebsten trägt er Jeans, Pullover und Cordjacken. Er raucht gern Pfeife.

Er teilt eine kleine Wohnung in Schwabing, dem Künstlerviertel von München, mit zwei Freunden und fährt jeden Morgen mit seinem alten VW zur Kunstakademie.

In seiner Freizeit diskutiert er gern in Studentenkellern oder Kneipen, geht ins Theater und Kino oder trifft sich mit Renate.

Da er nur ein kleines Stipendium bekommt, muß er immer Geld in den Sommerferien verdienen. Er hat Renate in einem Schnellrestaurant kennengelernt, als er dort einmal als Aushilfskellner arbeitete.

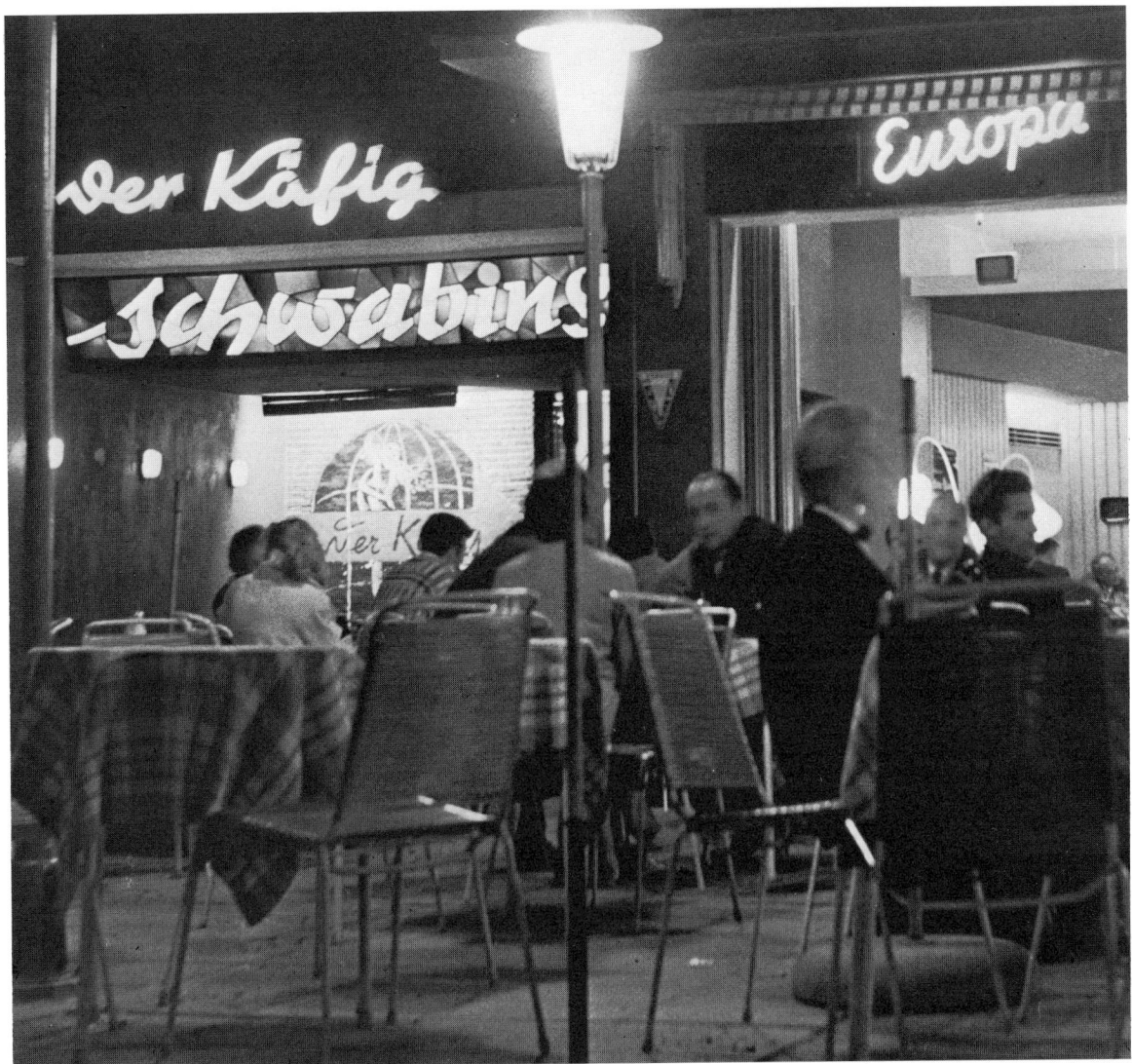

München bei Nacht: Schwabinger Leopoldstraße

Fragen

1. Wie heißt Renates Freund?
2. Wie alt ist er?
3. Ist er sehr klein?
4. Was trägt er am liebsten?
5. Was raucht er gewöhnlich?
6. Wo studiert er in München?
7. Seit wann studiert er dort?
8. Warum studiert er dort?
9. Woher stammt seine Familie?
10. Wo unterrichtet sein Vater?
11. Was unterrichtet er?
12. Was macht Rainer gern am Wochenende?
13. Wo wohnt Rainer?
14. Wohnt er allein?
15. Was ist Schwabing?
16. Was für einen VW hat er?
17. Wohin fährt er jeden Morgen?
18. Was trinkt man z.B. in einer Kneipe oder in einem Studentenkeller?
19. Was ist eine Kneipe?
20. Was macht Rainer gern in Studentenkellern und Kneipen?
21. Wo haben sich Renate und Rainer kennengelernt?
22. Wann hat Rainer als Aushilfskellner gearbeitet?

C. Erich

Inge hat Erich Becker vor anderthalb Jahren auf einer Party kennengelert. Er ist etwas kleiner als Rainer und hat blondes Haar. Seit dreieinhalb Jahren arbeitet er mit Computern. Er trägt gewöhnlich eine Wildlederjacke, schicke Pullover und modische Hosen.

Seine Familie stammt aus Flensburg, einer Stadt an der dänischen Grenze, aber seit 1981 ist Erichs Vater als Ingenieur in Hamburg beschäftigt.

Erich hat einen knallroten Scirocco, den er auf Raten kauft, und den er dreimal in der Woche sorgfältig wäscht und poliert.

In seiner Freizeit trifft er sich oft mit Inge. Er spielt gern Tennis, liest gern, und wenn er in Hamburg ist, segelt er in einem kleinen Segelboot auf der Alster.

Fragen

1. Wo hat Inge Erich kennengelernt?
2. Wann hat sie ihn kennengelernt?
3. Ist Erich größer als Rainer?
4. Womit arbeitet er?
5. Seit wann arbeitet er damit?
6. Wie sieht Erich aus?
7. Was trägt er gewöhnlich?
8. Woher stammt Erichs Familie?
9. Was ist Flensburg?
10. Liegt Flensburg in Dänemark?
11. Ist Erichs Vater Kunstlehrer?
12. Seit wie vielen Jahren arbeitet Erichs Vater in Hamburg?
13. In welchem Teil Deutschlands liegt Hamburg?
14. Hat Erich einen dunkelblauen Scirocco?
15. Wie kauft er ihn?
16. Was wäscht und poliert Erich?
17. Wie oft wäscht und poliert er ihn?
18. Wann wäscht man einen Wagen gewöhnlich?
19. Womit segelt Erich gern auf der Alster?
20. Was spielt Erich gern in seiner Freizeit?
21. Was machst du gern in deiner Freizeit?

Hamburg: Blick auf Binnen- und Außenalster

Merke!

If an action was started in the past and is still going on, **seit** + the dative is used to translate **for**. German uses the present tense where English uses the perfect:

Er wohnt seit einem Jahr im Dorf.: **He has been living** in the village for a year.

Remember the word order rule of *Time, Manner and Place!*

Fragen

(a)

1. Herr Maier begann vor zwanzig Jahren, in der Möbelfabrik zu arbeiten. Seit wann arbeitet er dort? (Er arbeitet . . .)
2. Frau Maier begann vor zwei Jahren, in der Klinik zu arbeiten. Seit wann arbeitet sie dort?
3. Inge begann vor drei Jahren, in dem Reisebüro zu arbeiten. Seit wann arbeitet sie dort?
4. Renate begann vor einem Jahr, bei den Maiers zu wohnen. Seit wann wohnt sie bei ihnen?

(b)

1. Seit wann lernst du Deutsch? (Ich . . .)
2. Seit wann wohnst du in deinem Haus?
3. Seit wann besuchst du deine Schule?
4. Seit wann bist du heute in der Schule?

D. Auf der Post

Renate ist eben auf die Post gegangen, um Briefmarken zu kaufen. Es sind viele Leute da, und sie muß sich anstellen. Plötzlich kommt ihre Freundin, Sigi, auf sie zu.

Sigi Renate! Es muß doch schon sechs Monate her sein, seitdem wir uns das letzte Mal gesehen haben.

Renate Sigi! Ich dachte, du arbeitest noch in Garmisch. Was machst du denn hier in München?

Sigi Seit Juni arbeite ich als Sekretärin bei einer großen Kosmetikfirma. Das ist eine viel interessantere Stellung als die in Garmisch. Ich verdiene auch mehr. Ich teile eine Wohnung mit zwei Freundinnen in der Stadtmitte. Wir kommen sehr gut miteinander aus. Es gefällt mir gut hier. Ich wohne gern in einer Großstadt. Wo wohnst du denn, Renate?

Renate Ich habe ein kleines Zimmer bei einer sehr netten Familie. Übrigens, du kennst doch Inge Maier, nicht? Sie war zu Weihnachten bei uns in Biberswald zum Skilaufen. Erinnerst du dich an sie? Sie hat lange, rotbraune Haare, und sie war auf der Party, die wir zu Silvester hatten.

Sigi Oh ja, ich weiß. Ich fand sie wirklich toll. Sie arbeitet in einem Reisebüro, nicht?

Renate Ja, Reisbüro Hoffmann, in der Nähe des Hauptbahnhofs.

18

Sigi	Ihr Verlobter war auch dort, glaub' ich. Wie heißt er noch? Erich . . ., Erich . . .?
Renate	Erich Becker. Er arbeitet mit Computern hier in München, muß aber viel reisen.
Sigi	Gehst du immer noch mit Rainer?
Renate	Ja. Weißt du, es ist schon fast ein Jahr her, seit wir uns kennengelernt haben.
Sigi	Wo habt ihr euch denn kennengelernt? Auf einer Party?
Renate	Nein. Als ich mit meiner Ausbildung an der Hotelfachschule anfing, ging ich oft in eine Gaststätte. Rainer arbeitete dort in den Semesterferien und auch manchmal in seiner Freizeit als Aushilfskellner. Ich fand ihn sehr nett.
Sigi	Ist er jetzt mit seinem Studium fertig?
Renate	Noch nicht. Er steht kurz vor der Prüfung. Er muß jetzt tüchtig arbeiten.
Sigi	Wird er einmal Lehrer werden?
Renate	Nein, er hofft Werbegraphiker zu werden und möchte später für eine Fernsehgesellschaft arbeiten. . . . Oh, ich komme jetzt dran. Ich warte auf dich. Dann können wir ein Stückchen zusammengehen. . . . Also, ich möchte bitte zehn Fünfziger und fünf Siebziger. . . .
Beamter	Bitte. Das macht 8.50 DM.
Renate	Danke schön.

Merke!

Sie kam auf mich zu.: *She came up to me.*
Wir kommen gut miteinander aus.: *We get on well with each other.*
Du kennst doch Inge.: *You know Inge, don't you?*
zu Silvester: *at New Year*
Ich komme dran.: *It's my turn.*
Wir können ein Stückchen zusammengehen.: *We can go part of the way together.*

Lektion 4

Im Reisebüro Hoffmann

A.

Um etwa halb neun setzt sich Inge gewöhnlich an ihren Platz
am Schalter und beginnt zu arbeiten. Während des Tages
bedient sie allerlei Kunden. Manche von ihnen wollen
Auskünfte über Reisen oder Ferien haben. Andere wollen
Plätze buchen. Am liebsten hilft sie Menschen mit ihren
Ferienplänen. Oft hat Inge sogar die Gelegenheit, ihre
Fremdsprachen zu üben, da viele Ausländer ins Reisebüro
kommen. Auch muß sie viel telefonieren. Dauernd muß sie
Fragen beantworten. Wenn sie die Antworten nicht gleich
weiß, dann muß sie in Kursbüchern und Fahrplänen nachschlagen, um die Preise der Karten und Tickets und die
Abfahrts- und Ankunftszeiten der Flugzeuge, Schiffe, Züge
und Busse zu erfahren.

Wenn sie nicht am Schalter arbeitet, dann sitzt sie hinten im
Büro, wo sie Briefe tippt. Inge findet ihren Job interessant und
angenehm, und sie arbeitet gern im Reisebüro Hoffmann.

Fragen

1. Wo sitzt Inge gewöhnlich, wenn sie Menschen im Reisebüro
   bedient?
2. Was wollen die meisten Menschen haben, die ins Reisebüro
   kommen?
3. Wann hat Inge Gelegenheit, ihre Fremdsprachen zu üben?
4. Welche Fremdsprachen lernst du in der Schule?
5. Inge muß viel telefonieren. Was muß sie machen, wenn sie
   eine Telefonnummer nicht weiß?
6. Wann schlägt sie in Kursbüchern und Fahrplänen nach?
7. Wohin muß man gehen, (a) um ein Flugzeug zu erreichen?
   (b) um einen Zug zu erreichen?
   (c) um ein Schiff zu erreichen?
8. Arbeitet Inge immer am Schalter?
9. Wohin muß sie gehen, um Briefe zu tippen?
10. Warum hat Inge ihren Job gern?

Merke!

You must be very careful not to confuse the following two verbs:

sich setzen (wk): to sit down

sitzen (sitzt, saß, gesessen): to sit (i.e. to be seated)

sich setzen implies movement and is followed by the accusative.

sitzen is used with the dative.

Frau Maier setzt sich auf **eine** Couch (accusative): *Frau Maier sits down on a couch.*

Sie sitzt auf **einer** Couch (dative).: *She is sitting on a couch.*

Fragen

I **sich setzen/ sitzen**

1. Inge setzt sich auf ihren Platz am Schalter. Wo sitzt sie?
2. Herr Maier setzt sich auf das Sofa. Wo sitzt er?
3. Peter setzt sich in einen Lehnstuhl. Wo sitzt er?
4. Frau Maier setzt sich auf einen Hocker in der Küche. Wo sitzt sie?
5. Renate setzt sich auf einen Fensterplatz in der Straßenbahn. Wo sitzt sie?
6. Erich setzt sich neben eine alte Frau im Bus. Wo sitzt er?
7. Beim Abendessen setzt sich Inge zwischen ihren Vater und ihre Mutter. Wo sitzt sie?
8. Rainer setzt sich ins Gras im Garten. Wo sitzt er?

II **während**

Während der Woche bedeutet *during the week* auf deutsch, und *während des Tages* bedeutet *during the day*. Wie sagt man auf deutsch:

(a) during the year, (b) during the month, (c) during the morning, (d) during the afternoon, (e) during the evening, (f) during the night, (g) during the spring, (h) during the autumn, (i) during the lunch hour, (j) during the lesson.

III **Manchmal kommen Ausländer ins Reisebüro.**

Beispiel: Ein Franzose stammt aus Frankreich. Er spricht französisch.

Wer stammt aus den folgenden Ländern und welche Sprachen sprechen sie?

(a) Aus England (b) aus Belgien (c) aus Spanien (d) aus Italien (e) aus den Vereinigten Staaten (f) aus den Niederlanden (g) aus Rußland (h) aus Dänemark (i) aus Japan (j) aus China.

B. Dialog

Eines Tages kommt ein junger Mann ins Reisebüro. Er geht an den Schalter, wo Inge arbeitet.

Inge   Guten Morgen. Was kann ich für Sie tun?

J.M.   Also, wissen Sie. Ein Freund hat mir eben eine Karte für das Europapokalspiel Liverpool gegen Bayern-München am Mittwochabend besorgt, und ich muß deswegen unbedingt einen Flug nach Liverpool haben. Geht das?

Inge   Hoffentlich. Wir wollen mal sehen. Wann möchten Sie fliegen?

J.M.   Heute ist Montag. Also, morgen nachmittag, wenn möglich.

Inge   Moment mal. Ich muß mal nachschlagen.

J.M.   Vielen Dank.

*   *   *

Inge   Es tut mir leid. Es gibt keinen Flug am Dienstag nach Liverpool. Sie können aber um 11.00 Uhr oder 22.45 Uhr nach Manchester fliegen. Dann müssen Sie entweder mit dem Zug oder mit dem Bus weiterfahren. Übrigens, Sie können direkt mit dem Bus vom Flughafen fahren.

J.M.   Ausgezeichnet. Ich werde mit dem Bus weiterfahren.

Inge   Wenn es Ihnen nichts ausmacht, dann fliegen Sie am besten nachts. Das ist nämlich billiger, wissen Sie.

J.M.   Das ist ja prima. Dann fahre ich nachts.

Inge   In Ordnung. Und möchten Sie dann am Mittwochabend in Liverpool übernachten? Ich finde Ihnen dort ein gutes, billiges Hotel.

J.M.   Ja, wunderbar. Es wird doch eine bißchen zu spät sein, gleich nach Hause zu fahren, und ich möchte mir sowieso Liverpool bei Nacht ansehen. Um wieviel Uhr könnte ich dann eventuell am Donnerstag zurückfliegen?

Inge	Moment mal. Ich muß noch mal nachschlagen. Also . . . mittags gibt es einen Flug direkt von Liverpool nach München über Frankfurt. Geht das?
J.M.	Ja, fantastisch. Das paßt wunderbar.
Inge	Jetzt muß ich die Zentrale am Flugplatz anrufen, um die Plätze zu reservieren. (*Sie wählt die Nummer.*) Hallo, hier Reisebüro Hoffmann. Haben Sie noch einen Platz für den Flug nach Manchester morgen abend um 22.45 Uhr? Ja, danke, ich warte. (*Einen Augenblick später*) Ach nein, wirklich? Wie lange soll das denn dauern? Das wissen Sie nicht. Also, danke. Auf Wiederhören. (*Sie wendet sich wieder an den jungen Mann.*)
J.M.	Na, was ist denn los?
Inge	Tut mir furchtbar leid. Ich habe eben erfahren, daß die Zollbeamten in England streiken. Infolgedessen ist das Betreten und das Verlassen des Landes augenblicklich völlig unmöglich.

Nachschrift

Am folgenden Donnerstagmorgen las Inge in der Zeitung, daß man das Europapokalspiel zwischen Liverpool und Bayern-München wegen dichten Nebels verschieben mußte. „Ob der junge Mann wohl wieder ins Reisebüro kommt?" fragte sie sich.

Merke!

Wir wollen mal sehen.: *Let's see.*
Moment mal.: *Just a moment.*
Es tut mir leid.: *I'm sorry.*
Wenn es Ihnen nichts ausmacht.: *If you don't mind.*
Was ist los?: *What's the matter?*
Es ist völlig unmöglich.: *It's completely impossible.*
Ob der junge Mann wieder ins Büro kommt?: *I wonder if the young man will come into the office again?*

Was geschah im Dialog?

Es war Montagmorgen.

Ein junger Mann kam ins Reisebüro. (Er wollte nämlich einen Flug nach Liverpool buchen.)

Er hatte eine Karte für das Europapokalspiel Liverpool gegen Bayern-München.

Das Spiel sollte am Mittwochabend stattfinden.

Er wollte am Dienstagnachmittag hinfliegen.

Inge schlug nach.

Leider gab es keine Flüge am Dienstag nach Liverpool.

Er beschloß also, am Dienstagabend um 22.45 Uhr nach Manchester zu fliegen. (Es war nämlich nachts billiger.)

Er sollte dann entweder mit dem Bus oder mit dem Zug weiterfahren.

Er konnte mit dem Bus direkt vom Flughafen abfahren. Also entschied er sich für den Bus.

Er wollte in Liverpool übernachten. (Er wollte sich nämlich Liverpool bei Nacht ansehen.)

Er wollte am Donnerstag zurückfliegen.

Inge schlug wieder nach.

Er entschied sich mittags zu fliegen.

Inge telefonierte mit der Zentrale am Flugplatz. (Sie wollte nämlich die Plätze reservieren.)

Sie erfuhr, daß es einen Zollbeamtenstreik in England gab.

Leider konnte der junge Mann nicht nach England fliegen.

Fragen

Beginne jede Antwort mit **weil**!:

1. Warum kam der junge Mann ins Büro?
2. Warum wollte er nach Liverpool fahren?
3. Warum beschloß er, nach Manchester zu fliegen?
4. Warum beschloß er, nachts zu fliegen?
5. Warum entschied er sich für den Bus?
6. Warum wollte er in Liverpool übernachten?
7. Warum telefonierte Inge mit der Zentrale am Flughafen?
8. Warum konnte der junge Mann nicht nach England fliegen?

Aufgabe

Stell' dir mal vor, daß du in einem Reisebüro arbeitest. Schreib' einen Aufsatz über einen typischen Tag im Reisebüro!

Merke!

(a) There are two verbs for *to phone*:
   telefonieren (wk) mit + the dative
   anrufen (u, ie, u) + direct object (accusative)
(b) **wegen** is a preposition + the genitive.
(c) compare the following two sentences:
   Er war sehr durstig. } *He was very thirsty*
   Er hatte großen Durst. }
   You *cannot* use **sehr** with a noun!

Fragen

I   telefonieren mit . . ./anrufen

Sage mit anderen Worten:

Beispiel: Sie telefonierte mit dem Mann.
         Sie rief den Mann an.

1. Inge telefonierte mit dem Bahnhof.
2. Sie telefonierte mit dem Flughafen.
3. Sie telefonierte mit dem Theater.
4. Sie telefonierte mit dem Kino.
5. Sie telefonierte mit dem Konzertsaal.
6. Sie telefonierte mit einem jungen Mädchen.
7. Sie rief einen alten Geschäftsmann an.
8. Sie rief eine junge Sekretärin an.
9. Sie rief die älteren Brüder an.
10. Sie rief die jungen Studentinnen an.
11. Sie rief ihren Vater an.
12. Sie rief ihre Freundin an.

II   wegen

Sage mit anderen Worten:

(a) *Beispiel:* Weil der Verkehr stark war, beschloß Erich zu
         Fuß zu gehen.
         Wegen des starken Verkehrs, beschloß Erich zu
         Fuß zu gehen.

1. Weil der Tennisplatz naß war, konnten sie nicht spielen.
2. Weil der Nebel dicht war, konnte das Europapokalspiel nicht stattfinden.
3. Weil der Regen stark war, konnten sie keinen Ausflug machen.
4. Weil das Wetter schlecht war, beschlossen Rainer und seine Freunde zu Hause zu bleiben.
5. Weil das Wasser kalt war, beschloß Inge nicht zu baden.
6. Weil der Streik lange dauerte, konnte der junge Mann nicht nach England fahren.
7. Weil der Schnee tief war, ließ Erich seinen Wagen in der Garage.

(b) *Beispiel:* Weil er sehr durstig war, trank Rainer ein Glas Bier.
         Wegen seines großen Durstes trank Rainer ein Glas
         Bier.

1. Weil er sehr hungrig war, ging Erich in ein Restaurant, um zu Mittag zu essen.
2. Weil es sehr heiß war, trug er keine Jacke.
3. Weil es sehr kalt war, zog Rainer seinen Mantel an.

25

C. Heute morgen im Reisebüro.

Heute morgen hat Inge einen jungen Mann, eine alte Frau, ein junges Ehepaar, eine junge Familie, einen jungen Geschäftsmann, zwei ältere Brüder, zwei achtzehnjährige Mädchen und einen sechzehnjährigen Jungen im Reisebüro bedient. Sie hatten verschiedene Wünsche.

Der junge Mann Villa Spanien	Die alte Frau angenehmes Hotel Wiesbaden	Die achtzehnjährigen Mädchen Sprachschule Bournemouth
Das junge Ehepaar billiges Hotel Tirol	Die junge Familie Bauernhof Schwarzwald	Der sechzehnjährige Junge Flug London
Der junge Geschäftsmann Hotel Frankfurt	Die älteren Brüder Wohnwagen Bodensee	

Aufgabe

Construct sentences from the information above. Use **mieten, haben, finden** or **buchen** in your sentences (z.B. Der junge Mann wollte eine Villa in Spanien mieten.)

Merke!

(a) Remember that **helfen** is followed by the dative.
(b) Revise the personal pronouns (c.f.§8, page 182)
Ein Mann kommt ins Reisebüro. Inge bedient **ihn.**
Eine Frau kommt ins Reisebüro. Inge bedient **sie.**
Ein Fräulein kommt ins Reisebüro. Inge bedient **es.**
Zwei Männer kommen ins Reisebüro. Inge bedient **sie.**

Fragen

Use the information in the boxes above:

(a) 1. Half Inge dem jungen Mann oder der alten Frau eine Villa in Spanien zu finden?
    2. Wem half sie, ein billiges Hotel in Tirol zu finden?
    3. Wem half sie, einen Bauernhof im Schwarzwald zu finden?
    4. Wem half sie, ein Hotel in Frankfurt zu finden?
    5. Wem half sie, einen Wohnwagen am Bodensee zu finden?
    6. Wem half sie, ein angenehmes Hotel in Wiesbaden zu finden?
    7. Wem half sie, eine Sprachschule in Bournemouth zu finden?
    8. Wem half sie, einen passenden Flug nach London zu finden?

(b) Replace the noun in each of the following sentences by a pronoun:
    1. Sie half dem Mann.   4. Sie half den Frauen.
    2. Sie half den Männern.   5. Sie half dem Kind.
    3. Sie half der Dame.   6. Sie half den Kindern.

Lektion **5**

Der Unfall

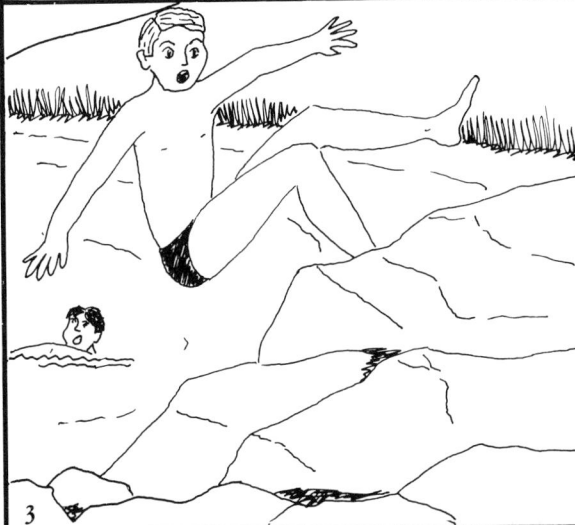

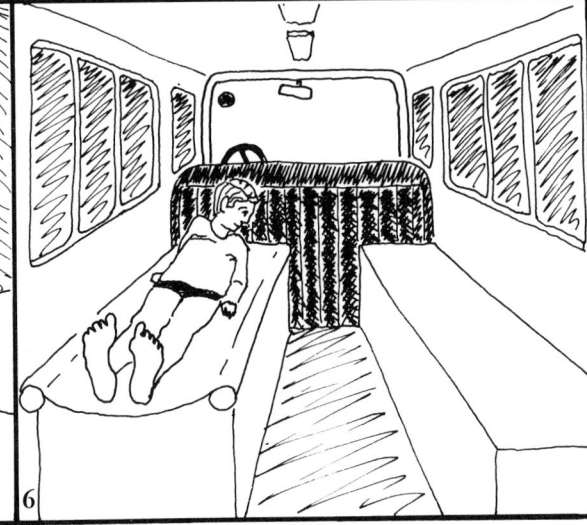

A.

Es ist Sonntag

Peter Maier und sein Freund Karl haben die Absicht einen Ausflug aufs Land zu machen.

Was machen sie, bevor sie losfahren?

Jeder macht ein Picknick in der Küche zurecht. (Sie wollen Butterbrote und eine Thermosflasche mit Kaffee mitnehmen.)
Jeder holt seine Badesachen aus dem Badezimmer.
Peter holt einen Fußball aus seinem Schlafzimmer.
Jeder holt sein Fahrrad aus der Garage.
Sie treffen sich um 9.30 Uhr an der Straßenecke.
Sie machen sich auf den Weg zum See.

Am See

Nach einer Stunde erreichen sie den See.
Sie lehnen ihre Fahrräder an einen Baum.
Sie spielen zehn Minuten lang Fußball.
Sie ziehen sich aus.
Sie ziehen ihre Badehosen an.
Sie laufen ins Wasser.
Sie baden.
Nach etwa einer Viertelstunde kommt Peter wieder aus dem See.

Karl badet weiter.
Peter klettert in einigen Felsen herum, die sich dicht neben dem See befinden.
Er klettert nach oben.
Es ist sehr glitschig oben.
Er rutscht aus und fällt hinunter.

Nach dem Unfall

Peter versucht aufzustehen.
Er kann sein rechtes Bein nicht mehr richtig bewegen.
Er schreit um Hilfe.

Karl eilt aus dem Wasser.
Er trocknet seinen Freund sorgfältig ab.
Er hilft ihm, seinen Pullover anzuziehen. (Damit er sich nicht erkältet.)
Er zieht sich selbst schnell an.
Er fährt zum nächsten Bauernhof. (Er will nämlich Hilfe holen.)

Ein freundlicher Bauer telefoniert mit dem Krankenhaus.
Er stellt Karls Fahrrad in seinen VW Bus.
Er fährt mit Karl zum See zurück.
Nach einer dreiviertel Stunde kommt ein Krankenwagen.
Man stellt fest, daß Peter das rechte Bein gebrochen hat.
Man trägt ihn auf einer Bahre in den Krankenwagen und fährt ihn zum Krankenhaus.

Fragen

I nachdem

Beispiel: Was macht Peter, nachdem er das Picknick vorbereitet hat? Er holt seine Badesachen aus dem Badezimmer.

1. Was macht Peter, nachdem er seine Badesachen geholt hat?
2. Was macht er, nachdem er seinen Fußball geholt hat?
3. Was macht er, nachdem er sein Fahrrad geholt hat?
4. Was macht Peter mit seinem Fahrrad, nachdem er den See erreicht hat?
5. Was macht er, nachdem er sein Fahrrad an den Baum gelehnt hat?
6. Was macht er, nachdem er Fußball gespielt hat?
7. Was macht er, nachdem er seine Badehose angezogen hat?
8. Was macht er, nachdem er etwa eine Viertelstunde gebadet hat?
9. Was macht er, nachdem er aus dem See gekommen ist?
10. Was macht er, nachdem er nach oben geklettert ist?

II Ergänze die folgenden Sätze:

Beispiel: Nachdem Peter das Picknick vorbereitet hat, . . .
Nachdem Peter das Picknick vorbereitet hat, **holt er** seine Badesachen aus dem Badezimmer.

1. Nachdem Peter seine Badesachen aus dem Badezimmer geholt hat, . . .
2. Nachdem er sein Fahrrad aus der Garage geholt hat, . . .
3. Nachdem er seinen Freund an der Straßenecke getroffen hat, . . .
4. Nachdem er den See erreicht hat, . . .
5. Nachdem er sein Fahrrad an einen Baum gelehnt hat, . . .
6. Nachdem er Fußball gespielt hat, . . .
7. Nachdem er eine Viertelstunde lang gebadet hat, . . .
8. Nachdem er aus dem Wasser gekommen ist, . . .
9. Nachdem er ausgerutscht und hinuntergefallen ist, . . .
10. Nachdem Karl sich selbst angezogen hat, . . .

III Warum?

(a) Beantworte die folgenden Fragen mit „um . . . zu"!

1. Wozu geht Peter in die Küche?
2. Wozu geht er ins Badezimmer?
3. Wozu geht er in sein Schlafzimmer?
4. Wozu geht er in die Garage?
5. Wozu fährt er an die Straßenecke?

(b) Beantworte die folgenden Fragen mit „weil"!

1. Warum nehmen Peter und Karl Butterbrote und eine Thermosflasche mit Kaffee mit?
2. Warum nehmen sie einen Fußball mit?
3. Warum nehmen sie ihre Badesachen mit?
4. Warum kommt Peter aus dem Wasser?
5. Warum rutscht Peter aus und fällt hinunter?
6. Warum schreit er um Hilfe?

29

B. Was geschah letzten Sonntag?

Letzten Sonntag machten Peter Maier und sein Freund Karl einen Ausflug mit dem Fahrrad an einen kleinen See, der in der Nähe war. Bevor sie losfuhren, machten sie ihre Picknicks in der Küche zu Hause zurecht und holten ihre Badesachen aus dem Badezimmer. Peter holte auch seinen Fußball. Anschließend holten sie die Fahrräder aus den Garagen und fuhren an die Straßenecke, wo sie sich um 9.30 Uhr trafen. Sie begrüßten sich und machten sich sofort auf den Weg zum See, den sie um etwa 10.30 Uhr erreichten.

Sie lehnten ihre Fahrräder an einen Baum und beschlossen zuerst Fußball zu spielen, bevor sie sich auszogen. Da es ein sehr heißer Tag war, und weil ihnen jetzt sehr warm war, zogen sie ihre Badehosen an, und nach etwa zehn Minuten liefen sie ins Wasser, um zu baden. Nach etwa einer Viertelstunde kam Peter aus dem Wasser, weil er Lust hatte, in den Felsen herumzuklettern, die dicht neben dem See waren. Karl blieb im Wasser, weil er weiterbaden wollte. Peter kletterte nach oben, aber oben war es sehr glitschig, und plötzlich rutschte er aus und fiel hinunter.

Als er versuchte, wieder aufzustehen, stellte er fest, daß er das rechte Bein nicht mehr richtig bewegen konnte. Deswegen schrie er um Hilfe. Karl eilte so schnell wie möglich aus dem See und lief zu seinem Freund. Er trocknete ihn ab und half ihm, seinen Pullover anzuziehen, damit er sich nicht erkältete. Anschließend zog er sich selbst an und radelte schnell zum nächsten Bauernhof, um Hilfe zu holen. Dort sprach er mit einem freundlichen Bauern, und dieser telefonierte sofort mit dem Krankenhaus, das etwa 25 Kilometer entfernt lag. Dann holte der Bauer seinen VW Bus und stellte Karls Fahrrad hinein.

Anschließend fuhren die beiden zum See zurück, wo sie auf den Krankenwagen warteten, der nach einer dreiviertel Stunde ankam. Man stellte bald fest, daß Peters Bein gebrochen war. Deswegen trug man ihn sorgfältig auf einer Bahre in den Krankenwagen und fuhr ihn sofort zum Krankenhaus.

> **Merke!**
>
> Das Wetter ist kalt (warm).: *The weather is cold (warm)*.
> *But:* **Mir** ist kalt (warm).: *I'm cold (warm)*.

Fragen

1. Wollten Peter und Karl in die Stadt fahren?
2. Wo wollten sie picknicken?
3. Wo wollten sie baden?
4. Holte Peter seine Badesachen aus seinem Schlafzimmer?
5. Wo war Peters Fahrrad, während er sein Picknick zurechtmachte?
6. Wo trafen sich die beiden Freunde?
7. Wie lange dauerte die Fahrt zum See?
8. Was machten sie mit ihren Fahrrädern, als sie den See erreichten?
9. Was machten sie, bevor sie sich auszogen?
10. Wie lange spielten sie Fußball?
11. Womit spielten sie Fußball?
12. Was hatte Peter an, als er badete?
13. Was glaubst du, hat Inge gewöhnlich an, wenn sie badet?
14. Wie lange war Peter im Wasser, bevor er in den Felsen herumkletterte.
15. Warum rutschte Peter aus, als er oben war?
16. Warum schrie er um Hilfe?
17. Warum trocknete Karl seinen Freund ab und half ihm, seinen Pullover anzuziehen?
18. Wer telefonierte mit dem Krankenhaus?
19. Womit fuhr Karl zum See zurück?
20. Was geschah, als der Krankenwagen kam?

Merke!

Note the similarity of meaning between:
  Ich habe Lust zu baden.: *I feel like a swim.*
  Ich möchte baden.: *I'd like to swim.*
Remember **not** to use **zu** with modal verbs!

Fragen

Sage mit anderen Worten!:
1. Ich habe Lust, Fußball zu spielen.
2. Ich habe Lust, nach München zu fahren.
3. Hast du Lust, ins Kino zu gehen?
4. Habt ihr Lust, ins Theater zu gehen?
5. Haben Sie Lust, nach Deutschland zu fahren?

Aufgaben

(a) Revise the formation of the imperfect tense (§22, pages 188–9).
(b) Imagine that you are Peter Maier. Rewrite the passage on page 30 from his point of view. (Letzten Sonntag machten ich und mein Freund Karl einen Ausflug . . .)

Lektion 6

Im Krankenhaus

A. Dialog

Da Inge und Erich am folgenden Donnerstagnachmittag frei haben, beschließen sie, Peter im Krankenhaus zu besuchen. Es ist jetzt vier Uhr. Erich und Inge sind im Wagen.

Inge	Schau' mal dort, Erich. Das muß wohl das Krankenhaus sein, dort rechts.
Erich	Ja. Ich glaube du hast recht . . . Ja. Da steht der Name auf dem Schild. (*Er fährt in die Einfahrt*). Wir haben Glück. Dort drüben gibt's einen Parkplatz, und ein Wagen fährt gerade hinaus. Da können wir parken. (*Erich parkt den Wagen. Sie steigen aus und gehen ins Krankenhaus.*)
Inge	Leider habe ich die Nummer von Peters Station vergessen.
Erich	Das macht nichts. Ich werde mich beim Pförtner erkundigen. (*Er geht zum Schalter.*) Entschuldigen Sie. Ich suche einen Patienten namens Peter Maier. Auf welcher Station liegt er bitte?
Pförtner	Moment mal. Ich werde nachschauen . . . Seit wann ist er hier?
Inge	Seit Sonntagnachmittag, glaube ich.
Pförtner	Ach ja. Da steht's. Er befindet sich auf Station 20, Zimmer 5. Das ist im zweiten Stock, wissen Sie. Die Besuchszeit ist aber leider schon vorbei. Am besten fahren Sie mit dem Fahrstuhl nach oben und sprechen mit der Stationsschwester.

Erich und Inge haben inzwischen mit der Stationsschwester gesprochen, und sie hat ihnen erlaubt, in Peters Zimmer zu gehen. Sie dürfen aber nur zwanzig Minuten bleiben. Sie gehen ins Zimmer 5 und sehen Peter in einem Bett in der Ecke. Eine Krankenschwester hat eben seine Temperatur gemessen.

Inge	Hallo Peter. Na, wie geht es dir? Tut dir das Bein weh? Schläfst du nachts? Wie lange mußt du noch im Krankenhaus bleiben?
Peter	(*Er lächelt.*) Hallo, ihr zwei. Schön, daß ihr gekommen seid. Aber langsam. Nicht so viele Fragen auf einmal. Danke, es geht mir jetzt viel besser, und ich habe nicht zu viel Schmerzen. Das Gipsbein ist allerdings etwas schwer, und ich habe bis jetzt nicht sehr gut geschlafen. Das Schlimmste ist, daß ich mein Bein überhaupt nicht kratzen kann!

Inge Wie schrecklich! Oh, übrigens, ich habe dir eine Flasche Johannisbeersaft mitgebracht. Ich weiß doch, daß du ihn sehr gern trinkst.

Peter Vielen Dank.

Erich Und hier sind Weintrauben und Bananen. Hast du schon viel Post bekommen?

Peter Ja, und schöne Geschenke auch. Mutti hat mir ein großes Puzzlespiel gegeben, und Vati hat mir gestern ein fantastisches Bastelflugzeug mitgebracht. Es ist furchtbar langweilig, hier den ganzen Tag zu liegen, und es macht Spaß, solche Dinge zu haben. Ich habe auch andere netten Sachen bekommen.

Erich Moment mal! Ich habe noch ein Geschenk für dich. (*Er öffnet eine Mappe.*) Hier sind ein paar Schulbücher. Sie kommen mit besten Grüßen von deinen Lehrern, damit du deine Zeit gut nutzen kannst!

Peter (*Er stöhnt.*) Typisch!

Erich Wie bist du denn zu deinem Gipsbein gekommen? Wir haben die Geschichte nur aus zweiter Hand gehört.

Peter Wie ihr wißt, haben Karl und ich einen Ausflug zum See gemacht. Das Wetter war herrlich, und wir haben uns sehr auf den Tag gefreut. Wir haben den See um etwa 10.30 Uhr erreicht, und dann haben wir ein bißchen Fußball gespielt, bevor wir badeten. Plötzlich hatte ich Lust, in den Felsen herumzuklettern, die dicht am See waren. Das habe ich gemacht, aber oben war es sehr glitschig, und bums bin ich ausgerutscht und hinuntergefallen. Ich habe natürlich versucht aufzustehen, aber es ging nicht. Karl war fantastisch. Er hat mir alles so bequem wie möglich gemacht und ist anschließend mit dem Rad losgefahren, um Hilfe zu holen. Als er weg war, habe ich heißen Kaffee aus der Thermosflasche getrunken. Glücklicherweise ist der Krankenwagen bald gekommen, und man hat mich gleich zum Krankenhaus gebracht, und hier bin ich immer noch, wie ihr seht. Die anderen Patienten sind aber sehr nett und . . .

Erich Und die Krankenschwestern auch. Die Blondine ist gar nicht schlecht!

Inge Erich! . . . Und hör' mal auf, Peters Weintrauben zu essen!

Fragen

I aufhören

Sage mit anderen Worten!:

Beispiel: Erich ißt die Weintrauben nicht mehr.

Er hat aufgehört, die Weintrauben zu essen.

1. Es regnet nicht mehr.
2. Herr Maier raucht nicht mehr.
3. Wir sehen nicht mehr fern.
4. Erich liest die Zeitung nicht mehr.
5. Rainer wäscht seinen Wagen nicht mehr.

II namens

Sage mit anderen Worten!:

Beispiel: Ich suche eine Frau namens Schmidt.

Ich suche eine Frau, die Schmidt heißt.

1. Ich suche einen Mann namens Müller.
2. Ich suche ein Mädchen namens Ulla.
3. Ich suche zwei Männer namens Braun.
4. Ich suche eine Dame namens Ahrendorf.
5. Ich suche einen Patienten namens Peter Maier.
6. Ich suche einen Hund namens Otto.

III Wieviel Uhr ist es, bitte?

(a) 6.15 Uhr (b) 8.01 Uhr (c) 3.30 Uhr (d) 4.45 Uhr (e) 12.00 Uhr
(f) 24.00 Uhr (g) 10.25 Uhr (h) 8.59 Uhr (i) 7.19 Uhr (j) 2.35 Uhr

IV sich erinnern/vergessen

Sage mit anderen Worten!:

Beispiel: Ich erinnere mich nicht an die Farbe seines Wagens./

Ich habe die Farbe seines Wagens vergessen.

1. Ich erinnere mich nicht an seinen Namen.
2. Ich erinnere mich nicht an sein Gesicht.
3. Ich erinnere mich nicht an seine Adresse.
4. Ich erinnere mich nicht an sein Alter.
5. Ich erinnere mich nicht an seine Telefonnummer.

V erlauben/dürfen

Sage mit anderen Worten!

Beispiel: Sie erlaubte ihrem Kind, ins Kino zu gehen.

Ihr Kind durfte ins Kino gehen.

1. Sie erlaubte ihrer Tochter, länger als gewöhnlich auf-zubleiben.
2. Er erlaubte seinem Sohn, die Schule zu verlassen.
3. Die Stationsschwester erlaubte Inge, ihren Bruder zu sehen.
4. Sie erlaubte ihnen, nur zwanzig Minuten zu bleiben.
5. Erichs Chef erlaubte ihm, einen freien Nachmittag zu nehmen.

B. Was macht eine Krankenschwester?

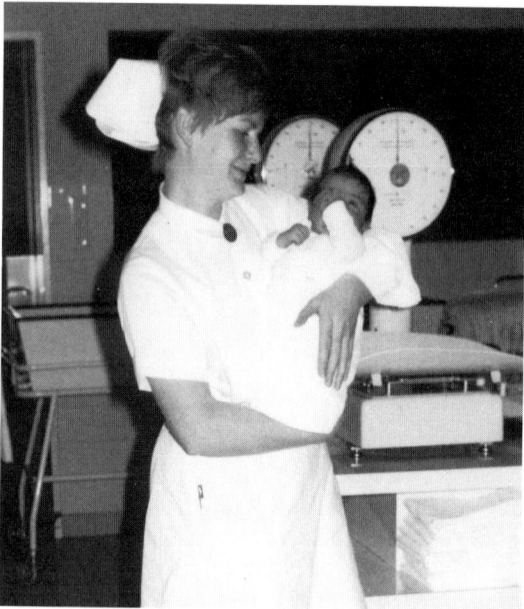

Sie hilft den Ärzten.
Sie tritt an die Krankenbetten.
Sie wäscht die Patienten.
Sie gibt den Patienten Medikamente und Pillen.
Sie erneuert den Verband.
Sie bereitet die Spritze für Injektionen vor, wenn ein Kranker
Schmerzen hat.
Sie mißt seine Temperatur mit einem Thermometer.
Sie bringt den Patienten Getränke und Essen.
Sie tröstet die Kranken und Verletzten.
Sie steckt die Blumen in die Vasen.

Aufgabe

Imagine that you are a nurse. Use the *perfect* tense and write down *ten*
things you have done during the day. (Während des Tages habe ich
den Ärtzten geholfen. Ich . . .)

C. Was geschah am Donnerstagnachmittag?

Am Donnerstagnachmittag nach dem Unfall hatten Erich und Inge beide frei, und deshalb beschlossen sie den armen Peter im Krankenhaus zu besuchen. Nachdem sie zu Mittag gegessen hatten, fuhren sie los und erreichten das Krankenhaus um etwa 3.50 Uhr. Sie parkten den Wagen und gingen sofort in die Eingangshalle des Krankenhauses. Da Inge vergessen hatte, wo ihr Bruder eigentlich war, mußte Erich sich beim Pförtner erkundigen, auf welcher Station Peter lag. Sie erfuhren, daß er sich auf Station 20 im zweiten Stock befand. Sie fuhren mit dem Fahrstuhl hoch, und weil die Besuchszeit nur von 2.00 bis 4.00 Uhr dauerte, und da es jetzt 4.05 Uhr war, mußten sie mit der Stationsschwester sprechen. Glücklicherweise erlaubte sie ihnen, noch zwanzig Minuten zu bleiben.

Peter lag in einem Eckbett in Zimmer 5, und er freute sich sehr, als er seine Schwester und ihren Verlobten sah. Inge hatte ihm eine Flasche Johannisbeersaft mitgebracht. Sie wußte nämlich, daß er ihn sehr gerne trank. Erich hatte nicht nur selbst Obst, sondern auch Schulbücher von Peters Lehrern mitgebracht. Die hatten sie mitgeschickt, denn Peter sollte seinen Aufenthalt im Krankenhaus gut nutzen. Natürlich stöhnte er, als er die sah. Glücklicherweise hatte er aber auch andere angenehmere Geschenke bekommen. Er war besonders stolz auf ein großes Puzzlespiel, das seine Mutter ihm gegeben hatte, und auch auf ein Bastelflugzeug, das sein Vater ihm am vorigen Tag geschenkt hatte.

Zuerst hatte Peter viel Schmerzen im Bein, aber jetzt ging es ihm etwas besser, und es tat ihm nicht so weh. Das Gipsbein war jedoch so schwer, daß er leider bis jetzt nicht sehr gut geschlafen hatte. Nachdem Peter ihnen über seinen Unfall erzählt hatte, war es schon 4.25 Uhr, und Inge und Erich mußten gehen. Sie versprachen aber bald wiederzukommen.

Fragen

1. Warum beschlossen Inge und Erich, Peter am Donnerstagnachmittag zu besuchen?
2. Fuhren sie los, bevor oder nachdem sie zu Mittag gegessen hatten?
3. ‚Nachdem sie zu Mittag gegessen hatten‘ bedeutet ‚Nach ihrem Mittagessen.‘ Sage mit anderen Worten!
   (a) Nachdem sie gefrühstückt hatten.
   (b) Nachdem sie zu Abend gegessen hatten.
4. Was mußte Erich machen, bevor er in die Eingangshalle gehen konnte?
5. Warum sprach Erich mit dem Pförtner?
6. Warum fuhren Inge und Erich mit dem Fahrstuhl hoch?
7. Woher weißt du, daß die Stationsschwester freundlich war?
8. Wo genau war Peters Bett?
9. Warum hatte Inge ihrem Bruder eine Flasche Johannisbeersaft mitgebracht?
10. Warum hatte Peter nicht sehr gut geschlafen?
11. Wie viele Stunden dauerte die offizielle Besuchszeit?
12. Wie lange blieben Inge und Erich bei Peter?

Ergänze!

Use the pluperfect tense.
1. Erich – das Schild gesehen.
2. Er – den Wagen geparkt.
3. Erich und Inge – aus dem Wagen ausgestiegen.
4. Inge – die Nummer der Station vergessen.
5. Peter – ausgerutscht und – hinuntergefallen.
6. Karl – mit dem Rad losgefahren.

Peters Geschenke

Remember that **von** is a preposition + the dative!

Er hatte ein großes Puzzlespiel von seiner Mutter bekommen.
Er hatte ein schönes Bastelflugzeug von seinem Vater bekommen.
Er hatte Johannisbeersaft von Inge bekommen.
Er hatte Weintrauben und Bananen von Erich bekommen.
Er hatte Äpfel von dem Landwirt bekommen.
Er hatte Schulbücher von seinen Lehrern bekommen.
Er hatte einen interessanten Roman von Karl bekommen.
Er hatte Süßigkeiten von Renate bekommen.
Er hatte Illustrierte von Rainer bekommen.

Fragen

Use the appropriate word for *it* or *them* in your answers.
Beispiel: Hatte Peter das schöne Bastelflugzeug von seiner Mutter bekommen?
    Nein, er hatte **es** von seinem Vater bekommen.
1. Hatte er die Äpfel von Erich bekommen?
2. Hatte er das große Puzzlespiel von seinem Vater bekommen?
3. Hatte er den Johannisbeersaft von Renate bekommen?
4. Hatte er die Süßigkeiten von Inge bekommen?
5. Hatte er die Weintrauben und Bananen von dem Landwirt bekommen?
6. Hatte er die Illustrierten von Karl bekommen?
7. Hatte er den interessanten Roman von seinen Lehrern bekommen?
8. Hatte er die Schulbücher von seiner Mutter bekommen?

Merke!

We saw in Lektion 2 (page 12) that the perfect and present tenses can be used in the same sentence.
You should now know that the pluperfect and imperfect tenses are often used together.
Compare and contrast:
(a) Nachdem sie das Krankenhaus **erreicht haben, parkt** Erich den Wagen.
   After they have reached the hospital, Erich parks the car (perfect and present).
(b) Nachdem sie das Krankenhaus **erreicht hatten, parkte** Erich den Wagen.
   After they had reached the hospital, Erich parked the car (pluperfect and imperfect).

Aktionsreihe

Inge und Erich erreichten das Krankenhaus.
Erich parkte den Wagen.
Sie gingen in die Eingangshalle.
Sie sprachen mit dem Pförtner.
Sie erfuhren, daß Peter auf Station 20 war.
Sie fuhren mit dem Fahrstuhl zum zweiten Stock.
Sie sprachen mit der Stationsschwester.
Sie gingen ins Zimmer 5.
Sie setzten sich an Peters Bett.
Sie gaben ihm ihre Geschenke.
Er erzählte ihnen über seinen Unfall.
Inge und Erich gingen.

Fragen

Beantworte die folgenden Fragen mit ‚nachdem‘!
Base your answers on the *Aktionsreihe* above.
Beispiel: Wann parkte Erich den Wagen?
         Nachdem sie das Krankenhaus erreicht hatten.

1. Wann gingen sie in die Eingangshalle?
2. Wann sprachen sie mit dem Pförtner?
3. Wann erfuhren sie, daß Peter auf Station 20 war?
4. Wann fuhren sie mit dem Fahrstuhl zum zweiten Stock?
5. Wann sprachen sie mit der Stationsschwester?
6. Wann gingen sie ins Zimmer 5?
7. Wann setzten sie sich an Peters Bett?
8. Wann gaben sie ihm ihre Geschenke?
9. Wann erzählte er ihnen über seinen Unfall?
10. Wann gingen Erich und Inge?

Aufgabe

Make up **ten** varied questions about the picture on page 32 and
then answer them. (e.g. Wo . . .?, Wer . . .?, Was macht . . .?,
Wieviel Uhr . . .?)

Lektion 7

Die Einladung

A.

(a) Am nächsten Tag bekam Inge einen Brief von ihrem Onkel Willi, der Landwirt ist, und der einen kleinen Bauernhof in der Nähe von Augsburg hat. Er hatte sie und Erich eingeladen, ein Wochenende auf seinem Bauernhof zu verbringen. Als sie später Erich den Brief zeigte, freute er sich sehr über die Einladung, und er schlug vor, daß Inge mit ihrem Onkel telefoniere, um ein passendes Wochenende auszumachen.

Augsburg, Bayern

(b) Am Abend ging Inge ins Wohnzimmer. Sie hob den Telefonhörer ab, wählte Onkel Willis Nummer und wartete, bis er sich meldete.

Onkel W.   Willi Ebner.

    Inge   Hallo, Onkel Willi. Hier ist Inge. Vielen Dank für deinen Brief und die nette Einladung. Erich und ich möchten sehr gerne kommen. Wann paßt es euch am besten?

Onkel W.   Na, wann ihr wollt. Tante Waltraut und ich haben in den nächsten paar Wochen nichts Besonderes vor.

    Inge   Also, wenn es euch paßt, möchten wir nächstes Wochenende kommen. Ich arbeite jeden zweiten Samstag im Reisebüro, weißt du, aber nächsten Samstag habe ich frei.

Onkel W.   Ausgezeichnet. Wir freuen uns schon sehr darauf. Wann kommt ihr denn eigentlich?

    Inge   Wir möchten am Freitagabend gleich nach der Arbeit abfahren. Geht das?

Onkel W.   Ja, selbstverständlich.

    Inge   Prima. Ich sage jetzt gleich Erich Bescheid, und wir sehen uns dann alle am nächsten Wochenende. Wir haben dann auch viel mehr Zeit zum Erzählen. Auf Wiederhören, Onkel Willi. Grüß' Tante Waltraut, bitte!

Onkel W.   Auf Wiederhören Inge. Grüß' Erich und die Familie!

(c) **Am folgenden Freitagabend**

Inge und Erich sind eben auf dem Bauernhof angekommen.

Onkel W.   Waltraut, bringst du die beiden bitte nach oben, während ich eine Flasche Wein aus dem Keller hole? Inge und Erich werden sich sicherlich frisch machen wollen.

Tante W.   Ja, ja, ich zeige den beiden ihre Zimmer. (*Sie geht mit Inge und Erich nach oben.*) . . . Hier, Inge, ist dein Zimmer – und dort drüben ist deins, Erich. Ihr habt beide einen schönen Ausblick. Jetzt gehe ich wieder nach unten und stelle die herrlichen Blumen in eine Vase. Dann können wir gleich zu Abend essen.

B. Aktionsreihe

Inge bekam einen Brief von ihrem Onkel.

Er lud sie und Erich ein, ein Wochenende auf seinem Bauernhof zu verbringen.

Sie nahmen seine Einladung an.

Inge telefonierte mit ihrem Onkel. (Sie wollte nämlich ein passendes Wochenende ausmachen.)

Sie verabredeten sich für das folgende Wochenende.

Am folgenden Freitagabend nach der Arbeit holte Erich Inge vom Reisebüro ab.

Sie kauften Blumen (beim Blumenhändler) für Inges Tante.

Sie kauften Zigarren (beim Tabakhändler) für Onkel Willi.

Sie fuhren zu Inges Haus zurück. (Sie mußten nämlich Inges Koffer holen.)

Erich legte Inges Koffer in den Kofferraum seines Wagens.

Inge zog sich um.

Sie machten sich auf den Weg zum Bauernhof.

Um etwa halb acht erreichten sie den Bauernhof.

Sie begrüßten Onkel Willi und Tante Waltraut.

Inge gab ihrer Tante die Blumen.

Sie gab ihrem Onkel die Zigarren.

Onkel Willi holte eine Flasche Wein aus dem Keller.

Tante Waltraut zeigte Inge und Erich ihre Zimmer.

Inge und Erich machten sich frisch.

Sie kamen wieder nach unten.

Sie aßen zu Abend.

Merke!

(a) Man geht **zum** Blumenhändler, um Blumen, Pflanzen und Kränze zu kaufen.
Man kauft Blumen usw. **beim** Blumenhändler.
Man geht **zum** Tabakhändler, um Zigaretten, Zigarren, Pfeifen, Streichhölzer, Tabak und Feuerzeuge zu kaufen.
Man kauft Zigaretten usw. **beim** Tabakhändler.

(b) Er ist Landwirt.: *He is **a** farmer.*

I Fragen

1. Warum hatte Onkel Willi Inge geschrieben?
2. War Onkel Willi Blumenhändler?
3. Wohnte Onkel Willi in einem Hotel?
4. Lehnten Inge und Erich Onkel Willis Einladung ab?
5. Warum telefonierte Inge mit ihrem Onkel?
6. Wann genau beschlossen sie, Onkel Willi zu besuchen?
7. Was machte Erich am folgenden Freitagabend gleich nach der Arbeit?
8. Warum gingen sie zum Blumenhändler?
9. Wollten sie Onkel Willi eine Pfeife beim Tabakhändler kaufen?
10. Warum fuhren sie zu Inges Haus zurück?
11. Was machte Inge, während Erich ihren Koffer in den Kofferraum seines Wagens legte?
12. Wann machten sie sich endlich auf den Weg? (Nachdem . . .)
13. Gab Inge ihrer Tante die Zigarren?
14. Gab sie ihrem Onkel die Blumen?
15. Wohin ging Onkel Willi, um die Flasche Wein zu holen?
16. Wann machten sich Erich und Inge frisch? (Nachdem . . .)
17. Wann kamen sie wieder nach unten? (Nachdem . . .)
18. Warum kamen sie wieder nach unten?

II Welche Berufe haben die folgenden Menschen?

Beispiel: Herr Schmidt? Er arbeitet in einer Metzgerei./Er ist Metzger.

1. Fräulein Lembke? Sie arbeitet in einem Blumengeschäft.
2. Herr Braun? Er arbeitet in einem Fotogeschäft.
3. Fräulein Bickersdorf? Sie unterrichtet in einer Schule.
4. Herr Doraskowski? Er fährt einen Bus.
5. Herr Maier? Er fertigt Möbel an.
6. Fräulein Schneider? Sie arbeitet am Empfangstisch in einem Hotel.
7. Herr Schnitzler? Er bringt Gästen das Essen und Getränke in einem Restaurant.
8. Herr Kranzki und Herr Witte? Sie backen Brot.
9. Fräulein Müller? Sie arbeitet in einem Krankenhaus und hilft den Ärzten, die Patienten zu behandeln.
10. Herr Behrens? Er arbeitet in einer Tankstelle. Er verkauft Öl und Benzin.

Aufgabe

Rewrite the sentences in the "Aktionsreihe" opposite in essay form beginning each, where possible, with one of the words or phrases below:

gestern, darin, sofort, am Abend, schließlich, auf dem Heimweg, anschließend, dann, oben, endlich, mit Freude, zuerst, danach, kurz darauf, zur gleichen Zeit, einige Minuten später, um halb neun.

Lektion 8

Auf dem Bauernhof

A. Die Tiere des Bauernhofes

Auf Onkel Willis Bauernhof gibt es viele Tiere – Pferde, Kühe, Schweine, Schafe, Ziegen, Kaninchen und Geflügel. Manche leben während des Sommers im Freien, andere kommen nur nachts in den Stall zurück. Andere wiederum bleiben fast immer im Stall.

(a) das Pferd (–e)	(f) die Ziege (–n)
(b) der Bulle (–n)	(g) das Kaninchen (–)
(c) das Schwein (–e)	(h) das Huhn (∵er) /die Henne (–n)
(d) die Kuh (∵e)	(i) die Ente (–n)
(e) das Schaf (–e)	(j) die Gans (∵e)

Fragen

Was siehst du auf den Bildern a – j?
(Use a suitable adjective in your answers.)
Beispiel: (a) Ich sehe ein graues Pferd . . .

In einer Ecke des Hofes steht der Hahn auf dem Misthaufen und kräht, während die Hennen mal hier und mal dort Körnchen picken. Die Henne ist besonders nützlich, weil sie Eier legt.

Man schlachtet viele Tiere, um ihr Fleisch zu gewinnen (Rindfleisch, Schweinefleisch, Kalbfleisch und Lammfleisch.) Man gewinnt auch Leder aus der Tierhaut, und daraus macht man Handschuhe, Schuhe, Handtaschen usw. Andere Tiere sind aber auch nützlich, wenn man sie nicht schlachtet. Man bekommt z.B. Wolle vom Schaf, und es ist nicht nur die Kuh, die uns Milch gibt sondern auch die Ziege.

der Hahn (¨e)

Fragen

von

1. Von welchem Tier bekommt man Rindfleisch?
2. Von welchem Tier bekommt man Schweinefleisch?
3. Von welchem Tier bekommt man Lammfleisch?
4. Von welchem Tier bekommt man Kalbfleisch?
5. Von welchen Tieren bekommt man Milch?
6. Von welchem Tier bekommt man Wolle?
7. Von welchem Tier bekommt man Eier?

Merke!

(a) Ein Fohlen ist ein junges Pferd.: *A foal is a young horse.*
Ein Lamm ist ein junges Schaf.: *A lamb is a young sheep.*
Ein Kalb ist eine junge Kuh.: *A calf is a young cow.*

(b) Er arbeitet im Freien.: *He works in the open air.*
Er geht ins Freie, um zu arbeiten.: *He goes into the open air to work.*

45

B. Was macht ein Landwirt?

Der Traktor hat das Leben des Landwirts gründlich verändert und erleichtert. Damit kann er nämlich die Arbeit von mehreren Pferden verrichten. Mit Hilfe eines Traktors kann der Landwirt pflügen, säen, jäten und ernten.

Der Landwirt pflügt die Felder mit einem Pflug.
Er zieht den Pflug mit seinem Traktor.
Er sät die Samen.
Er mäht und drischt das Getreide mit einem Mähdrescher.
Er erntet das Korn und bringt es in die Scheune.
Er füttert die Tiere auf dem Hof mit Futter.
Er melkt die Kühe mit einer elektrischen Melkmaschine.
Er verkauft die Milch an die Mölkerei. (Ein Tankwagen der Mölkerei holt die Milch ab.)
Er verkauft die Eier von seinen Hühnern.
Er baut auch Gemüse an.

Merke!
The word **der Landwirt (–e)** has replaced **der Bauer (–n)** (wk masc.) in modern German.

Fragen

1. Was benutzt der Landwirt, um die Felder zu pflügen?
2. Was benutzt er, um einen Pflug zu ziehen?
3. Was benutzt er, um das Getreide zu dreschen?
4. Was benutzt er, um die Kühe zu melken?

Aufgaben

Stell' dir mal vor, daß du Landwirt bist! Nenne 10 Sachen, die du auf deinem Bauernhof machst!

C. Rundgang auf dem Bauernhof

Hier ist ein Plan von Onkel Willis Bauernhof:

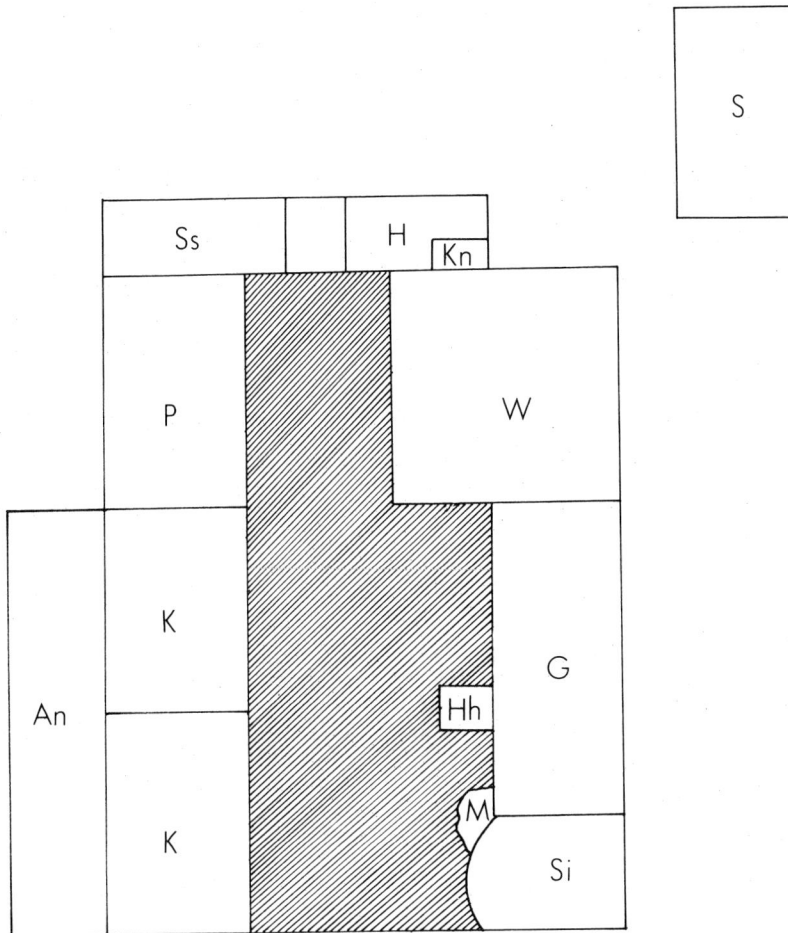

W – Das ist das Wohnhaus
G – Das ist die Garage (Für den
      Lieferwagen und die Maschinen.)
Hh– Das ist die Hundehütte
M – Das ist der Misthaufen
Si – Das ist der Silo für das Viehfutter.
K – Das sind die Kuhställe

An – Das ist der Anbau
P – Das ist der Pferdestall
Ss – Das ist der Schweinestall
H – Das ist der Hühnerstall
Kn – Das ist der Kaninchenstall
S – Das ist die Scheune

D. Dialog

Wie wir wissen sind Inge und Erich wie verabredet zum
Bauernhof gefahren. Am Samstagmorgen nach dem Frühstück
bittet Erich Onkel Willi, ihnen den Bauernhof zu zeigen.

Onkel W.	Also, fangen wir mit dem Hühnerstall an, ja? Kommt mal 'rein. Wie ihr wißt, haben wir nur einen kleinen Bauernhof und nur wenige Tiere.
Inge	Ihr scheint aber eine Menge Hühner zu haben. Wie viele habt ihr denn?
Onkel W.	So viele sind es gar nicht – ungefähr hundert, glaub' ich. Sie machen nicht viel Arbeit, und man verdient ganz gut damit. Wir haben vor, uns mehr anzuschaffen.
Inge	Aber bloß keine Batteriehühner, Onkel. Das finde ich schrecklich . . . Oh, wie niedlich! Kaninchen! Darf ich eins auf den Arm nehmen?
Onkel W.	Aber natürlich. Du darfst auch eins mit nach Hause nehmen, wenn du willst.
Erich	Um Gottes willen, nein! Laßt uns lieber weitergehen! *(Er atmet tief.)* Onkel Willi, kann ich Schweine riechen?
Onkel W.	Ja, möchtet ihr zu ihnen 'reingehen, oder sollen wir gleich zu den Pferden weitergehen?
Inge	Oh ja, lieber zu den Pferden. Ich mag Pferde besonders gern.

*   *   *

Onkel W.	Früher hatten wir mehr. Jetzt haben wir leider nur noch fünf. Vor einigen Jahren gab Tante Waltraut Reitstunden, und das machte ihr viel Spaß. Aber die Arbeit wurde ihr aber mit der Zeit zu viel. Jetzt halten wir die Pferde nur für uns und unsere Freunde. Reitest du, Erich?
Erich	Leider nicht, aber ich würde es gern einmal versuchen.
Onkel W.	Inge ist schon öfters mit uns ausgeritten, nicht? Und wenn das Wetter morgen schön ist, können wir einen kleinen Ausflug zu Pferde machen.
Inge	Das wär doch schön, Erich.
Erich	Ja, sicher.
Onkel W.	Gehen wir weiter? . . . Hier nebenan sind die Kuhställe. Der Anbau wurde nötig, um die neue Melkmaschine unterzubringen.
Inge	Alles ist so sauber und ordentlich bei dir, Onkel Willi. Wie schaffst du das alles?
Onkel W.	Ja, wir müssen ganz schön arbeiten, um alles in Stand zu halten. Du kennst doch noch den alten Fritz, Inge? Er ist zum Glück immer noch bei uns. Junge Leute sind heute schwer für die Landarbeit zu bekommen. Na ja, der Verdienst ist ihnen eben nicht gut genug.

Erich	Hast du einen Mähdrescher, Onkel Willi?
Onkel W.	Nein, nein, es lohnt sich nicht, einen eigenen

Onkel W. Nein, nein, es lohnt sich nicht, einen eigenen
Mähdrescher zu besitzen. Es ist günstiger, einen zu
mieten, aber ich habe einen Traktor, Pflüge und die
anderen gewöhnlichen Geräte. Ich habe auch einen
kleinen landwirtschaftlichen Laster . . . Übrigens habt ihr
Lust, einen kurzen Spaziergang zu machen? Ich kann
euch dann zeigen, wohin wir morgen reiten werden.

*   *   *

Ich hatte mir gedacht, daß wir zur alten Ruine reiten
könnten. Die Landschaft ist sehr schön. Also zuerst werden
wir an dem kleinen Teich dort drüben vorbeireiten, dann
weiter durch den Wald, über eine alte Steinbrücke und
schließlich den steilen Pfad hinauf. Dort oben gibt es ein
schönes Café, wo wir Kaffee trinken könnten. Kaffee?
Ach, du meine Güte, ich habe Tante Waltraut
versprochen, daß wir in einer Stunde zum Kaffee zurück
sein würden!

Merke!

(a) **durch** (through) is a preposition used with the accusative.
Er schlenderte durch das Dorf.: *He strolled through the village.*

(b) **um** (around) is also a preposition used with the accusative. Note that
verbs that are used with *um* usually have the prefix *herum*.
Er lief **um** das Feld **herum**.: *He ran around the field.*

Ergänze!

I 1. Erich fuhr um d– Dorf herum.
   2. Der Hund ging um d– Teich herum.
   3. Sie schlenderten um d– Bauernhof herum.
   4. Sie saßen um d– Tisch herum.
   5. Sie gingen um d– Felder herum.
   6. Die Scheune ist um d– Ecke herum.

II 1. durch d– Scheune.
    2. durch d– Kuhställe
    3. durch d– Wohnhaus
    4. durch d– Hof
    5. durch d– Pferdestall

Zum Auswendiglernen

Er ging an **mir** vorbei.: *He walked **past** me.*
Er ging die Straße **entlang**.: *He walked **along** the road.*
Er ging die Straße **hinauf**.: *He walked **up** the road.*
Er ging die Straße **hinunter**.: *He walked **down** the road.*

E. Am Sonntag

Nach dem Mittagessen schlug Onkel Willi vor, daß sie zu viert mit den Pferden ausreiten sollten, um Kaffee in einem gemütlichen Café zu trinken. Sie holten die Reitpferde aus dem Pferdestall und sattelten sie. Erich war etwas besorgt, denn er hatte nie vorher auf einem Pferd gesessen. Sie bestiegen die Pferde, und anschließend ritten sie an Erichs Wagen vorbei und durch das Tor des Bauernhofs. Sie ritten an dem kleinen Teich vorbei, auf dem Enten schwammen, und dann einen schmalen Weg entlang. Sie mußten an hohen Hecken vorbeireiten und dann durch einen dichten Wald, bevor sie zu einer alten Steinbrücke kamen. Sie ritten über diese Brücke und danach einen steilen Hügel hinauf. Als sie das Café erreichten, fragte Tante Waltraut Erich, „Na, wie war's?" „Oh, es hat wirklich Spaß gemacht", erwiderte Erich. „Aber ich fühle mich schon ganz steif." Und er dachte mißmutig an die lange Strecke, die er nach dem Kaffeetrinken zum Bauernhof zurücklegen mußte.

Merke!

(a) Some verbs can be conjugated either with **haben** or **sein**. When the verb is used with a *direct object*, it is conjugated with **haben**.

Compare and contrast the following sentences.

Er *hat* **das Pferd** durch den Wald geritten.: *He rode* **the horse** *through the forest.*
Er *ist* durch den Wald geritten.: *He rode through the forest.*

(b) **hoch** (tall, high) loses the *c* when followed by a noun.

Die Hecken waren **hoch**.: *The hedges were high.*
Es gab **hohe** Hecken.: *There were high hedges.*

Fragen

1. Wohin mußten sie gehen, um die Pferde zu holen?
2. Wohin wollten sie reiten, um Kaffee zu trinken?
3. Warum war Erich etwas besorgt?
4. Wo, glaubst du, war Erichs Wagen?
5. Was konnten sie auf der linken Seite des Weges sehen, gleich nachdem sie den Bauernhof verlassen hatten?
6. Wo schwammen die Enten?
7. Wie waren die Hecken?
8. Wie war der Wald?
9. Wie war die Steinbrücke?
10. Was mußten sie auf dem Heimweg machen, nachdem sie das Café verlassen hatten und bevor sie die Steinbrücke erreichten?

Lektion 9

Weihnachten

A.

Vier Sonntage vor Weihnachten zündet man die erste Kerze am Adventskranz an. Entweder hängt dieser von der Decke, oder er steht auf dem Tisch. Am zweiten Sonntag zündet man die zweite, am dritten Sonntag die dritte und am vierten Sonntag die letzte Kerze an.

B.

In Deutschland kommt der Nikolaus am sechsten Dezember. Am Abend vorher müssen die kleinen Kinder ihre Schuhe gut putzen und sie vor die Schlafzimmertür oder aufs Fensterbrett stellen. Am nächsten Morgen finden sie dann die Schuhe mit Süßigkeiten gefüllt. Der Nikolaus beschenkt also die braven Kinder. Er hat aber auch eine Rute, und er soll die unartigen Kinder damit bestrafen.

C.

Zu Weihnachten kauft man gewöhnlich einen Weihnachtsbaum (einen Tannenbaum) und schmückt ihn mit Kugeln, Lametta und Kerzen.

In einigen Teilen Deutschlands, besonders im Süden, kommt das Christkind am Heiligen Abend und legt die Geschenke heimlich unter den Baum. Dann, gewöhnlich zwischen etwa 5 und 7 Uhr, singt man Weihnachtslieder und hört die Weihnachtsgeschichte, bevor man die Weihnachtsgeschenke bekommt.

D.

In anderen Teilen, besonders im Norden, kommt der Weihnachtsmann persönlich und bringt die Geschenke in einem Sack. Die Kinder müssen dann Weihnachtsgedichte aufsagen, wenn er da ist, bevor sie ihre Geschenke bekommen. Am Heiligen Abend ist es Sitte, Karpfen zu essen. Am ersten Weihnachtstag ißt man jedoch gewöhnlich Gänsebraten mit Rotkohl und Kartoffeln.

E.

Wenn es geschneit hat, dann können die Kinder einen Schneemann bauen, Schneebälle werfen und rodeln. Man kann auch auf dem Eis Schlittschuh laufen oder in den Bergen Ski laufen.

Fragen

1. Wie viele Kerzen hat ein Adventskranz?
2. Wann zündet man die erste Kerze an?
3. Was macht man am dritten Sonntag vor Weihnachten?
4. Was machen die kleinen Kinder mit ihren Schuhen am Abend des fünften Dezembers?
5. Was macht der Nikolaus während der Nacht?
6. Wann hat man einen Weihnachtsbaum?
7. Was macht man mit Kugeln, Lametta und Kerzen?
8. Was macht das Christkind mit den Geschenken?
9. Was singt man, bevor man die Geschenke bekommt?
10. Wie sieht der Weihnachtsmann aus?
11. Was trägt der Weihnachtsmann über der Schulter, wenn er Geschenke bringt?
12. Was ißt man gewöhnlich am ersten Weihnachtstag in Deutschland?

Stille Nacht

Christkindele, komm'

Christkindele, Christkindele,
Komm' doch zu uns herein
Wir haben ein Heubündele
Und auch ein Gläsele Wein.
Das Bündele
Fürs Esele,
Fürs Kindele
Das Gläsele,
Und beten können wir auch.

Vom Christkind

Denkt euch, ich habe das Christkind gesehen!
Es kam aus dem Walde, das Mützchen voll Schnee,
Mit rotgefrorenem Näschen.
Die kleinen Hände taten ihm weh;
Denn er trug einen Sack, der war gar schwer,
Schleppte und polterte hinter ihm her.
Was drin war, möchtet ihr wissen?
Ihr Naseweise, ihr Schelmenpack,
Meint ihr, er wäre offen, der Sack?
Zugebunden bis oben hin!
Doch war gewiß was Schönes drin;
Es roch so nach Äpfeln und Nüssen.

Stille Nacht, heilige Nacht

Andante (♪)

1. Stil - le Nacht, hei - li - ge Nacht! Al - les schläft, ein - sam wacht

nur das trau - te, hoch-hei - li - ge Paar. Hol - der Kna - be in lo - cki - gem Haar,

schlaf in himm - li - scher Ruh,_____ schlaf in himm-li-scher Ruh!_____

2. Stille Nacht, heilige Nacht,
   Hirten erst kund gemacht!
   Durch der Engel Halleluja
   tönt es laut von fern und nah:
   Christ, der Retter, ist da!

3. Stille Nacht, heilige Nacht!
   Gottes Sohn, o wie lacht
   Lieb aus deinem göttlichen Mund,
   da uns schlägt die rettende Stund,
   Christ, in deiner Geburt!

O Tannenbaum

Ruhig

1. O Tann-nen-baum, o Tann-nen-baum, wie treu sind dei - ne Blät-ter! Du grünst nicht nur zur Som-mer-zeit, nein, auch im Win - ter, wenn es schneit. O Tan-nen-baum, o Tan - nen-baum, wie treu sind dei - ne Blät - ter!

2. O Tannenbaum, o Tannenbaum,
   du kannst mir sehr gefallen!
   Wie oft hat nicht zur Weihnachtszeit
   ein Baum von dir mich hocherfreut!
   O Tannenbaum, o Tannenbaum,
   du kannst mir sehr gefallen!

3. O Tannenbaum, o Tannenbaum,
   dein Kleid will mich was lehren:
   Die Hoffnung und Beständigkeit
   gibt Trost und Kraft zu jeder Zeit.
   O Tannenbaum, o Tannenbaum,
   das will dein Kleid mich lehren.

Lektion 10

Auf dem Fußballplatz

A.

An einem kalten Sonntagnachmittag im Dezember gingen
Inge und Renate mit Erich und Rainer zum Fußballplatz. Es
war nämlich der Tag des DFB – Pokalspiels zwischen den beiden
Münchener Fußballmannschaften Bayern München und
München 1860. Obwohl es leider während der Nacht geschneit
hatte, freuten sie sich sehr auf das Spiel. Rainer hatte die
Karten schon vor zwei Wochen an der Kasse gekauft. Als sie
das Stadion betraten, waren die Tribünen und Stehplätze
schon fast alle besetzt, aber es gelang ihnen trotzdem, gute
Plätze zu finden. Die Zuschauer drängelten, schrien, sangen
und jubelten schon vor Beginn des Spieles. Obwohl Inge und
Renate sich warm angezogen hatten, begannen sie jetzt zu
frieren.

Anschließend erschienen die Spieler, der Schiedsrichter und
die Linienrichter, und um Punkt drei Uhr begann das Spiel.
Durch einen herrlichen Kopfball in der fünfzehnten Minute
schoß Müller das erste Tor für die Bayern. Der Lärm war
betäubend. Inge und Renate schrien jedoch nicht mit. Es war
ihnen noch kälter geworden. Ihre Gesichter waren jetzt
ganz blau, und ihre Nasen wurden immer röter. Nach weiteren
zehn Minuten führte Bayern sogar mit 2 :0.

Während der Pause plauderten Erich und Rainer lebhaft über das Spiel. Sie waren sehr glücklich, denn beide unterstützten Bayern München. Nach der Halbzeit jedoch änderte sich das Bild. Die Sechziger griffen nun ununterbrochen an und schossen in wenigen Minuten drei Tore hintereinander. Inge begann zu niesen, und Renate zitterte. Am Ende des Spieles stürzten die Anhänger von München 1860 auf das Feld und trugen die Spieler auf den Schultern vom Platz. Trotz des Schnees war das Spiel so interessant und aufregend gewesen, daß Erich und Rainer gar nicht bemerkt hatten, wie unglücklich ihre Freundinnen geworden waren. Erst nach dem Spiel wurde ihnen klar, daß sich Inge und Renate furchtbar erkältet hatten.

Merke!

(a) Das Wetter wurde immer kälter.: *The weather became colder and colder.*

Der Schnee wurde immer tiefer.: *The snow became deeper and deeper.*

Das Spiel wurde immer aufregender.: *The game became more and more exciting.*

(b) Ein Lokalschlager ist ein Spiel zwischen zwei Mannschaften aus derselben Stadt.: *A local derby is a game between two teams from the same town.*

Fragen

1. Fand diese Episode an einem heißen Samstagabend im August statt?
2. Was war während der Nacht geschehen?
3. War das Wetter warm?
4. Warum gingen Inge, Erich, Renate und Rainer zum Fußballplatz?
5. Ist Bayern-München eine englische Fußballmannschaft?
6. Wie nennt man ein Spiel zwischen zwei Mannschaften aus derselben Stadt? (Zwischen Manchester United und Manchester City z.B.?)
7. Welche Fußballmannschaft unterstützt du?
8. Kaufte Rainer die Karten gleich vor dem Spiel?
9. Woher weißt du, daß es nicht sehr ruhig im Stadion war?
10. Warum hatten sich Inge und Renate warm angezogen?
11. War das Stadion kurz vor Beginn des Spieles fast leer?
12. Was hat ein Schiedsrichter gewöhnlich während eines Fußballspieles an?
13. Mit welchem Teil seines Körpers schoß Müller das erste Tor?
14. Wieviel Uhr war es, als Müller das erste Tor schoß?
15. Woher weißt du, daß es Inge und Renate kalt war?
16. Welche Mannschaft gewann das Spiel?
17. Warum stürzten die Anhänger von München 1860 auf das Feld?
18. Warum hatten Rainer und Erich gar nicht bemerkt, daß Renate und Inge sich erkältet hatten?

B. Dialog

Das Olympia-Stadion, München

Renate	Ist das aber voll hier! Ich glaub', ich hab' noch nie so viele Menschen auf einmal gesehen. Ist das immer so?
Rainer	Wie bitte?
Renate	Ist es immer so voll hier?
Rainer	Ja, wenn es so voll ist, dann macht es doch mehr Spaß. Aber wegen des Pokalspiels ist es wahrscheinlich noch voller als gewöhnlich.
Renate	Was hältst du denn von dem Tumult, Inge?
Inge	Ich muß mich erst an den Krach gewöhnen. Erich, ich kann das Spielfeld überhaupt nicht sehen. Können wir nicht woanders hingehen?
Erich	Ja, sicher. Dort unten weiter vorne in der Ecke ist noch etwas Platz.
Rainer	Kommt mit! Ich gehe voraus . . .
Erich	Es geht gleich los. Da kommen die Spieler. Ich bin ja so gespannt, wer gewinnen wird. Hoffentlich verdirbt der Schnee das Spiel nicht.
Rainer	Ach! Kein Zweifel. Bayern München gewinnt ganz bestimmt. Was meint ihr?
Renate	Nur gut, daß wir uns warm angezogen haben. Ich fange schon jetzt an zu frieren.

Erich	Rainer, behalt' mal den Müller im Auge. Der ist neulich ganz toll in Form gewesen . . . Na, siehste! Was hab' ich dir gesagt? Das war ein fantastisches Tor!
Rainer	Klasse. Einfach Klasse. Der kann schon was mit dem Kopf, der Müller.
Inge	Renate, wie spät ist es eigentlich?
Renate	Viertel nach drei.
Inge	Wie lange dauert das Spiel noch?
Renate	Es ist noch eine halbe Stunde von der ersten Halbzeit zu spielen, und dann sind es noch fünfundvierzig Minuten nach der Pause.
Inge	Um Gottes willen. Ich bin schon ganz blau gefroren.
Renate	Ich auch . . .

Merke!

obwohl (although) is a subordinating conjunction and the verb is sent to the end of the clause or sentence.

trotz (in spite of) and **um . . . willen** (for the sake of) are prepositions used with the genitive.

    trotz des Wetters: *in spite of the weather*

    um Gottes willen: *for Heaven's sake*

Aufgabe

Rewrite the following sentences beginning each one with *trotz*. Select the most suitable phrase from the list below. Remember to invert the verb!

    trotz ihres bequemen Bettes; trotz des starken Verkehrs; trotz der heißen Suppe; trotz der Kälte; trotz ihrer warmen Kleider; trotz des überfüllten Stadions; trotz des Schnees; trotz des schneebedeckten Fußballplatzes.

Beispiel: (trotz des schlechten Wetters)

    Sie beschlossen, sich das Pokalspiel anzusehen, obwohl das Wetter schlecht war.

    Trotz des schlechten Wetters beschlossen sie, sich das Pokalspiel anzusehen.

1. Sie gingen zum Fußballplatz, obwohl es geschneit hatte.
2. Es gelang ihnen gute Plätze zu finden, obwohl das Stadion überfüllt war.
3. Die Männer fanden das Spiel aufregend, obwohl es kalt war.
4. Es gelang den Spielern gut zu spielen, obwohl der Fußballplatz mit Schnee bedeckt war.
5. Die Mädchen erkälteten sich, obwohl sie sich warm angezogen hatten.
6. Es gelang ihnen, nach dem Spiel schnell nach Hause zu fahren, obwohl der Verkehr stark war.
7. Die Mädchen froren immer noch, obwohl sie heiße Suppe aßen.
8. Inge konnte gar nicht schlafen, obwohl ihr Bett bequem war.

C. Körperteile

(a) Man hört mit den Ohren.
Man sieht mit den Augen.
Man leckt mit der Zunge.
Man beißt mit den Zähnen.
Man riecht mit der Nase.
Man tastet mit den Fingern.

Fragen

1. Siehst du mit den Ohren?
2. Leckst du mit der Nase?
3. Hörst du mit den Zähnen?
4. Beißt du mit der Nase?
5. Riechst du mit den Augen?
6. Womit tastest du?

(b) Man trägt einen Schal um den Hals.
Man trägt einen Schlips auch um den Hals.
Man trägt einen Hut oder eine Mütze auf dem Kopf.
Man trägt eine Strumpfhose an den Beinen.
Man trägt Handschuhe an den Händen.
Man trägt Socken und Schuhe an den Füßen.
Man trägt einen Ring am Finger.
Man trägt eine Brille auf der Nase.
Man trägt Ohrringe an den Ohren.

Fragen

Use the appropriate word for *it* or *them* in your answers.
Beispiel: Trägt man eine Mütze auf der Nase?
     Nein, man trägt **sie** auf dem Kopf.

1. Trägt man Handschuhe an den Füßen?
2. Trägt man eine Brille auf dem Kopf?
3. Trägt man Socken und Schuhe an den Händen?
4. Trägt man einen Verlobungsring am zweiten Finger der linken Hand?
5. Trägt man Ohrringe an den Fingern?
6. Trägt man einen Schlips um das Bein?
7. Trägt man eine Strumpfhose an den Armen?
8. Trägt man einen Hut auf der Nase?

Lektion 11

Im Supermarkt

A.

Am folgenden Morgen, als Erich mit dem Reisebüro telefonierte, erfuhr er, daß Inge nicht zur Arbeit gekommen war,
weil sie Grippe hatte. Deshalb beschloß er, sie während seiner
Mittagspause zu besuchen.

Als er Inges Haus erreichte, sah er Rainers Wagen vor der
Garage. Er klingelte, und Rainer machte auf.

Rainer	Hallo, Erich. Was, du bist auch hier? Du hast sicher ein schlechtes Gewissen so wie ich.
Erich	Das Spiel gestern war doch keine gute Idee. Wie geht es Renate heute? Ich habe schon vom Reisebüro gehört, daß Inge Grippe hat.
Rainer	Ja. Renate muß auch im Bett bleiben. Beide haben Fieber und furchtbaren Schnupfen. Und weißt du was? Frau Maier ist heute morgen auf dem Eis ausgerutscht und hat sich das Fußgelenk verrenkt. Sie kann kaum gehen. Der Arzt war vor einer halben Stunde hier.
Erich	Ach, du meine Güte! Und ist Herr Maier noch auf Dienstreise?
Rainer	Ja. Er kommt erst am Dienstag zurück.
Erich	Ach, die Armen! Wir müssen ihnen doch helfen.
Rainer	Genau, machen wir. Frau Maier hat mir eben eine Einkaufsliste gegeben. Ich wollte gerade zum Supermarkt gehen, als du geklingelt hast. Hast du Zeit mitzukommen?
Erich	Ja, sicher. Moment mal. Ich gehe erstmal kurz nach oben, um den Kranken „guten Tag" zu sagen. Ich komme dann gleich wieder nach unten. . . .

Fragen

1. Wann erfuhr Erich, daß Inge Grippe hatte?
2. Was wollte er während seiner Mittagspause machen?
3. Woher wußte Erich, daß Rainer wahrscheinlich schon bei Maiers war?
4. Klopfte Erich?
5. Warum machte Inge nicht auf?
6. Woher wußte Inge, daß sie Grippe hatte?
7. Warum konnte Frau Maier kaum gehen?
8. Kam der Arzt, während Rainer und Erich sich unterhielten?
9. Warum war Herr Maier nicht zu Hause?
10. Wann sollte er zurückkehren?
11. Was sollte Rainer im Supermarkt machen?
12. Was wollte Erich machen, bevor er mit Rainer zum Supermarkt ging?

B.

Erich und Rainer haben das Auto hinter dem Supermarkt geparkt. Jetzt schieben sie den Einkaufswagen durch den Supermarkt. Sie versuchen die verschiedenen Lebensmittel zu finden.

Rainer . . . Ich habe gerade das Fleisch gekauft. Die Koteletts sehen lecker aus. Hast du in der Zwischenzeit die Marmelade gefunden?

Erich Ja. Sie war dort oben auf dem Regal. Was müssen wir denn nun noch kaufen? Gib' mir doch mal bitte die Einkaufsliste! Ach ja, Senf.

Rainer Der muß irgendwo in der Nähe sein. Sieh' doch mal da unten neben dem Salz nach! Ja, dort! Nein, weiter nach rechts über den Bierflaschen.

Erich Ja, da ist er.

Rainer Dann nimm' gleich die Flaschen Bier und die Colas und stelle sie in den Wagen. Aber wo ist der Zucker? Ich habe ihn immer noch nicht gesehen. Hier oben?

Erich Nein, weiter links unten.

Rainer Ah ja, hier endlich. Und dort an der Seite auf dem nächsten Regal ist ja auch das Waschpulver. Hol' doch bitte das große blaue Paket hinter dem kleinen roten herunter! Aber vorsichtig.

Erich Oh, verdammt! Jetzt sind die ganzen Pakete heruntergefallen. ich muß sie wieder aufsammeln.

Was machten Rainer und Erich im Supermarkt?

Zuerst gingen sie durch den Eingang in den Laden.

Dann holten sie einen Einkaufswagen.

Danach schoben sie ihn von Abteilung zu Abteilung an den Regalen entlang.

Von Zeit zu Zeit nahmen sie Lebensmittel und andere Waren von den Regalen und aus den Tiefkühltruhen und legten sie in den Einkaufswagen.

An der Fleischabteilung und an der Delikatessenabteilung mußten sie Schlange stehen, bevor man sie bediente.

Zuletzt gingen sie zur Kasse.

Dort stellten sie sich an.

Als sie drankamen, nahm Erich die Waren aus dem Einkaufswagen und legte sie auf den Kassentisch.

Während er das machte, rechnete die Kassiererin die Preise zusammen.

Während sie die Preise zusammenrechnete, steckte Rainer die Sachen in die Einkaufstüten.

Anschließend bezahlten sie und bekamen Wechselgeld heraus.

Schließlich gingen sie zum Wagen zurück und fuhren wieder zu Inge.

Merke!

(a) Note the following three verbs that all mean *to put*:

legen (wk): *to put* (on to)
stellen (wk): *to put* (in an upright position)
stecken (wk): *to put* (into)

They are all usually followed by a direct object and then a preposition with the accusative as they all imply movement. Compare and contrast the following sentences.

Erich **legte** die Lebensmittel auf den Ladentisch.: *Erich put the groceries on the counter.*
Er **stellte** die Flaschen auf den Ladentisch.: *He put the bottles on the counter.*
Rainer **steckte** die Sachen in die Einkaufstüte.: *Rainer put the things into the carrier bag.*

(b) Er klingelte an **der** Tur.: *He rang the doorbell.*
Er klopfte an **die** Tur.: *He knocked on the door.*

(c) Ich wollte eben (gerade) zum Supermarkt gehen.: *I was just about to go the supermarket.*
Ich war im Begriff, zum Supermarkt zu gehen.: *I was on the point of going to the supermarket.*

(d) **bei** is a preposition used with the dative. It can mean *at someone's house* and may be compared with the French *chez*.
bei mir: *at my house*

Fragen

I **im Begriff sein/eben wollen**
Sage mit anderen Worten!
Beispiel: Rainer war im Begriff zum Supermarkt zu gehen, als Erich klingelte.
Rainer wollte eben zum Supermarkt gehen, als Erich klingelte.

1. Erich war im Begriff, mit dem Reisebüro zu telefonieren, als sein Chef ins Zimmer kam.
2. Rainer war im Begriff, die Tür aufzumachen, als Erich klingelte.
3. Frau Maier war im Begriff, zur Garage zu gehen, als sie sich das Fußgelenk verrenkte.
4. Renate war im Begriff, ein Buch zu lesen, als sie Rainers Wagen hörte.
5. Inge war im Begriff, einen Brief zu schreiben, als Erich nach oben kam.

II **bei**
Sage mit anderen Worten!
Beispiel: Er wohnt im Haus seines Bruders./Er wohnt bei seinem Bruder.

1. Karl wohnt im Haus seines Onkels.
2. Sigi wohnt im Haus ihrer Tante.
3. Erika wohnt im Haus ihrer Freundin.
4. Hans wohnt im Haus seines Freundes.
5. Lisa wohnt im Haus ihrer Schwester.
6. Uschi und Magda wohnen im Haus ihrer Eltern.

An der Delikatessenabteilung

Aktionsreihe

Stell' dir mal vor, du warst letzten Samstag im Supermarkt! Du hast folgendes gemacht:

Du bist in den Supermarkt gegangen.
Du hast einen Einkaufswagen geholt.
Du bist zur Fleischabteilung gegangen.
Du hast sechs Koteletts gekauft.
Du bist zur Gemüseabteilung gegangen.
Du hast Äpfel und einen Blumenkohl gekauft.
Du bist zur Delikatessenabteilung gegangen.
Du hast eine Teewurst und 200 Gramm Schinken gekauft.
Du hast ein gefrorenes Hähnchen aus der Tiefkühltruhe genommen.
Du hast eine Dose Erbsen und eine Dose Karotten vom Regal heruntergeholt.
Du bist zur Kasse gegangen.
Du hast die Sachen in deine Einkaufstasche gesteckt.
Du hast bezahlt.
Du bist nach Hause zurückgegangen.

An der Käseabteilung

Fragen

Answer the following questions. Use **nachdem** in your answer. Base your answers on the *Aktionsreihe* opposite.

Beispiel: Wann hast du den Einkaufswagen geholt?
  Nachdem ich in den Supermarkt gegangen war.

1. Wann bist du zur Fleischabteilung gegangen?
2. Wann hast du die Koteletts gekauft?
3. Wann bist du zur Gemüseabteilung gegangen?
4. Wann hast du die Äpfel und den Blumenkohl gekauft?
5. Wann bist du zur Delikatessenabteilung gegangen?
6. Wann hast du die Teewurst und den Schinken gekauft?
7. Wann hast du das gefrorene Hähnchen aus der Tiefkühltruhe genommen?
8. Wann hast du die Dose Erbsen und die Dose Karotten vom Regal heruntergeholt?
9. Wann bist du zur Kasse gegangen?
10. Wann hast du die Sachen in deine Einkaufstasche gesteckt?
11. Wann hast du bezahlt?
12. Wann bist du nach Hause zurückgegangen?

C. Wiederholung
(i) Obstsorten

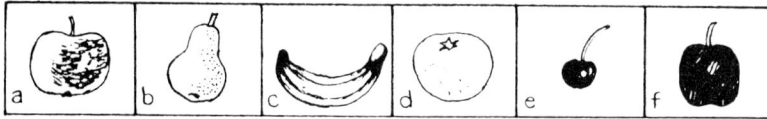

(a) der Apfel (÷)   (d) die Apfelsine (–n)
(b) die Birne (–n)   (e) die Kirsche (–n)
(c) die Banane (–n)   (f) die Pflaume (–n)

(ii) Gemüsesorten

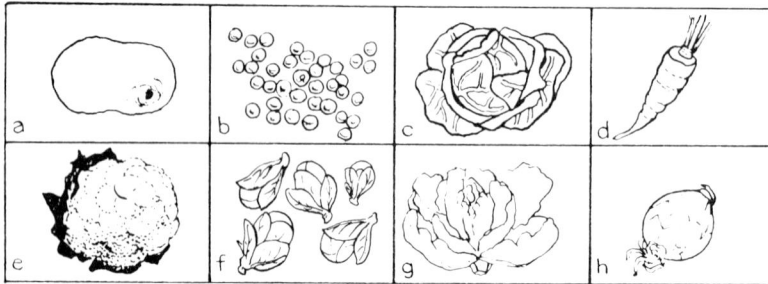

(a) die Kartoffel (–n)   (e) der Blumenkohl
(b) die Erbse (–n)   (f) der Rosenkohl
(c) der Kohl (Kohlköpfe)   (g) der Salat (Salatköpfe)
(d) die Karotte (–n)   (h) die Zwiebel (–n)

(iii) Lebensmittel   (iv)

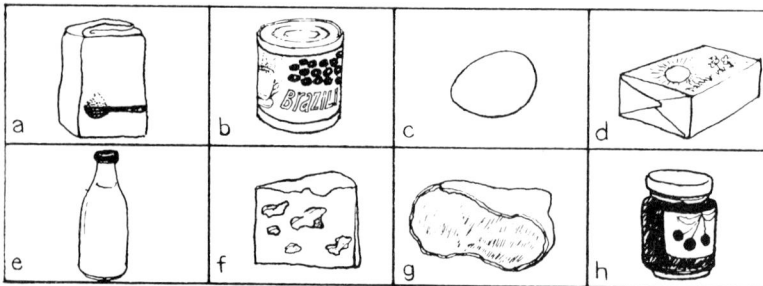

(a) der Zucker   (e) die Milch
(b) der Kaffee   (f) der Käse (Käsesorten)
(c) das Ei (–er)   (g) der Schinken (–)
(d) die Butter   (h) die Marmelade (–n)

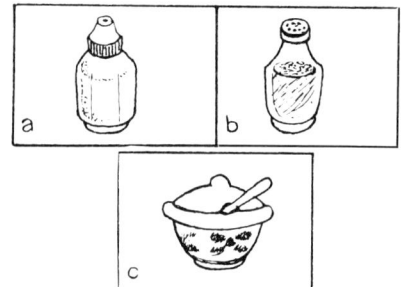

(a) das Salz
(b) der Pfeffer
(c) der Senf

Fragen

I   Man kauft Marmelade gewöhnlich in einem Glas.
     Worin kauft man:
     (a) Milch (b) Senf (c) Streichhölzer (d) Sahne (e) Bier
     (f) Ölsardinen (g) Honig (h) Nescafé (i) Waschpulver
     (j) Zigaretten?

II   Erich steht an der Kasse und nimmt seine Sachen aus dem
     Einkaufswagen. Was macht er mit den folgenden Waren:
     Beispiel: Waschpulver?
            Er nimmt **das** Waschpulver und stellt **es** auf den
            Ladentisch.
     (a) Blumenkohl (b) Senf (c) Zucker (d) Milch (e) Tomaten
     (f) Käse (g) Butter (h) Kaffee (i) Salz (k) Kartoffeln?

Rôle playing

Imagine that you are shopping in a small general store in Germany.
(a) Say that you would like a pot of jam, a tube of mustard, a packet
     of sugar, a tin of peas and a bottle of milk.
(b) Say that you would like five kilos of potatoes, a pound of apples,
     half a pound of cherries, a cabbage, 250 grammes of ham and 100
     grammes of cheese.
(c) Ask how much the onions are.

Aufgabe

Stell' dir mal vor, daß deine Mutter letzte Woche krank war. Du
mußtest deshalb zum Supermarkt gehen. Erzähle was du gemacht
hast!

Lektion 12

Herr Maier hilft im Haus

A. Im Schlafzimmer
Herr Maier steht auf, geht ans Fenster und zieht die Vorhänge auf.

Dialog

Herr M.   Ach du meine Güte! Es hat während der Nacht wieder geschneit. Gott sei Dank, daß ich heute frei habe und nicht zur Fabrik fahren muß. . . . Die Straßen waren wirklich schlecht, als ich gestern abend nach Hause fuhr.

Frau M.   Ja, Karl. Es ist schön, daß du wieder da bist aber nicht so schön, ein Haus voller Invaliden zu finden.

Herr M. Ach, mach' dir keine Sorgen. Übrigens, wie geht es deinem Fußgelenk heute?

Frau M. Ach, besser, glaube ich. Gestern abend bin ich gleich eingeschlafen, und ich bin erst aufgewacht, als ich den Briefträger hörte.

Herr M. Ja, er hat mich auch geweckt, glaube ich. . . . Also, du solltest heute im Bett bleiben, und ich werde alles im Haus machen.

Frau M. Nein, nein, Karl. Heute sollst du dich ein bißchen ausruhen. Du bist sicher nach deiner langen Reise noch müde. Ich werde aufstehen.

Herr M. Nee! Nee! Das kommt gar nicht in Frage! Dann wird dein Fußgelenk noch schlimmer werden. Nein, heute werde ich alles machen. Also, ich werde gleich nach unten gehen und Kaffee kochen. Dann werde ich dir und den Mädchen das Frühstück heraufbringen.

Frau M. Sie werden sich genau so schuldig fühlen wie ich.

Herr M. Wieso denn? Wenn man krank ist, soll man lieber im Bett bleiben. Nach dem Frühstück werde ich den Schnee wegschaufeln, und danach werde ich das Mittagessen bereiten. Übrigens, was soll es eigentlich geben?

Frau M. Gestern sind Rainer und Erich zum Supermarkt gegangen und haben eingekauft. Sie haben uns ein paar schöne Koteletts mitgebracht. Kartoffeln and Karotten sind auch da, und du kannst auch eine Dose Erbsen aufmachen, wenn du sehr hungrig bist.

Herr M. Schön. Ich werde ganz bestimmt großen Hunger nach der Arbeit im Freien haben. . . . Ich werde die Koteletts wahrscheinlich grillen. Das schmeckt besser! Da es ein so kalter Tag ist, möchte ich auch noch eine Suppe essen. Haben wir noch einige Päckchen Suppe im Schrank?

Frau M. Ja, ja. Wir haben Tomatensuppe oder Ochsenschwanzsuppe.

Herr M. Ach, dann werde ich die Ochsenschwanzsuppe kochen. Nach dem Mittagessen werde ich ein bißchen Hausarbeit machen.

Frau M. Karl! Wenn du so viel machst, wirst du morgen auch wohl im Bett bleiben müssen und nicht zur Arbeit fahren können!

B. Was wird Herr Maier während des Tages machen?

(a) Er wird nach unten gehen.

Er wird in die Küche gehen.

Er wird das Frühstück vorbereiten.

Er wird das Frühstück auf einem Tablett nach oben in die Schlafzimmer tragen.

Er wird in der Küche frühstücken.

Er wird abwaschen.

(b) Er wird sich warm anziehen.

(d.h. Er wird eine alte Jacke, einen warmen Schal, warme Handschuhe und Gummistiefel anziehen.)

Er wird in die Garage gehen.

Er wird einen Spaten und eine Schaufel holen.

Er wird den Schnee von der Einfahrt wegschaufeln.

(c) Er wird wieder in die Küche gehen.

Er wird das Mittagessen vorbereiten.

(Zuerst wird er ein scharfes Messer holen.)

Er wird die Kartoffeln schälen.

Er wird die Karotten schaben.

Er wird sie in Kochtöpfe tun.

Er wird die Kochtöpfe auf den Gasherd setzen.

Er wird das Gas aufdrehen.

Er wird die Kartoffeln und die Karotten kochen.

Er wird die Koteletts aus dem Kühlschrank nehmen.

Er wird sie grillen.

Er wird eine Ochsenschwanzsuppe kochen.

(d) Er wird den Staubsauger, einen Staublappen und einen Besen holen.

Er wird die Teppiche saugen.

Er wird die Möbel abstauben.

Er wird die Fußböden fegen.

Merke!

Remember that the future tense is formed from the present tense forms of **werden** together with the infinitive of the verb, which is normally found at the end of the clause or sentence (cf. § 21, page 188).

Fragen

I 1. Wird Herr Maier ins Eßzimmer gehen, um das Frühstück zu machen?
2. Wird Frau Maier aufstehen, um zu frühstücken?
3. Was wird Herr Maier mit den schmutzigen Tellern, Tassen und Untertassen machen?
4. Wird er in die Küche gehen, um den Spaten und die Schaufel zu holen?
5. Was wird er mit dem Spaten und der Schaufel machen?
6. Was wird er später in der Küche machen?
7. Wird er ein stumpfes Messer holen, um die Kartoffeln zu schälen?
8. Wird er die Karotten schälen?
9. Wird er die Koteletts aus einem Schrank nehmen?
10. Was wird er mit den Koteletts machen?
11. Was wird er mit dem Staubsauger machen?
12. Was wird er mit dem Besen machen?

II 1. Wirst du heute um zwei Uhr nach Hause fahren?
2. Was wirst du heute abend machen? (5 Beispiele)
3. Was wirst du morgen machen, bevor du zur Schule kommst? (3 Beispiele)
4. Was wirst du am Wochenende machen? (3 Beispiele)

C. Was machte Herr Maier während des Tages?

Am Dienstagmorgen, als Herr Maier die Vorhänge aufzog, sah er, daß es wieder während der Nacht geschneit hatte. Er war froh, daß er am Abend zuvor, einen Tag früher als erwartet, von seiner Dienstreise hatte zurückkehren können. Er war jedoch sehr überrascht gewesen, das Haus in Dunkelheit zu finden und zu erfahren, daß Inge und Renate Grippe hatten und seine Frau sich das Fußgelenk verrenkt hatte.

Er plauderte mit seiner Frau, während er sich anzog, und dann ging er nach unten in die Küche, wo er das Frühstück machte. Nachdem er es nach oben in die Schlafzimmer getragen hatte, frühstückte er allein in der Küche. Danach spülte er das schmutzige Geschirr und das schmutzige Besteck, während er vor sich hinpfiff. Anschließend zog er eine alte Jacke und alte Gummistiefel an und band einen warmen Schal um, weil er sich nicht erkälten wollte. Dann nahm er seine alten Handschuhe und ging in die Garage, um einen Spaten und eine Schaufel zu holen, weil er den Schnee von der Einfahrt wegschaufeln mußte. Draußen war es sehr kalt, und er war froh, daß er nach einer Stunde ins warme Haus zurückkommen konnte.

Er zog seine alten Sachen aus, wusch sich die Hände, schenkte sich einen Kognak ein, machte das Radio an und begann das Mittagessen zu bereiten. Während er Musik hörte, summte er.

Er holte ein scharfes Messer, damit er die Kartoffeln schälen und die Karotten schaben konnte und dann, als er fertig war, tat er sie in zwei Kochtöpfe, die er auf den Gasherd setze. Nachdem er das Gas aufgedreht hatte, nahm er die Koteletts aus dem Kühlschrank, weil er sie mit Kräutern, Salz und Pfeffer zubereiten wollte. Dann grillte er sie. Schließlich machte er schnell die Ochsenschwanzsuppe fertig, bereitete eine Soße, holte einen Dosenöffner, machte die Dose Erbsen auf, schüttete den Inhalt in einen kleinen Topf und setzte ihn auf. Bald war das Essen fertig. Seine Frau und die zwei Mädchen hatten schon darauf bestanden, nach unten zu kommen, um Mittag zu essen, und deswegen ging Herr Maier ins Eßzimmer, um den Tisch zu decken. Das Essen schmeckte den Invaliden ausgezeichnet, und sie scherzten, daß Herr Maier öfter kochen sollte.

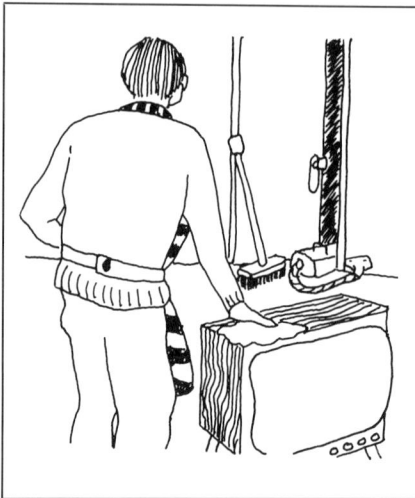

Nach dem Mittagessen ging Herr Maier wieder an die Arbeit. Jetzt aber begann er ein bißchen müde zu werden. Nachdem er den Tisch abgeräumt und das Geschirr wieder abgewaschen hatte, holte er den Staubsauger, einen Staublappen und einen Besen. Anschließend saugte er die Teppiche, wischte überall Staub und fegte die Fußböden. Gegen vier Uhr kochte er Kaffee für die anderen, und bald darauf war es Zeit, das Abendessen zu machen.

Glücklicherweise war das leicht. Er deckte den Tisch zum zweiten Mal im Eßzimmer und trug den Aufschnitt, den Schinken, den Käse, die Tomaten, die Gurken, das Brot und die Butter aus der Küche ins Eßzimmer. Erst nach dem Abendessen, nachdem er wieder abgeräumt und abgewaschen hatte, konnte er sich hinsetzen und sich ausruhen. Frau Maier hatte doch recht gehabt. Er freute sich sehr, daß er am folgenden Tag wieder zur Fabrik fahren konnte.

Fragen

I   1. War Herr Maier am Sonntagabend von seiner Geschäftsreise
       zurückgekommen?
   2. Warum war er überrascht gewesen?
   3. Was verstehst du unter (a) Geschirr? (b) Besteck?
   4. Wie war die Jacke, die Herr Maier anzog?
   5. Wie war der Schal, den er anzog?
   6. Wie waren die Handschuhe, die er anzog?
   7. Wann trägt man gewöhnlich Gummistiefel?
   8. Wie war das Messer, das er holte, um die Kartoffeln zu
       schälen?
   9. Was trank er, bevor er das Mittagessen machte?
  10. Was aßen die Maiers und Renate zu Abend?

II

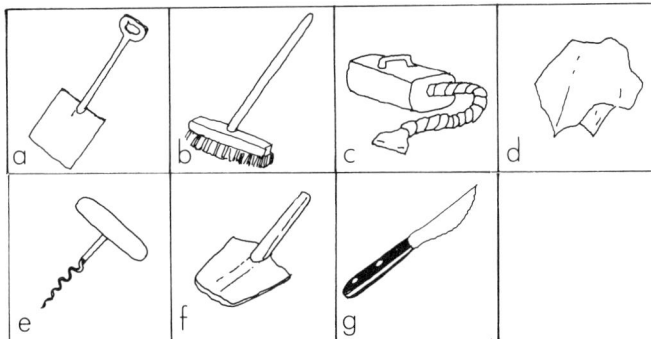

Was siehst du auf den Bildern a–g?

Merke!

Ich habe staubgesaugt.
Ich habe den Teppich gesaugt.
Leave out 'staub' when you have a direct object.

III **Womit?**
   1. Womit schaufelte Herr Maier den Schnee weg?
   2. Womit schälte er die Kartoffeln?
   3. Womit schabte er die Karotten?
   4. Womit machte er die Dose Erbsen auf?
   5. Womit deckte er den Tisch?
   6. Womit machte er die Teppiche sauber?
   7. Womit wischte er Staub?
   8. Womit fegte er die Fußböden?

IV   The following questions may be answered in *three* different ways:

Beispiel: Warum holte Herr Maier den Dosenöffner?

       (a) Um die Dose Erbsen zu öffnen.
       (b) Weil er die Dose Erbsen öffnen wollte.
       (c) Damit er die Dose Erbsen öffnen konnte.

Answer questions 1–4 with **um . . . zu**, 5–8 with **weil** and 9–12 with **damit**.

1. Warum ging Herr Maier ans Fenster im Schlafzimmer?
2. Warum ging er zum ersten Mal in die Küche?
3. Warum trug er das schmutzige Geschirr und das schmutzige Besteck in die Küche?
4. Warum zog er eine Jacke, und warme Handschuhe an?
5. Warum ging er in die Garage?
6. Warum holte er den Spaten und die Schaufel?
7. Warum ging er in die Küche, nachdem er den Schnee weggeschaufelt hatte?
8. Warum holte er ein scharfes Messer?
9. Warum ging er ins Eßzimmer?
10. Warum holte er den Staubsauger?
11. Warum holte er den Staublappen?
12. Warum holte er den Besen?

V   Rewrite the following sentences:

Beispiel: Er zog die Vorhänge auf, nachdem er aufgestanden war.

       Nachdem er aufgestanden war, zog er die Vorhänge auf.

1. Er ging nach unten, nachdem er sich angezogen hatte.
2. Er machte das Frühstück, nachdem er in die Küche gegangen war.
3. Er wusch ab, nachdem er gefrühstückt hatte.
4. Er zog eine alte Jacke, warme Handschuhe und Gummistiefel an, nachdem er abgewaschen hatte.
5. Er holte einen Spaten und eine Schaufel, nachdem er sich warm angezogen hatte.
6. Er ging ins warme Haus zurück, nachdem er den Schnee weggeschaufelt hatte.
7. Er machte das Radio an, nachdem er sich ein Glas Kognak eingeschenkt hatte.
8. Er begann das Mittagessen zu machen, nachdem er den Kognak getrunken hatte.
9. Er deckte den Tisch im Eßzimmer, nachdem er das Mittagessen gemacht hatte.
10. Er räumte den Tisch ab, nachdem sie zu Mittag gegessen hatten.

76

VI 1. Was mußte Herr Maier machen, bevor er sehen konnte, daß es während der Nacht geschneit hatte?

2. Was mußte er machen, bevor er in die Garage ging?

3. Was mußte er machen, bevor er den Schnee wegschaufeln konnte?

4. Was mußte er machen, bevor er die Kartoffeln schälen konnte?

5. Was mußte er machen, bevor er die Koteletts grillen konnte?

6. Was mußte er machen, bevor er die Dose Erbsen öffnen konnte?

7. Was mußte er im Eßzimmer machen, bevor sie essen konnten?

8. Was mußte er machen, bevor er staubsaugen konnte?

9. Was mußte er machen, bevor er Staub wischen konnte?

10. Was mußte er holen, bevor er die Fußböden fegen konnte?

VII Link the following sentences to form one sentence by replacing **dort** with **wo**.

Beispiel: Er ging in die Küche. Dort fegte er den Fußboden.
         Er ging in die Küche, wo er den Fußboden fegte.

1. Er ging ans Fenster. Dort zog er die Vorhänge auf.

2. Er ging in die Küche. Dort machte er das Frühstück.

3. Er ging in die Garage. Dort holte er einen Spaten und eine Schaufel.

4. Er ging zum Weg. Dort schaufelte er den Schnee weg.

5. Er ging zum Waschbecken. Dort wusch er sich die Hände.

6. Er ging an den Gasherd. Dort machte er das Gas an.

7. Er ging ins Eßzimmer. Dort deckte er den Tisch.

8. Er ging ins Wohnzimmer. Dort machte er den Teppich sauber.

Aufgabe

Stell' dir mal vor, daß du letztes Wochenende im Haus mithelfen mußtest! Erzähle, was du gemacht hast! (Use the *perfect* tense.)

Lektion 13
Die Party

A.

Inge und Renate sitzen im Wohnzimmer. In drei Wochen soll
Inge ihren 21. Geburtstag feiern. Am Nachmittag hat sie
die Einladungskarten für eine Party gekauft, und sie ist eben
dabei, sie zu schreiben.

Dialog

Inge	Na endlich!
Renate	Ist das die letzte Einladung? Bist du jetzt fertig?
Inge	Ja, Gott sei Dank! Die Hand tut mir ganz weh.
	Hoffentlich können sie alle kommen.

Renate	Wie viele Leute hast du denn eingeladen?
Inge	Ungefähr sechzig, glaub' ich. Wenn sie alle kommen, dann wird es wohl ein bißchen eng bei uns werden. Macht aber nichts. Es wird gemütlicher sein und der Stimmung helfen, nicht?
Renate	Ja, das finde ich auch. Kommen deine Schwester Jutta und ihr Mann?
Inge	Ich weiß noch nicht. Ich habe meiner Schwester gestern abend einen langen Brief geschrieben, um sie einzuladen, aber mit ihren zwei kleinen Kindern werden sie es wahrscheinlich schwer finden, wegzukommen.
Renate	Werden wir auch tanzen können?
Inge	Ja, natürlich! Ich hab's schon mit Vati und Mutti besprochen. Ich möchte gern einen Discoabend unten im Keller veranstalten. Wir können die große Rumpelkammer leicht ausräumen und sauber machen. Erich hat schon versprochen, sich um die Beleuchtungseffekte zu kümmern.
Renate	Fabelhaft. Ich freue mich schon darauf.
Inge	Wir können auch oben im Wohnzimmer tanzen. Aber dort werden wir ruhigere, stimmungsvolle Musik haben.
Renate	Das ist sehr vernünftig, denn wenn man sich unterhalten will, braucht man Ruhe. Discoabende sind immer sehr laut. Übrigens, soll ich mit dem Essen helfen?
Inge	Oh ja, bitte. Mutti und ich haben beide gehofft, daß du uns helfen würdest. Du bist doch der Fachmann, nicht? Also, ich werde jetzt die Briefmarken holen. Kommst du dann mit zur Post?
Renate	Ja, natürlich. Ich möchte sowieso gern ein bißchen frische Luft schnappen.

Fragen

1. Was soll in drei Wochen stattfinden?
2. Wie alt wird Inge in drei Wochen sein?
3. Warum tat Inges Hand weh?
4. Wie viele Menschen hat Inge eingeladen?
5. Wem hat Inge am vorigen Abend geschrieben und warum?
6. Warum wird Jutta wahrscheinlich nicht zur Party kommen können?
7. Wird man nur im Keller tanzen können?
8. Was werden sie mit dem Rumpelkammer machen müssen, bevor sie tanzen können?
9. Wird Renate sich um die Beleuchtungseffekte kümmern?
10. Was werden Inge und Renate machen, nachdem Inge die Briefmarken geholt hat?

Was werden wir machen können?

Uschi und Wolfgang haben ihre Einladungen für die Party
bekommen.

Wolfgang   Mensch ich freue mich schon auf Inges Party.
    Uschi   Ich auch.
Wolfgang   Wir werden tanzen können. Wir werden uns unterhalten
          können. Wir werden viele alte Freunde wiedersehen
          können. Wir werden gut essen können, und wir werden viel
          trinken können.
    Uschi   Nein, Wolf. *Ich* werde viel trinken können. *Du* nicht. Du
          wirst nur Colas und Limonade trinken dürfen. Du wirst
          uns nämlich nach der Party nach Hause fahren müssen!

Merke!

Note that the future tense with a modal verb has *two* infinitives
at the end of the clause or sentence.

   Ich werde die Einladung **annehmen können**. : *I shall be able to*
accept the invitation.

B. Inges Verwandte

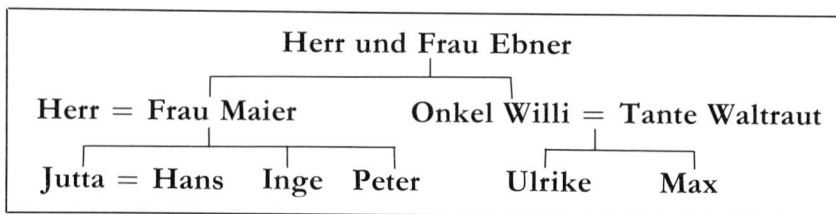

Fragen

Wie sind die folgenden Menschen mit Inge verwandt?
Beispiel: Jutta?
           Sie ist ihre Schwester.

  1. Hans? 2. Waltraut? 3. Willi? 4. Ulrike? 5. Max? 6. Peter?
7. Herr Maier? 8. Frau Maier? 9. Herr Ebner? 10. Frau Ebner?

C. Inges Geschenke

Während der nächsten Tage bekam Inge viele Briefe von ihren Freunden und Verwandten. Die meisten von ihnen nahmen ihre Einladung an. Einige aber mußten sie leider ablehnen. Obwohl sie nicht kommen konnten, wollten sie Inge trotzdem etwas schenken.

Merke!

Ich nahm die Einladung an.: *I accepted the invitation.*
Ich lehnte die Einladung ab.: *I declined the invitation.*
Ich mußte leider absagen.: *Unfortunately I had to say no.*

Jutta wollte ihrer Schwester, Inge, einen Pullover kaufen.
Sie sah einen schönen, roten in einem Textilgeschäft.
Sie kaufte ihn.
Sie schickte ihn ihrer Schwester.
Hans wollte seiner Schwägerin, Inge, ein Buch kaufen.
Er sah ein interessantes in einer Buchhandlung.
Er kaufte es.
Er schickte es seiner Schwägerin.
Waltraut wollte ihrer Nichte, Inge, eine Handtasche kaufen.
Sie sah eine elegante, lederne in einem Ledergeschäft.
Sie kaufte sie.
Sie schickte sie ihrer Nichte.
Willi wollte seiner Nichte, Inge, eine Armbanduhr kaufen.
Er sah eine gute Schweizeruhr in einem Uhrengeschäft.
Er kaufte sie.
Er schickte sie seiner Nichte.
Ulrike wollte ihrer Kusine, Inge, eine Bluse kaufen.
Sie sah eine moderne in einer Boutique.
Sie kaufte sie.
Sie schickte sie ihrer Kusine.
Max wollte seiner Kusine, Inge, ein Feuerzeug kaufen.
Er sah ein schönes in einer Tabakhandlung.
Er kaufte es.
Er schickte es seiner Kusine.
Frau Ebner wollte ihrer Enkelin, Inge, eine Halskette kaufen.
Sie sah eine silberne in einem Juwelierladen.
Sie kaufte sie.
Sie schickte sie ihrer Enkelin.
Herr Ebner wollte seiner Enkelin, Inge, einen Fotoapparat kaufen.
Er sah einen ausgezeichneten japanischen in einem Fotogeschäft.
Er kaufte ihn.
Er schickte ihn seiner Enkelin.

81

Fragen

I

Jutta	Hans	Waltraut	Willi
Textilgeschäft	Buchhandlung	Ledergeschäft	Uhrengeschäft
a	b	c	d
Ulrike	Max	Frau Ebner	Herr Ebner
Boutique	Tabakhandlung	Juwelierladen	Fotogeschäft
e	f	g	h

Form sentences from the pictures above.
Beispiel: (a) Jutta kaufte Inge einen Pullover in einem Textilgeschäft.

II **Wohin?**
1. Wohin ging Inges Schwester, um den Pullover zu kaufen?
2. Wohin ging Inges Schwager, um das Buch zu kaufen?
3. Wohin ging Inges Tante, um die Handtasche zu kaufen?
4. Wohin ging Inges Onkel, um die Armbanduhr zu kaufen?
5. Wohin ging Inges Kusine, um die Bluse zu kaufen?
6. Wohin ging Inges Vetter, um das Feuerzeug zu kaufen?
7. Wohin ging Inges Großmutter, um die Halskette zu kaufen?
8. Wohin ging Inges Großvater, um den Fotoapparat zu kaufen?

III Von wem erhielt Inge die folgenden Geschenke:
(Benutze **nicht** die Namen der Personen!)
Beispiel: Von wem erhielt Inge die Halskette?/Sie erhielt sie von ihrer Großmutter.
1. Von wem erhielt sie die Handtasche?
2. Von wem erhielt sie den Fotoapparat?
3. Von wem erhielt sie das Buch?
4. Von wem erhielt sie den Pullover?
5. Von wem erhielt sie das Feuerzeug?
6. Von wem erhielt sie die Bluse?
7. Von wem erhielt sie die Armbanduhr?

Merke!

Remember the word order rule when you have a direct and indirect object in the same clause or sentence:

Two nouns: The indirect object (dative) precedes the direct object (accusative).
Sie schickte ihrer Schwester (indirect object) einen Pullover (direct object).: *She sent her sister a sweater.*

Two pronouns: The direct object (accusative) precedes the indirect object (dative):
Sie schickte ihn (direct object) ihr (indirect object).: *She sent it to her.*

Noun and pronoun: The pronoun precedes the noun (regardless of case).
Sie schickte ihr einen Pullover.: *She sent her a sweater.*
Sie schickte ihn ihrer Schwester.: *She sent it to her sister.*

Aufgabe

Copy out the sentences below and write down the other three versions. Follow the pattern of the example.

Beispiel: Jutta schickte ihrer Schwester einen Pullover.
　　　　Sie schickte ihn ihr.
　　　　Sie schickte ihr einen Pullover.
　　　　Sie schickte ihn ihrer Schwester.

1. Hans schickte seiner Schwägerin ein Buch.
2. Waltraut schickte ihrer Nichte eine Handtasche.
3. Willi schickte seiner Nichte eine Armbanduhr.
4. Ulrike schickte ihrer Kusine eine Bluse.
5. Max schickte seiner Kusine ein Feuerzeug.
6. Frau Ebner schickte ihrer Enkelin eine Halskette.
7. Herr Ebner schickte seiner Enkelin einen Fotoapparat.

D. Vor der Party

(a) Am Nachmittag vor der Party räumten Erich und Rainer die Möbel um.

> ### Merke!
>
> **von** + the dative (from)
> **aus** + the dative (out of)
> **in** (here) + the accusative (into)
> **auf** (here) + the accusative (on to)

Was machten sie mit den Möbelstücken vor der Party, und was werden sie damit nach der Party machen müssen?

Beispiel: Bücherschrank – Wohnzimmer → Balkon.

Vor der Party trugen Erich und Rainer den Bücherschrank aus dem Wohnzimmer auf den Balkon.
Nach der Party werden sie den Bücherschrank von dem Balkon ins Wohnzimmer zurücktragen müssen.

1. Fernsehapparat – Wohnzimmer → Schlafzimmer
2. Küchentisch – Küche → Eßzimmer
3. Stühle – Eßzimmer → Balkon
4. Stereoanlage – Schlafzimmer → Keller
5. Hocker – Küche → Keller
6. Sessel – Schlafzimmer → Balkon
7. Plattenspieler – Schlafzimmer → Wohnzimmer
8. Schreibtisch – Wohnzimmer → Flur

(b) **Das Essen**

Vor der Party mußten Renate, Inge und Frau Maier fleißig in der Küche arbeiten. Sie bereiteten allerlei leckere Sachen vor – kaltes Hühnchen, Rindfleisch, kalten Aufschnitt, Frankfurter Würstchen, Kartoffelsalat, grünen Salat, Tomatensalat, Gurkensalat und Nudelsalat. Dazu machten sie allerlei belegte Brote – Schinkenbrote, Käsebrote und Wurstbrote. Als Nachtisch sollte es Apfelkuchen, Käsekuchen, Quarktorte, Obsttorte und Fruchtbecher mit Eis geben. Sie taten auch Salzstangen in Gläser und gesalzene Erdnüsse, Brezel und Chips in Schüsseln. Sie setzten auch eine Fruchtbowle an.

(a) die Salzstange (–n)   (c) die Chips (pl)
(b) die Brezel (–n)   (d) die gesalzene Erdnuß (¨e)

Dialog

Erich Oha! Der Schreibtisch war aber schwer. Was müssen wir noch machen?

Rainer Noch 'ne ganze Menge. Aber das war das schwerste Stück. Wir werden erstmal die Hocker und die Stereoanlage in den Keller schaffen. Du holst die Hocker, und ich bringe das Gerät.

Erich Wir werden uns beeilen müssen, denn ich will auch noch die Beleuchtungseffekte anbringen.

Rainer Du hast recht. ich werde Diskjockey sein und muß vorher unbedingt ein paar Platten ausprobieren . . . .

Erich Tragen wir jetzt den Fernseher nach oben?

Rainer Ja. Also wieder an die Arbeit! . . .

Erich Hör' doch mal auf mit deiner Blödelei! Du hast jetzt genug probiert. Laß' uns mal sehen, wie weit die Mädchen sind!

*   *   *

Rainer Ah, lecker, lecker! Dürfen wir mal probieren?

Inge Aber nur ein bißchen. Ich kenne euch. Ist der Kartoffelsalat fertig, Renate?

Renate Ja, er ist fertig. Die anderen Salate auch. Wir können schon alles auf den Tisch stellen.

Erich Noch ein bißchen, Rainer?

Inge Rainer und Erich! Nun mal raus mit euch. Wir müssen uns alle noch umziehen.

Erich und Rainer räumten die Möbelstücke um.

Renate, Frau Maier und Inge bereiteten das kalte Büffet vor.

Sie schmückten den Keller.

Erich und Rainer machten die Bar zurecht.

Sie probierten die Musikanlage aus.

Sie zogen sich um.

(z.B. Inge zog ihr neues, schickes Kleid an.)

Um etwa acht Uhr kamen die ersten Gäste.

(Einige klingelten an der Tür.

Andere klopften an die Tür.)

Sie legten ihre Mäntel ab.

Sie gaben Inge ihre Geschenke.

Die Stimmung war gemütlich und ausgezeichnet.

Unten im Keller spielte Rainer Discjockey, während Erich sich um die Beleuchtungseffekte kümmerte.

Die Gäste plauderten miteinander.

Sie tanzten.

Sie rauchten.

Sie aßen und tranken.

Sie amüsierten sich gut.

Gegen ein Uhr begannen die ersten Gäste sich zu verabschieden.

Sie fuhren nach Hause.

Aufgabe

Form one sentence from two. Use **während** in your answers. Use the sentences in the **Merke** above as your models.

Start the first five sentences with the main clause (as in (a)) and the second five sentences with the subordinate clause (as in (b)).

1. Frau Maier und Inge halfen Renate in der Küche. Erich und Rainer räumten die Möbelstücke um.
2. Erich und Rainer schmückten den Keller. Frau Maier und Renate bereiteten das kalte Büffet vor.
3. Inge brachte Salzstangen und Erdnüsse ins Wohnzimmer. Erich und Rainer trugen den Fernsehapparat nach oben.
4. Erich brachte die Flaschen und Gläser ins Wohnzimmer. Rainer probierte die Musikanlage aus.
5. Uschi legte ihren Mantel ab. Renate zog sich um.
   Rainers Freunde klingelten an der Tür. Inge plauderte mit Uschi.
7. Inge bot ihren Gästen Salzstangen an. Ihr Chef klopfte an die Tür.
8. Erich und Inge tanzten. Rainer kümmerte sich um die Musik.
9. Erich schenkte Getränke ein. Inge zeigte ihrem Chef ihre Geschenke.
10. Einige Gäste begannen sich zu verabschieden. Andere tanzten weiter.

F. Inges Brief

München,
den 10. Mai.

Liebe Jutta!

Vielen Dank für Dein nettes Geburtstagsgeschenk, worüber ich mich sehr gefreut habe. Ich kann den hübschen Pullover gut gebrauchen. Die Größe ist genau richtig, und er paßt und steht mir ausgezeichnet.

Es ist wirklich schade, daß Du und Hans nicht zur Party kommen konntet - der Weg von Köln nach hier ist doch sehr weit, und ich verstehe natürlich, daß es nicht immer leicht ist, die Kleinen bei Nachbarn zu lassen. Ich hoffe, jedoch, daß wir uns alle bald wiedersehen werden. Die Party selbst war ganz großartig, die Stimmung war ausgezeichnet, und alles hat gut geklappt. Ich hatte ungefähr 60 Gäste, von denen ich einige schon lange nicht mehr gesehen hatte.

Mutti und Vati waren prima. Wir haben fast das ganze Haus umgeräumt. Ich sage wir, aber ich meine, das haben Erich und Rainer fast alles allein gemacht, während Mutti und ich Renate geholfen haben, das kalte Büffet vorzubereiten. Alle waren sich darüber einig, daß das Essen wirklich lecker war. Renate versteht doch etwas von ihrem Handwerk. Glaubst Du, wir haben einen Discoabend unten im Keller veranstaltet? Ja, wirklich! Dort war die Stimmung fabelhaft - Beleuchtungseffekte, die neuesten Hits und natürlich auch viel Lärm. Wir haben wie rasend getanzt - und die Hitze! Oben im Wohnzimmer hat man auch getanzt, aber dort war es viel ruhiger. Es war ein warmer Abend, und man konnte auch auf dem Balkon sitzen. Die meisten Gäste sind mindestens bis ein Uhr geblieben, und die letzten sind erst gegen drei abgefahren. Infolgedessen sind wir am Sonntagmorgen sehr spät aufgestanden.

Jetzt muß ich Schluß machen. Hier geht es uns allen ganz gut. Mutti wird Dir wohl auch bald einmal schreiben.

Herzliche Grüße,

Deine

Inge

Aufgabe

Schreibe einen Aufsatz über das Thema: „Meine Party"!

Lektion 14

Ferienpläne

A.

Inge und Erich sitzen im Wohnzimmer und sprechen darüber, wieviel Geld sie gespart haben. Sie hoffen nämlich, im folgenden Herbst zu heiraten.

Inge   . . . Und es ist mir gelungen, diesen Monat noch 200 Mark zu sparen.

Erich   Wie hast du denn das geschafft?

Inge   Ich habe leider auf einen neuen Mantel verzichten müssen.

Erich   Ich finde es sehr schwer zu sparen. Alles scheint täglich teurer zu werden.

Inge   Hast du diesen Monat überhaupt etwas gespart, Erich?

Erich   Leider, nicht. Der Wagen ist noch nicht abgezahlt, und ich mußte ihn, wie du weißt, vor einer Woche reparieren lassen.

Inge   Vielleicht wäre es besser, diesen Wagen zu verkaufen und einen billigeren zu kaufen.

Erich   Was?

Inge   Ja. Dann wären wir etwas reicher, nicht? Du willst mich doch heiraten, nicht Liebling?

Erich   Ja . . . Natürlich. (*Er sieht nachdenklich aus.*)

Inge   Ach du! Ich scherze nur. Mach' dir keine Sorgen! Ich weiß schon, wie unglücklich du ohne deinen Wagen wärst.

Rainer und Renate kommen ins Zimmer.

Rainer   Hallo, ihr seht ja beide so ernst aus.

Erich   (*Er seufzt.*) Ja, wir haben eben über Geld gespochen.

Rainer   Ach, so schlimm kann es doch nicht sein. Wollen wir nicht lieber über etwas anderes sprechen. Renate und ich sprachen eben über die Sommerferien. Wohin fahrt ihr diesen Sommer eigentlich?

Inge   Ach, Sommerferien. Dafür braucht man leider auch Geld.

Erich   Ich würde gern mit dem Flugzeug nach Griechenland fliegen, aber. . . .

Inge   Und *ich* würde gern nach Japan reisen. Ja, Liebling, wenn wir reich wären, so würden wir immer erster Klasse fliegen und uns in Luxushotels aufhalten!

Rainer   Ja, aber billiger wäre es, wenn ihr campen würdet, wie wir.

Inge   Hast du schon mal gezeltet, Inge?
Nur einmal, und da hat es furchtbar geregnet!

Rainer	Da hast du aber Pech gehabt. Ich habe mindestens fünf- bis sechsmal gezeltet, und jedes Mal war das Wetter fantastisch.
Erich	Wie wär's, Inge? Campen ist gar keine schlechte Idee.
Inge	Ja, vielleicht. Wir wollen mal sehen!
Renate	Wenn ihr beide Lust habt, könnten wir vielleicht zu viert campen. Also, denkt mal drüber nach! Du Rainer, *(sie schaut auf ihre Uhr)* wir müssen uns aber beeilen, sonst versäumen wir den Anfang des Films. *(Sie wendet sich wieder an Inge und Erich).* Wir sind eigentlich nur 'reingekommen, um euch guten Abend zu sagen. Übrigens, kommt ihr mit?
Inge	Leider, nicht.
Erich	Wir müssen für die Sommerferien sparen!

Merke!

Ich habe Pech gehabt!: *I was unlucky!*
zu zweit/zu dritt/zu viert u.s.w.: *the two (three/four) of us etc.*
Wir wollen mal sehen!: *We'll see!*

Fragen

1. Warum wollen Erich und Inge Geld sparen?
2. Wieviel Geld hat Inge diesen Monat gespart?
3. Wie hat sie das geschafft?
4. Warum hat Erich kein Geld gespart?
5. Wie sahen Erich und Inge aus, als Rainer und Renate ins Zimmer kamen?
6. Was hatten Erich und Inge gemacht, bevor Rainer und Renate ins Zimmer kamen?
7. Wohin würde Erich gern fliegen?
8. Wohin würde Inge gern reisen, wenn sie reich wäre?
9. Würde Inge sich in einer Pension aufhalten, wenn sie reich wäre?
10. Hat Inge oft gezeltet?
11. Warum mußten Rainer und Renate sich beeilen?
12. Warum gingen Inge und Erich nicht mit ins Kino?

B. Ferienmöglichkeiten

Erich und Inge würden gern während der Sommerferien verreisen. Sie wollen jedoch auch Geld sparen. Was sollen sie machen?

(a) **Was könnten sie machen?**

Sie könnten zu Hause bleiben.

Sie könnten in Deutschland bleiben oder ins Ausland fahren.

Wenn sie ins Ausland führen, dann könnten sie in den Norden, in den Süden, in den Westen oder in den Osten fahren.

Wenn sie in den Norden führen, dann könnten sie z.B. nach Dänemark, nach Schweden, nach Norwegen oder nach Finnland reisen.

Wenn sie in den Süden führen, dann könnten sie z.B. nach Italien, nach Spanien, nach Portugal, nach Österreich, nach Griechenland, nach Jugoslawien oder in die Schweiz reisen.

Wenn sie in den Osten führen, dann könnten sie z.B. nach Polen, nach Rußland, in die DDR oder in die Tschechoslowakei reisen.

Wenn sie in den Westen führen, dann könnten sie z.B. nach Frankreich, nach Belgien, nach Holland, nach Großbritannien oder nach Amerika reisen.

Was für Sommerferien könnten sie verbringen?

Sie könnten sich entweder in der Stadt oder auf dem Lande aufhalten.

Sie könnten sich entweder am Meer oder in den Bergen aufhalten.

Sie könnten von dort aus Ausflüge machen.

Sie könnten eine Tour mit dem Wagen machen.

Wo könnten sie sich während der Ferien aufhalten?

Sie könnten sich in einem Hotel oder in einer Pension aufhalten.

Sie könnten eine Villa mieten.

Sie könnten auf einem Campingplatz zelten.

Wie könnten sie fahren, wenn sie den Wagen zu Hause ließen?

Sie könnten per Anhalter fahren. (Sie könnten trampen.)

Sie könnten mit der Bahn oder mit dem Bus fahren.

Sie könnten mit dem Schiff fahren.

Sie könnten mit dem Flugzeug fliegen.

Was könnten sie in den Ferien machen?

Am Meer könnten sie sich sonnen. (Sie könnten in der Sonne
liegen und braun werden.)
Sie könnten im Meer baden.
Sie könnten am Strand spielen.

In den Bergen könnten sie wandern. (Sie würden wahrscheinlich Rucksäcke und Wanderstöcke haben.)
Sie könnten klettern.
Sie könnten in einem See, in einem Fluß oder in einem Freibad
baden.

Von beiden Orten aus könnten sie Ausflüge machen.
Sie könnten Schlösser und Museen besichtigen.
Sie könnten die Sehenswürdigkeiten in der Nähe besichtigen.
Nachmittags könnten sie Kaffee trinken und Kuchen essen.
Abends könnten sie tanzen gehen.
Sie könnten vielleicht auch ins Theater oder ins Kino gehen.

Vorteile und Nachteile

(i)   Je weiter sie führen, desto teurer würde es sein.
Je länger sie blieben, desto teurer würde es sein.

(ii)   Es würde z.B. billiger sein, nach Italien oder Frankreich zu fahren, als nach Portugal oder Griechenland zu reisen.

(iii) Es würde am teuersten sein, sich in einem Hotel aufzuhalten.
Es würde etwas billiger sein, eine Villa zu mieten.
Es würde wohl am billigsten sein, auf einem Campingplatz zu zelten.

(iv) Es würde billiger sein, sich selbst zu verpflegen als in einem Hotel zu essen.

(v)   Bei sonnigem Wetter würde es wohl angenehmer auf einem Campingplatz sein, als sich in einer Pension aufzuhalten.

(vi) Bei regnerischem Wetter würde es wohl bequemer in einem Hotel sein, als einem Campingplatz zu zelten.

Hotel im Rheinland

94

Merke!

(a) The conditional tense is formed in German in two ways:
- (i) The imperfect subjunctive of **werden** together with the infinitive (cf.§ 25, page 190).
  Ich **würde** nach Spanien **fahren**.: *I would go to Spain.*
- (ii) The imperfect subjunctive of a strong verb is often used itself to express the conditional tense (cf.§ 34, page 193):
  Ich **führe** nach Spanien.: *I would go to Spain.*

(b) Compare and contrast the alternative forms:

ich würde fahren	=	ich führe
du würdest fahren	=	du führest
Sie würden fahren	=	Sie führen
er würde fahren	=	er führe
sie würde fahren	=	sie führe
es würde fahren	=	es führe
wir würden fahren	=	wir führen
ihr würdet fahren	=	ihr führet
Sie würden fahren	=	Sie führen
sie würden fahren	=	sie führen

(c) The imperfect subjunctive forms of **haben** and **sein** are often used rather than **würde ... haben** or **würde ... sein**.
Ich **hätte** mehr Geld.: *I would have more money.*
Ich **wäre** reicher.: *I would be richer.*

(d) Conditional sentences usually consist of two parts: the condition and the result. Either part can come first.

condition	**result**

Wenn Inge viel Geld hätte, würde sie nach Japan reisen.
If Inge had a lot of money, she would go to Japan.

result	**condition**

Inge würde nach Japan reisen, wenn sie viel Geld hätte.
Inge would go to Japan, if she had a lot of money.

(e) In a conditional clause in English, the word *if* may be omitted. Compare and contrast:
- (i) If I were rich, I would go to Japan.
- (ii) Were I rich, I would go to Japan.

German functions in a similar way. In place of **wenn** with the verb at the end of the clause, the verb and subject are inverted and **wenn** is omitted.
- (i) Wenn ich reich wäre, würde ich nach Japan reisen.
- (ii) Wäre ich reich, dann würde ich nach Japan reisen.

Note that in the second type of sentence, the main clause usually begins with **dann** (or so).

Fragen

I Beantworte die folgenden Fragen!
1. Was würdest du machen, wenn du deine Ferien am Meer verbringen würdest? (Gib drei Beispiele!)
2. Was würdest du machen, wenn du deine Ferien in den Bergen verbringen würdest? (Gib zwei Beispiele!)
3. Was würdest du machen, wenn du deine Ferien auf einem Bauernhof verbringen würdest? (Gib drei Beispiele!)
4. Was würdest du machen, wenn du deine Ferien in einer Großstadt verbringen würdest? (Gib vier Beispiele!)

II Was würdest du machen, wenn du reich wärest? (Gib zehn Beispiele!)
Beispiel: Wenn ich reich wäre, würde ich eine Reise um die Welt machen.

III Was würde wahrscheinlich unter den folgenden Umständen geschehen?
1. Dein Wagen ist kaputt. Du mußt dringend in die Stadt fahren. Du hast ein altes Fahrrad in der Garage. Was würdest du wahrscheinlich machen?
2. Dein Freund hat sich das Bein gebrochen. Es gibt ein Krankenhaus in der Nähe. Was würdest du wahrscheinlich machen?
3. Zwei Männer fahren mit dem Wagen. Das Benzin ist fast alle. Sie sehen eine Tankstelle vor sich. Was würden sie wahrscheinlich machen?
4. Ein Mann hat eben im Garten gearbeitet. Seine Hände sind sehr schmutzig. Was würde er wahrscheinlich machen?
5. Eine Frau sitzt im Wohnzimmer und liest ein Buch. Es wird spät, und das Zimmer wird immer dunkler. Eine Lampe steht neben ihrem Sessel. Was würde sie wahrscheinlich machen?

Merke!

Some of the alternative imperfect subjunctive forms of the conditional tense sound rather stilted in modern German. You will therefore find a mixture of long and short forms in exercise IV opposite.

IV Sage mit anderen Worten! (Link the two clauses in your answer
with **dann**.)

Beispiel: Wenn ich zu viel essen würde, würde ich zu dick
werden.

Würde ich zu viel essen, dann würde ich zu dick werden.

1. Wenn ich keinen Wagen hätte, würde ich mit dem Bus
fahren.
2. Wenn ich ins Kino ginge, würde ich lieber einen deutschen
Film sehen.
3. Wenn ich meinen Wagen waschen würde, würde er besser
aussehen.
4. Wenn ich einen Mantel tragen würde, würde ich nicht
frieren.
5. Wenn ich ein Glas Bier tränke, würde ich nicht mehr durstig
sein.
6. Wenn ich müde wäre, würde ich ins Bett gehen.
7. Wenn ich ein deutsches Buch lesen würde, würde ich mir
einen interessanten Roman aussuchen.
8. Wenn ich zu Hause bliebe, würde ich wohl fernsehen.
9. Wenn ich nach Deutschland fahren würde, würde ich lieber
mit dem Flugzeug fliegen.
10. Wenn ich im Sessel sitzen würde, wäre es mir bequemer.

V Beantworte die folgenden Fragen: (Benutze das Wort „Supermarkt" nicht in den Antworten!)

Beispiel: Wohin würdest du gehen müssen, wenn du eine Pfeife
kaufen wolltest?/Ich würde zum Tabakhändler gehen
müssen.

(a) 1. Wohin würdest du gehen müssen, wenn du Fleisch
kaufen wolltest?
2. Wohin würdest du gehen müssen, wenn du Obst und
Gemüse kaufen wolltest?
3. Wohin würdest du gehen müssen, wenn du Brot und
Brötchen kaufen wolltest?
4. Wohin würdest du gehen müssen, wenn du Lebensmittel kaufen wolltest?

(b) 1. Wohin würdest du gehen müssen, um einen Zug zu
erreichen?
2. Wohin würdest du gehen müssen, um einen Bus zu
erreichen?
3. Wohin würdest du fahren müssen, um ein Schiff zu erreichen?
4. Wohin würdest du fahren müssen, um ein Flugzeug zu
erreichen?

Lektion 15
Camping

Im vorigen Jahr haben Rainer und sein Freund Uwe im Schwarzwald gezeltet.

Aktionsreihe

Sie kamen auf dem Campingplatz an.

Sie meldeten sich im Büro an und füllten ein Formular aus.

Man zeigte ihnen einen Platz.

Sie hatten ein modernes, bequemes Zelt, das drei Räume hatte – zwei Schlafräume und einen Wohnraum mit Küche.

Sie bauten ihr Zelt ohne große Schwierigkeiten auf.

Sie stellten das Gestell auf, legten das Zelt darüber und befestigten es mit Heringen im Boden. (d.h. sie schlugen die Heringe mit einem Holzhammer in den Boden.)

Sie pumpten die Luftmatratzen mit einer Luftpumpe auf und machten die Betten zurecht. (Sie hatten nämlich Schlafsäcke mit.)

Sie richteten das Wohnraum mit einem Campingtisch und mit Campingstühlen (bzw Klappstühlen) ein und stellten die Campingküche auf. (Sie hatten nämlich ihren eigenen Campingherd mit.)

Es war ein moderner Campingplatz mit einem Laden, Toiletten sowie Wasch- und Duschgelegenheiten.

Fragen

1. Hielten sich Rainer und Uwe während der letzten Sommerferien in einer Pension am Rhein auf?
2. Was machten Rainer und Uwe, als sie auf dem Campingplatz ankamen?
3. Wann zeigte man ihnen den Platz, wo sie ihr Zelt aufbauen konnten?
4. Wann legten sie das Zelt über das Gestell?
5. Was machten sie mit den Heringen?
6. Was benutzten sie, um die Heringe in den Boden einzuschlagen?
7. Was mußten sie mit den Luftmatratzen machen, bevor sie darauf schlafen konnten?
8. Was benutzten sie, um die Luftmatratzen aufzupumpen?
9. Hatten sie ein ganz kleines, altes Zelt?
10. Was für Möbelstücke hatten sie mitgebracht?
11. Was hatten sie mit, damit sie kochen konnten?
12. Woher weißt du, daß der Campingplatz modern war?

Im Schwarzwald

Aufgaben

I Beschreibe das Bild auf Seite 98!

II Rewrite the **Aktionsreihe** from Rainer's point of view in the *perfect tense*. (Wir sind auf dem Campingplatz angekommen . . . .) Begin your sentences where possible with words or phrases like **dann, kurz darauf** etc. . . .

Lektion 16
Auf dem Bahnhof

Auf dem Frankfurter Hauptbahnhof

A. Der Hauptbahnhof

Ein Hauptbahnhof ist heutzutage wie eine kleine Stadt. Dort findet man alles Nötige – außer den Zügen findet man z.B. Geschäfte, Büros, eine Bank, ein Postamt, Automaten und manchmal sogar ein Kino.

Hier ist ein Plan eines Hauptbahnhofes:

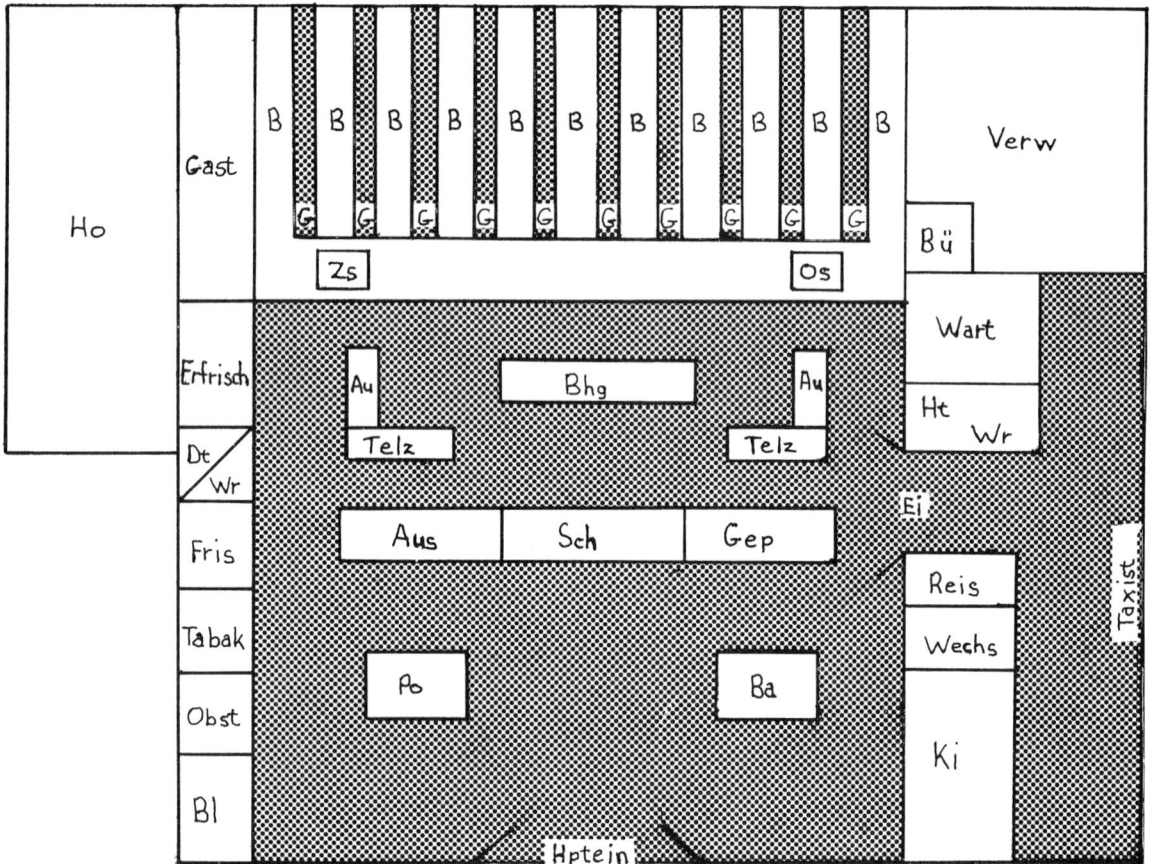

Merke!

(a) Ein Bahnsteig hat gewöhnlich zwei Gleise.
   (**das Gleis (–e)** means *railway track* but has come to mean that part of the platform that is adjacent to the track.)

(b) Von welchem Gleis fährt der Zug nach Köln ab?: *From which platform does the train to Cologne leave?*
   Er fährt von Gleis 2 (zwo) ab.: *It leaves from platform 2.*
   (**zwo** is usually used in place of **zwei** over loudspeaker systems, telephones etc. for clarity.)

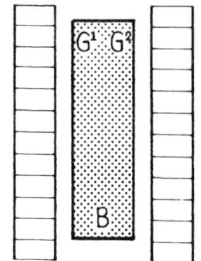

B	– der Bahnsteig (–e)	*platform*
G	– das Gleis (–e)	*track, platform*
Zs	– der Zeitungsstand (–̈e)	*newspaper stall*
Os	– der Obststand (–̈e)	*fruit stall*
Gast	– die Gaststätte (–n)	*restaurant*
Ho	– das Bahnhofshotel (–s)	*station hotel*
Erfrisch	die Erfrischungsbar (–)	*snack bar*
Au	– der Automat (–en)	*vending machine*
Telz	– die Telefonzelle (–n)	*telephone kiosk*
Bhg	– die Buchhandlung (–en)	*book shop*
Verw	– das Verwaltungsgebäude (–)	*administration building*
Bü	– das Büro des Bahnhofsvorstehers	*station master's office*
	(der Bahnhofsvorsteher (–))	*station master*
Dt/Ht	– die Damen-/ Herrentoilette (–n)	*ladies'/men's toilet*
Wr	– der Waschraum (–̈e)	*wash room*
Fris	– der Friseursalon (–s)	*hairdresser's*
Tabak	– die Tabakhandlung (–en)	*tobacconist's*
Obst	– das Obstgeschäft (–e)	*fruit shop*
Bl	– die Blumenhandlung (–en)	*florist's*
Wart	– der Wartesaal (–säle)	*waiting room*
Ei	– der Eingang (–̈e)	*entrance*
Reis	– das Reisebüro (–s)	*travel agent*
Wechs	– die Wechselstube (–n)	*bureau de change*
Ki	– das Kino (–s)	*cinema*
Taxist	– der Taxistand (–̈e)	*taxi rank*
	(das Taxi (–s))	*taxi*
Aus	– die Auskunft (–̈e)	*information*
Sch	– der Schalter (–)	*counter, ticket office*
Gep	– die Gepäckaufbewahrung (–en)	*left-luggage office*
Po	– das Postamt (–̈er)	*post office*
Ba	– die Bank (–en)	*bank*
Hptein	– der Haupteingang (–̈e)	*main entrance*

Fragen

Siehe den Plan an!
Du stehst am Haupteingang in der Bahnhofshalle und suchst Auskunft.

Beispiel: Wo ist der Wartesaal, bitte?

　　　Er ist dort drüben, rechts, neben der Herrentoilette und hinter der Gepäckaufbewahrung.

1. Wo ist der Schalter, bitte?
2. Wo ist die Wechselstube bitte?
3. Wo ist die Auskunft bitte?
4. Wo ist der Taxistand bitte?
5. Wo ist die Gaststätte, bitte?
6. Wo sind die Automaten bitte?
7. Wo ist das Verwaltungsgebäude bitte?
8. Wo ist die Tabakhandlung bitte?

B. Was macht man auf dem Bahnhof?

Köln : Hauptbahnhof

Man erkundigt sich zum Beispiel nach den Ankunfts- und Abfahrtszeiten der Züge am Auskunftsschalter. (Man erhält eine Auskunft.)

Man löst eine Fahrkarte am Schalter. [Eine einfache (Fahrt)/ eine Rückfahrkarte].

Man wartet im Wartesaal. (Wenn es draußen kalt ist.)

Man gibt das Gepäck zur Gepäckaufbewahrung. (Man erhält dann einen Gepäckschein.)

Man sucht einen Gepäckträger oder einen Kofferkuli, wenn das Gepäck schwer ist.

Man geht auf den Bahnsteig.

Man entwertet die Fahrkarte in einem Entwertungsautomaten.

Man wartet auf den Zug, der auf Gleis 14 einläuft.

Man ißt in der Gaststätte bzw. in der Erfrischungsbar. (Man frühstückt, ißt Mittag, ißt Abendbrot.)

Man kauft Bücher, Zeitungen, Zeitschriften und Illustrierte entweder in der Buchhandlung oder am Zeitungsstand.

Man kauft Süßigkeiten (d.h. Schokolade und Bonbons) am Süßigkeitsstand.

Man geht auf die Toilette.

Man wäscht sich im Waschraum.

Man kauft Blumen in der Blumenhandlung.

Man kauft Obst und Nüsse entweder im Obstgeschäft oder am Obststand.

Man läßt sich das Haar im Friseursalon schneiden.

Man wechselt Geld entweder in der Wechselstube oder in der Bank.

Man kauft Briefmarken im Postamt.

Man sucht ein Taxi am Taxistand.

Dialog

Am Auskunftsschalter

Frau   Guten Tag. Wann fährt der nächste Zug nach Bonn ab, bitte?

Beamter   Er fährt um 17.25 Uhr ab.

Frau   Von welchem Gleis fährt er ab?

Beamter   Er fährt von Gleis 14 ab.

Frau   Muß ich umsteigen?

Beamter   Nein, das brauchen Sie nicht. Er fährt durch.

Frau   Danke schön. Also gut, dann löse ich meine Fahrkarte am Schalter.

Am Schalter

Frau   Guten Tag. Einmal nach Bonn, bitte.

Beamter   Möchten Sie eine einfache Fahrkarte oder eine Rückfahrkarte?

Frau   Hin und zurück, bitte.

Beamter   Erster oder zweiter Klasse?

Frau   Zweiter Klasse, bitte.

Beamter   Danke.

Fragen

I   Was sieht man auf dem Bahnhof?

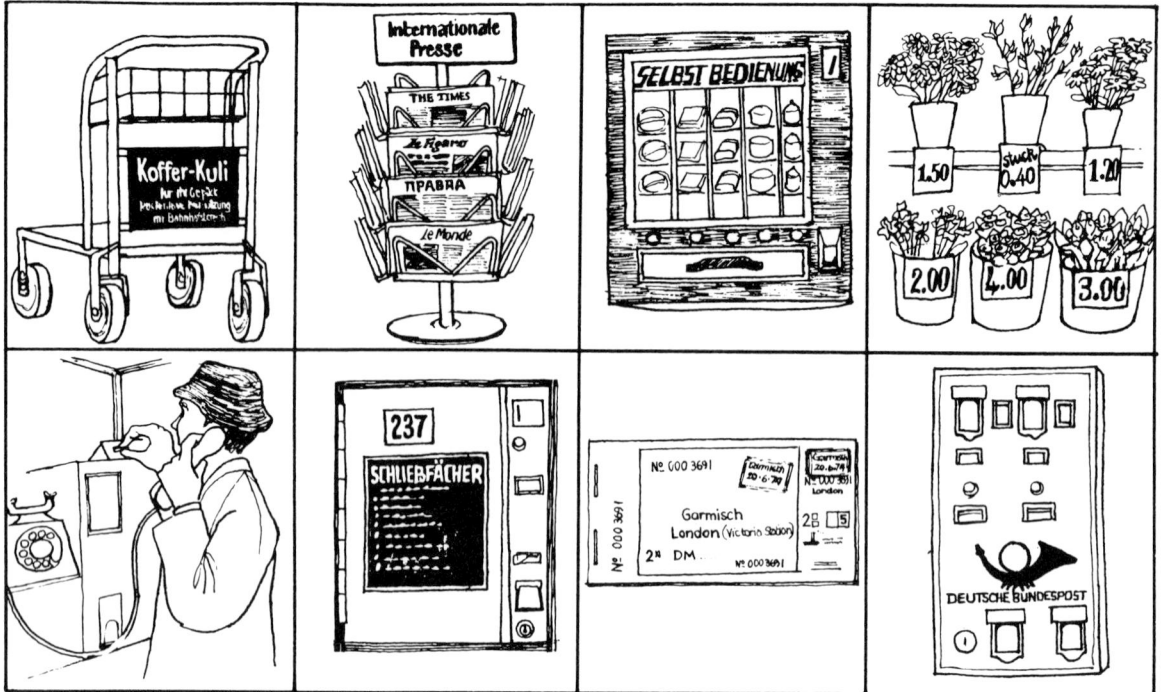

II   You will often want to do various things at a railway station and
in order to be able to do them, you will have to go to a particular
part of the station to find something. Use **Ich muß . . .** in your
answers:

1. Du willst eine Fahrkarte lösen. Was mußt du machen? (Ich
   muß . . .)
2. Du willst eine Auskunft erhalten. Was mußt du machen?
   Du willst schnell ein Würstchen essen. Wohin mußt du
3. gehen?
4. Du willst eine Bahnsteigkarte lösen. Was mußt du machen?
5. Du willst auf die Toilette gehen. Was mußt du machen?
6. Du willst Zigarren kaufen. Was mußt du machen?
7. Du willst Geld wechseln. Was mußt du machen?
8. Du willst eine Zeitung und eine Illustrierte kaufen. Was
   mußt du machen?
9. Du willst Blumen kaufen. Was mußt du machen?
10. Du willst dich waschen. Was mußt du machen?
11. Dein Gepäck ist sehr schwer. Es gibt keine Gepäckträger.
    Was mußt du machen?
12. Du willst mit dem Taxi nach Hause fahren. Wohin mußt du
    gehen, um ein Taxi zu finden?

Lektion 17

Marias Reise nach England

A.

Während der vorigen Sommerferien hat Andrew Robinson drei Wochen bei seiner Brieffreundin, Maria Fiedler, in Biberswald verbracht. Ihr werdet euch wohl daran erinnern, daß Maria Renates Schwester ist. Zu Ostern in diesem Jahr wollte Maria nach England fahren, um Andrew in Windsor zu besuchen. Frau Schulze, eine Freundin von Marias Mutter, wollte auch zur gleichen Zeit nach England fahren, um eine alte Bekannte in Bournemouth zu besuchen, und Frau Fiedler war froh, als die vorschlug, Maria zu begleiten.

Aktionsreihe (I)

Vor der Reise fuhr Maria mit ihrer Mutter zu einem Reisebüro in Garmisch.
Dort erkundigten sie sich nach den Abfahrtszeiten der Züge und Fähren. (Maria wollte nämlich nicht mit dem Flugzeug fliegen.)
Sie buchten die Fahrkarte und reservierten einen Schlafplatz in einem Liegewagen im TEE.

Am Tage der Reise fuhren Herr und Frau Fiedler mit ihrer Tochter zum Garmischer Bahnhof.
Dort trafen sie sich mit Frau Schulze an der Bahnhofsuhr.
Sie gingen dann auf den Bahnsteig und warteten auf den Zug.
Um 18.14 Uhr traf der Zug nach München pünktlich ein.

Dialog

Am Tage der Reise fahren Herr und Frau Fiedler mit ihrer Tochter zum Garmischer Bahnhof. Jetzt stehen sie in der Bahnhofshalle.

Maria	Mutti, wir haben noch eine Viertelstunde Zeit. Ich laufe schnell und hole ein paar Illustrierte.
Frau F.	Ja gut. Und ich besorge inzwischen Obst.
Herr F.	Aber nicht bummeln, meine Damen. Vergeßt nicht, daß der Zug um 18.14 Uhr abfährt. Und wir müssen auch noch Frau Schulze finden. Am besten treffen wir uns in fünf Minuten an der Bahnhofsuhr.
Maria	(*Atemlos*) Da bin ich wieder. Wo ist Mutti, denn? Hast du Frau Schulze gesehen, Vati? Hoffentlich finden wir sie auch!
Herr F.	Nun mal langsam. Wir haben noch Zeit.

Frau F.	So, da ich bin auch wieder. Ich habe Äpfel, Birnen, Bananen und Weintrauben gekauft. Ach, und ein paar Kekse und ein bißchen Schokolade.
Maria	Ach Mutti, Mutti! Ich werde schon nicht verhungern. Außerdem fahren wir doch mit dem Trans-Europa-Expreß. Der hat doch einen Speisewagen, weißt du.
Herr F.	Kommt schnell! Ich glaube, die Dame dort hinten mit dem grünen Hut ist Frau Schulze . . . .
Frau F.	Gertrud.
Frau S.	Ah, da seid ihr ja. Guten Abend. Sollten wir nicht lieber gleich auf den Bahnsteig gehen? Es wird wohl Zeit . . . .
Herr F.	Ja, richtig. Da kommt ja auch schon der Zug.
Frau S.	Ich möchte gern in einem Nichtraucherabteil sitzen. Schaut mal! Da ist eins, und es ist auch ziemlich leer.
Herr F.	Ja, kommt Kinder! Ich helfe euch, die Koffer ins Gepäcknetz zu legen. Möchtet ihr Fensterplätze?
Frau S.	Ja, ja, schön. *(Sie wendet sich an Frau Fiedler.)* Helga! Nun aber lächeln! Du brauchst dir wirklich keine Sorgen zu machen. Ich bin schon viel gereist und werde schon auf Maria aufpassen.
Frau F.	Ja, das weiß ich, Gertrud, und es ist sehr nett von dir, daß du dich ein bißchen um Maria kümmern willst.
Herr F.	Nun, aber einsteigen, sonst fährt der Zug noch ohne euch los. *(Er wendet sich an Maria.)* Auf Wiedersehen, Maria. Viel Spaß in England.
Maria	Auf Wiedersehen, Vati. Und vielen Dank. *(Sie küßt ihn.)*
Herr F.	Auf Wiedersehen, Frau Schulze, und alles Gute.
Frau S.	Auf Wiedersehen, Herr Fiedler.
Frau F.	Gute Reise, Gertrud. *(Sie wendet sich an Maria.)* Maria, auf Wiedersehen. Paß gut auf, mein Kind, und grüß' alle schön in England! *(Sie küßt sie.)*
Maria	Mach' ich, Mutti und sorg' dich nicht! Ich schreibe auch gleich, wenn ich angekommen bin. *(Pfiff. Der Zug fährt ab.)*
Maria	Tschüß!
Frau S.	Auf Wiedersehen.
Herr u.	
Frau F.	Auf Wiedersehen.

Pläne

Das ist eine Plan eines Zuges.

Lo	Li	Sp	Schl	W.d.Zf.

Lo   —Das ist die Lokomotive   *engine*
Li   —Das ist der Liegewagen   *couchette car*
Sp   —Das ist der Speisewagen   *dining car*
Schl —Das ist der Schlafwagen   *sleeper*
W.d.Zf —Das ist der Wagen des Zugführers   *guard's van*

Das ist ein Plan eines Wagens.

T	Abt 2	Nrabt.	Abt 1	Abt 2	T

Ein Wagen besteht aus verschiedenen Abteilen. Dieser Wagen besteht aus zwei Toiletten (an beiden Enden des Wagens), drei gewöhnlichen Abteilen und einem Nichtraucherabteil.

> Ein Abteil erster Klasse: *a first class compartment*.
> Ein Abteil zweiter Klasse: *a second class compartment*

Aktionsreihe (II)

Frau Schulze und Maria stiegen in ein Nichtraucherabteil ein.
Sie suchten sich zwei Eckplätze aus.
Sie legten ihre Koffer in das Gepäcknetz.
Sie verabschiedeten sich von Herrn und Frau Fiedler.
Der Zug fuhr ab.
Während der Fahrt unterhielten sie sich.
Frau Schulze schlief ein.
Maria las ein Buch und sah von Zeit zu Zeit zum
Fenster hinaus.

In München stiegen sie um.
Sie suchten ihre Schlafplätze im Liegewagen.
Sie aßen und tranken im Speisewagen (nachdem der Zug
abgefahren war.)

Cross-Channel ferry

Während der Fahrt kontrollierte der Schaffner ihre Fahr-
karten.
An der belgischen Grenze mußten sie ihre Pässe vorzeigen.
In Ostende stiegen sie aus dem Zug aus.
Es war ein regnerischer Morgen, und wegen der frühen Stunde
war es auch kalt.
Sie gingen zur Fähre.
Sie gingen an Bord.
Sie besorgten sich Plätze.
Sie fuhren mit der Fähre nach Dover.

Merke!

(a) Sie stiegen in das Abteil ein. *They got into the compartment.*
    Sie stiegen aus dem Abteil aus. *They got out of the compartment.*
    Sie stiegen in München um. *They changed at Munich.*

(b) zu Ostern *at Easter*
    zu Pfingsten *at Whitsun*
    zu Weihnachten *at Christmas*

> **Merke!**
>
> (a) Der Zug fuhr zum **Münchener** Hauptbahnhof.
>   Sie wollte nicht zum **Londoner** Flughafen fliegen.
> Note that **-er** has been added to the name of the city to change it to an adjective. This form is fixed and does *not* change according to case.
>
> (b) Der Trans-Europa-Expreß ist ein D-Zug, der durch Europa fährt.
>   der D-Zug (¨e): *express train*
>   der Eilzug (¨e): *express train*
>   der Personenzug (¨e): *stopping train*
>   (You have to pay a supplement [der Zuschlag (¨e)] for all express trains.)

Fragen

I 1. Wohin ist Andrew während der vorigen Sommerferien gefahren?
   2. Wollte Maria zu Weihnachten nach England fahren?
   3. Wer ist Frau Schulze?
   4. Wollte Frau Schulze auch nach Windsor fahren?
   5. Warum war Frau Fiedler froh?
   6. Warum gingen Maria und Frau Fiedler zum Reisebüro?
   7. Womit wollte Maria nach England fahren?
   8. Warum buchte Maria einen Schlafplatz?
   9. Was bedeuten die Buchstaben TEE?
  10. Was ist der TEE?

II 1. Fuhr Maria am Tage der Reise allein zum Garmischer Bahnhof?
    2. Wo wartete Frau Schulze?
    3. Warum gingen sie auf den Bahnsteig?
    4. Wann traf der Zug nach München ein?
    5. Hatte der Zug nach München Verspätung?
    6. Was machten Maria und Frau Schulze, nachdem der Zug eingetroffen war?
    7. Was ist ein Nichtraucherabteil?
    8. Was ist ein Eckplatz?
    9. Was machten sie mit ihren Koffern?
   10. Was machten sie während der Fahrt nach München?

III 1. Welchen Zug erreichten sie in München?
     2. Wo waren ihre Schlafplätze?
     3. Wo aßen und tranken sie?
     4. Wohin wollten sie mit dem TEE fahren?
     5. Was machte der Schaffner?
     6. Wo mußten sie ihre Ausweise vorzeigen?
     7. Schien die Sonne, als sie in Ostende ankamen?
     8. Sage mit anderen Worten „Wegen der frühen Stunde"!
     9. Wann gingen sie zur Fähre?
    10. Wohin fuhr die Fähre?

B. Im Zug

Maria und Frau Schulze sitzen schon seit einer Stunde im Zug, der sich jetzt London nähert. Sie schauen zum Fenster hinaus und unterhalten sich.

Frau S.   Ich denke immer noch an die schreckliche Überfahrt. So übel war mir noch nie in meinem Leben. Ich bin so froh, daß du da warst, Maria. Komisch nicht? Deine Mutter hatte sich so darüber gefreut, daß *ich* auf *dich* aufpassen wollte, und du hast dich so gut um mich gekümmert. Und die Geschichte mit meiner Handtasche. Wie dumm, sie zu verlieren!

Maria   Ach, denken Sie nicht mehr daran. Wir haben sie doch wiedergefunden, nicht? Und alles steckte glücklicherweise noch drin. . . . Ach, schauen Sie mal da drüben! Da fährt ein roter Doppeldeckerbus. Wie komisch!

Frau S.   Ja, das ist ein echter Londer Bus. Wir kommen wahrscheinlich bald zum Victoria-Bahnhof.

Maria   Und die Häuser sehen jetzt viel älter und schmutziger aus – ein ganz anderer Baustil als die vielen Doppelhäuser, die wir vorher gesehen haben. Die gibt's doch wenig in Deutschland, nicht?

Frau S.   Ja, das stimmt. Und die meisten davon sind viel älter als bei uns. In Deutschland mußten wir nämlich nach dem Krieg so viel wieder aufbauen. Vor dem Krieg haben die meisten Deutschen in Mietshäusern gewohnt, aber jetzt, wie du weißt, sieht man überall viel mehr Einfamilienhäuser als früher.

Maria   Ja, solche Unterschiede finde ich echt interessant.

Frau S.   Andere Länder, andere Sitten. . . . Oh, wir laufen schon in den Bahnhof ein. Sei so nett, Maria und hole mir bitte meinen Koffer vom Gepäcknetz 'runter!

Merke!

sich nähern (wk) + dative	*to approach/draw near to*
Wir nährten uns der Stadt.	*We approached the city.*
Alles steckte noch drin.	*Everything was still inside.*
Andere Länder, andere Sitten.	*Other countries have different ways.*
	(People do things differently abroad.)

Lektion 18
Briefe aus England

A. Marias erster Brief

Windsor,
den 16. April.

Liebe Renate!

Nachdem ich gestern schon an Mutti und Vati geschrieben habe,
komme ich endlich dazu, Dir von meiner Reise und meinen ersten
Eindrücken hier zu berichten.

Die Hinreise war wirklich schrecklich. Die Überfahrt war sehr
stürmisch und hat fast sechs Stunden gedauert - viel länger als
gewöhnlich. Glücklicherweise war ich nicht seekrank, aber es wurde
Frau Schulze sehr übel. Da wir beide Angst hatten, seekrank zu werden,
gingen wir zuerst nach oben, um frische Luft zu schnappen. Aber das half
nichts, und wir sind dann nach unten zurückgegangen. Wir haben etwas
Zeit gebraucht, um freie Plätze zu finden, da das Schiff sehr voll war.
Endlich fanden wir einen Platz, wo Frau Schulze sich hinlegen konnte.
Sie hat die Augen sofort zugemacht und ist bald eingeschlafen. Nach
einigen Minuten bin ich zum Kiosk gegangen, um Parfüm für Frau Robinson und
Susan zu kaufen, und als ich zurückkam, war Frau Schulze nicht mehr da.
Ich fand sie in der Damentoilette. Ach die Arme! Sie sah so blaß und
elend aus. Sie tat mir wirklich leid. Ich tröstete sie so gut ich konnte,
und wir gingen zu unseren Plätzen zurück. Als wir dann endlich die
sogenannten weißen Klippen von Dover sahen, die mehr grau als weiß im
Regen aussahen, konnte Frau Schulze ihre Handtasche nicht finden.
Wir suchten überall, und endlich habe ich sie in der Damentoilette gefunden,
wo sie sie hatte liegen lassen. Glücklicherweise steckte alles noch darin.

Die Fahrt von Dover bis nach London ist dann ohne weitere Zwischenfälle
verlaufen. Ich bin mit dem Zug von Dover bis zum Victoria-Bahnhof gefahren,
wo mich Herr Robinson, Susan und Andrew abgeholt haben.

Ich bin nun schon seit zwei Tagen hier in Windsor, und es gefällt
mir ausgezeichnet. Ich teile ein Zimmer mit Susan, die ich sehr gern
habe. Es ist komisch die ganze Zeit englisch zu hören, aber die Robinsons
sind sehr freundlich, und sie sprechen langsam und deutlich. Sie bestehen
darauf, daß ich english spreche, was für mich sehr gut ist.

Jetzt muß ich Schluß machen, da wir bald zu Abend essen. Nach dem
Abendessen gehe ich mit Susan und Andrew zum Jugendklub, wo wir Tischtennis
spielen werden. Übrigens, hier schmeckt mir das Essen gut. Ich werde
Dir noch einmal schreiben, bevor ich nach Hause fahre.

Herzliche Grüße,

Maria

Merke!

There are four verbs that mean *to meet*.

treffen, trifft, traf, getroffen: *to meet (by appointment)*

*begegnen (wk) + dative: *to meet (by chance), to bump into*

kennenlernen (wk): *to meet (get to know)*

abholen (wk): *to meet (to fetch from)* (pay particular attention to the preposition)

Compare and contrast.

Sie trafen Frau Schulze an der Bahnhofsuhr, wie verabredet. *They met Frau Schulze in front of the station clock as arranged.*

Maria begegnete zufällig einer Freundin in Garmisch. *Maria met a friend in Garmisch by chance.*

Erich lernte Herr Hoffman auf Inges Party kennen. *Erich met Herr Hoffman at Inge's party.*

Herr Robinson holte Maria **vom** Bahnhof ab. *Herr Robinson met Maria at the station (i.e. fetched her **from** the station).*

Fragen

1. Warum sah Frau Schulze blaß und elend aus?
2. Wie war das Wetter, als das Schiff in Dover ankam?'
3. Warum konnte Frau Schulze ihre Handtasche nicht finden?
4. Fehlte etwas, als Maria die Handtasche wieder gefunden hatte?
5. Auf welchem Londoner Bahnhof warteten die Robinsons auf Maria?
6. Warum waren die Robinsons zum Bahnhof gefahren?
7. Seit wann war Maria in Windsor, als sie den Brief an Renate schrieb?
8. Hatte Maria ein Zimmer für sich?
9. Durfte Maria deutsch bei den Robinsons sprechen?
10. Warum wollten Andrew, Susan und Maria zum Jugendklub gehen?
11. Warum schrieb Maria an ihre Schwester?
12. War die Überfahrt ruhig?
13. Waren Maria und Frau Schulze seekrank?
14. Wo schnappten sie frische Luft?
15. Warum gingen sie nach oben?
16. War das Schiff fast leer?
17. Was machte Frau Schulze, als sie unten war und bevor Maria zum Kiosk ging? (3 Beispiele)
18. Wann ging Maria zum Kiosk?
19. Was wollte sie dort machen?
20. Warum war Frau Schulze nicht mehr auf ihrem Platz, als Maria zurückkehrte?

Windsor,
den 24. April.

Liebe Renate!

    Die Zeit vergeht so schnell, und es ist unglaublich, daß ich
schon seit mehr als einer Woche hier bin. Seitdem ich Dir das letzte Mal
geschrieben habe, habe ich viel gemacht. Natürlich kenne ich Windsor
jetzt ziemlich gut. Wir haben uns das Schloß angesehen, aber leider habe
ich die Königin nicht kennengelernt! Schade, nicht? Die Stadt selbst
gefällt mir gut, aber nach dem was Andrew sagt, ist sie im Sommer mit
Touristen überfüllt. Ich bin schon zweimal zum Jugendklub gegangen und
habe viele von Andrews und Susans Freunden kennengelernt. Sie sind alle
sehr nett, und mein Englisch wird immer besser. Ich habe schon ein Kleid
und einen Pullover hier in Windsor gekauft. Nächste Woche werde ich mit
Frau Robinson und Susan nach London in die Oxford Street fahren, um einen
großen Einkaufsbummel zu machen. Ich habe Tennis gespielt und ferngesehen.
Ich finde die Programme hier besser als in Deutschland, und ich freue
mich, daß ich viel davon verstehen kann. Am Sonntag sind wir mit dem
Dampfer die Themse entlang bis nach Marlow gefahren. Das war wirklich
herrlich und ganz anders als die Rheindampferfahrt, die wir vor zwei
Jahren machten. Die Themse ist ein viel kleinerer Fluß als der Rhein
und nicht so breit. Die Landschaft ist schön, und die Bäume und Wiesen
sind sehr grün und üppig.

    Die Robinsons haben noch mehr Ausflüge für mich geplant. Morgen
werden wir zum Londoner Flughafen fahren, um uns die Flugzeuge anzusehen.
Vielleicht werde ich es wagen, das nächste Mal mit dem Flugzeug nach
England zu fliegen - besonders nach der schrecklichen Überfahrt mit der
Fähre! Übermorgen werden wir nach Cambridge fahren und uns die schönen
Colleges ansehen. Ich möchte gern später auf einer englischen Uni studieren.
Bei schönem Wetter werden wir einen Stechkahn mieten und am Fluß picknicken.
Am Samstagabend werden wir ins Kino gehen, weil wir den neuesten James Bond
Film sehen wollen, und dann am Sonntag werden wir nach Oxford fahren, um
Andrews Tante zu besuchen. Ich muß auch unbedingt etwas von London sehen,
und nächste Woche werden wir dahin fahren, um die Parlamentsgebäude, die
Westminsterabtei und den Tower zu besichtigen. Schließlich, kurz vor meiner
Rückkehr nach Deutschland, werden wir alle ins Theater gehen.

    Ich hoffe, Dich bald wiederzusehen. Dann werde ich Dir meine Bilder
und Dias zeigen können - d.h. wenn sie gelungen sind!

                Für heute viele Grüße,
                Deine

                Maria

Die Themse bei Windsor

Der Rhein bei Bonn

C. Marias Aufenthalt in England

(a) *Was hatte sie bereits gemacht, als sie den zweiten Brief an ihre Schwester schrieb?*

Sie hatte sich das Schloß in Windsor angesehen.
Sie war zweimal zum Jugendklub gegangen.
Sie hatte Andrews und Susans Freunde kennengelernt.
Sie hatte ein Kleid und einen Pullover in Windsor gekauft.
Sie hatte Tennis gespielt.
Sie hatte ferngesehen.
Sie hatte eine Dampferfahrt nach Marlow gemacht.

(b) *Was wird sie machen, nachdem sie den Brief geschrieben hat?*

Sie wird einen Einkaufsbummel in der Oxford Street machen.
Sie wird zum Londoner Flughafen fahren.
Sie wird nach Cambridge fahren.
Sie wird sich die Colleges in Cambridge ansehen.
Sie wird mit dem Stechkahn auf dem Fluß fahren.
Sie wird am Fluß picknicken.
Sie wird ins Kino gehen.
Sie wird Andrews Tante in Oxford besuchen.
Sie wird die Parlamentsgebäude, die Westminsterabtei und den Tower besichtigen.
Sie wird ins Theater gehen.
Sie wird nach Deutschland zurückkehren.

(c) *Was wird sie in der Zeit zwischen dem Abschicken des Briefes und ihrer Rückkehr nach Deutschland gemacht haben?*

Sie wird einen Einkaufsbummel in der Oxford Street gemacht haben.
Sie wird zum Londoner Flughafen gefahren sein.
Sie wird nach Cambridge gefahren sein.
Sie wird sich die Colleges in Cambridge angesehen haben.
Sie wird mit dem Stechkahn auf dem Fluß gefahren sein.
Sie wird am Fluß gepicknickt haben.
Sie wird ins Kino gegangen sein.
Sie wird Andrews Tante in Oxford besucht haben.
Sie wird die Parlamentsgebäude, die Westminsterabtei und den Tower besichtigt haben.
Sie wird ins Theater gegangen sein.
Sie wird nach Deutschland zurückgekehrt sein.

Merke!

Section C opposite is divided into three distinct sections:

(a) tells us what Maria *had* already *done*, when she wrote the letter to her sister (i.e. all the statements are in the *pluperfect tense*).

(b) tells us what she *will be doing* after she has written the letter (i.e. all the statements are in the future tense).

(c) tells us what she *will have done* in the time between the sending off of her letter and her return to Germany.
This is a new tense and is called the *future perfect*. It is a combination of the future and perfect tenses and is formed from the present tense of **werden** + the *past participle* and either **haben** or **sein** (cf. § 26, page 190).

Sie **wird** den Film **gesehen haben**.: *She* **will have seen** *the film.*

Sie **wird** ins Theater **gegangen sein**.: *She* **will have gone** *to the theatre.*

Remember to watch out especially for those verbs that are conjugated with **sein**.

Fragen

Stell' dir mal vor, daß du heute abend folgendes machen wirst:

1. Du wirst Abendbrot essen.
2. Du wirst einen Brief schreiben.
3. Du wirst mit einem Freund telefonieren.
4. Du wirst in die Stadt fahren.
5. Du wirst ins Kino gehen.
6. Du wirst einen amerikanischen Film sehen.
7. Du wirst eine Tasse Kaffee in einem Café trinken.
8. Du wirst nach Hause fahren.
9. Du wirst fernsehen.
10. Du wirst die Zeitung lesen.
11. Du wirst ins Bett gehen.
12. Du wirst einschlafen.

Was wirst du gemacht haben, bevor du einschläfst?
Beispiel: 1. Ich werde Abendbrot gegessen haben.

Lektion 16

Eine Großstadt – Ein Überblick

Düsseldorf

A.

Jede Stadt ist verschieden. Es gibt Millionenstädte, Großstädte und Kleinstädte. Es gibt auch Hafenstädte und Industriestädte. In dieser Lektion werden wir eine typische Großstadt kennenlernen. Sie besteht ungefähr aus den folgenden Vierteln:

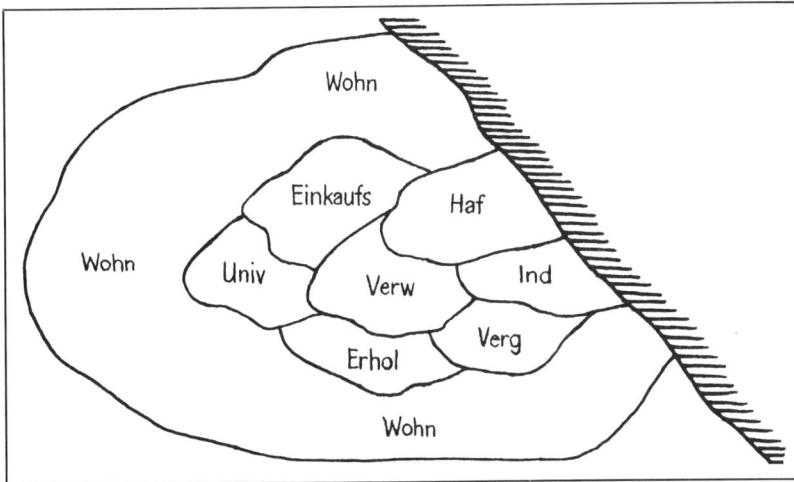

Wohn.	– das Wohnviertel	*residential area*
Haf.	– das Hafenviertel	*dock area*
Ind.	– das Industrieviertel	*industrial area*
Univ.	– das Universitätsviertel	*university quarter*
Verw.	– das Verwaltungsviertel	*administrative area*
Verg.	– das Vergnügungsviertel	*entertainments area*
Einkaufs.	– das Einkaufsviertel	*shopping area*
Erhol.	– das Erholungsviertel	*recreational area*

Merke!

bestehen (e, a, a,) aus + the dative: *to consist of*

Frage

Aus welchen Vierteln besteht eine typische Großstadt?

B. Was findet man in den verschiedenen Vierteln?

Im Einkaufsviertel findet man Geschäfte, Läden, Warenhäuser bzw. Kaufhäuser und Cafés.

Im Vergnügungsviertel findet man Kinos, Theater, einen Konzertsaal, eine Oper, Nachtlokale, Tanzlokale, Discos, Kneipen, Bars, Hotels und Restaurants bzw. Gaststätten.

Im Erholungsviertel findet man Parks, Anlagen, Kinderspielplätze, ein Freibad, ein Hallenbad, Seen und manchmal auch einen Zoo.

Im Industrieviertel findet man Fabriken und Werke. Viele haben hohe Schornsteine.

Im Verwaltungsviertel findet man das Rathaus, Ämter (amtliche Büros) und Verwaltungsgebäude. Man findet auch Banken bzw. Sparkassen, Versicherungsgebäude und manchmal eine Börse.

Im Universitätsviertel findet man die Universität, Museen und Kunstgalerien.

Im Hafenviertel findet man Docks, Kräne, Werften, Schiffe, Lagerhäuser und Schuppen.

In einem Wohnviertel findet man Häuser, Bungalows und Villen. Man findet auch Hochhäuser und Mietshäuser mit Wohnungen darin.

Andere wichtige Gebäude, die man in einer Großstadt findet, sind Bahnhöfe, ein Dom bzw. Kathedrale, Kirchen, ein Schloß und manchmal etwas außerhalb der Stadt ein Flughafen.

Da es so viele Autos in der Stadt gibt, braucht man heutzutage viele Parkplätze. Deswegen findet man überall Parkuhren, Parkhochhäuser und auch Tiefgaragen.

Merke!

außerhalb (outside) and **innerhalb** (within) are prepositions used with the genitive:

    außerhalb der Stadt: *outside the town*
    innerhalb einer Stunde: *within an hour*

Hansestadt Hamburg

C. Was macht man in einer Stadt?

In einer Fußgängerzone

Im Vergnügungsviertel
Man sieht einen Film im Kino.
Man sieht ein Schauspiel im Theater.
Man hört sich ein Konzert im Konzertsaal an.
Man hört eine Oper in der Oper.
Man ißt im Restaurant.
Man tanzt im Tanzlokal oder in einer Disco.
Man sieht eine Revue im Nachtklub.

In einer Bank
Man eröffnet ein Konto.
Man wechselt Geld.
Man löst einen Scheck ein.
Man zahlt Geld ein.
Man hebt Geld ab.
Man kauft Reiseschecks und ausländisches Geld.

Im Universitätsviertel
Man studiert an der Universität.
Man sieht alte, interessante und wertvolle Gegenstände
im Museum.
Man sieht alte, interessante und wertvolle Gemälde und
Zeichnungen in der Kunstgalerie.

Was macht man noch in der Stadt?

Man betet (hört die Messe) im Dom (in einer Kirche).

Man übernachtet im Hotel.

Man kauft in den Geschäften, Läden und Warenhäusern ein.

Man nimmt einen Zug auf dem Bahnhof.

Fragen

Stell' dir mal vor, daß du in der Stadt bist!

1. Wo siehst du einen Film?
2. Wohin gehst du, um einen Film zu sehen?
3. Wozu gehst du ins Theater?
4. Wohin gehst du, um eine Revue zu sehen?
5. Wo kaufst du im Einkaufsviertel ein?
6. Wohin gehst du, um Schiffe, Kräne und Docks zu sehen?
7. Warum gehst du ins Museum?
8. Wohin gehst du, um Gemälde und Zeichnungen zu sehen?
9. Wo kannst du in der Stadt parken?
10. Wo liegt der Flughafen gewöhnlich?
11. Wozu gehst du in den Konzertsaal?
12. Du willst einen Scheck einlösen. Wohin gehst du?
13. Du willst in der Stadt übernachten. Wohin gehst du?
14. Wohin gehst du, um zu tanzen?
15. Nenne zwei Gebäude, die du im Verwaltungsviertel siehst!

Hansestadt Hamburg: Hafen

Rôle playing

I   Im Vergnügungsviertel

1. Say that you would like to go the pictures on Saturday.
2. Say that you would like to see a good German film on Friday evening.
3. Ask if you can go to the theatre one evening.
4. Say that you would like to hear a concert in the new concert hall.
5. Ask your penfriend if he/she would like to go to a disco.
6. Ask when the film begins, when it ends and how long it lasts.
7. Say that you would like to eat in a snack-bar,
8. Say that you would rather go to a French restaurant.

II   In der Stadtmitte

1. Ask where you can park your car.
2. Say that you are going to park your car in a multi-storey car park.
3. Ask your friend if she/he can see a vacant parking meter.
4. Say that you would like to visit Cologne cathedral.
5. Ask your friend if she/he would like to visit the castle.
6. Say that you would prefer to buy your presents in a department store.

III   In einer Bank

1. Say that you would like to open an account.
2. Say that you would like to pay some money into your account.
3. Ask if you can change a traveller's cheque.
4. Say that you would like to change some English money.

Lektion 20

In der Stadt

A. In der Stadtmitte

Im Stadtzentrum ist immer viel Betrieb. Zahlreiche Ampeln regeln den Verkehr. Gelegentlich übernimmt auch ein Polizist die Verkehrsregelung. Ein ständiger Strom von Autos (PKW), Lastwagen (LKW), Motorrädern, Mopeds und Fahrrädern fließt vorbei. Die Ampeln unterbrechen den Verkehrsfluß, so daß die Fußgänger auch sicher die Straße überqueren können. Viele Leute machen ihre Einkäufe. Manchmal hört man ein Auto hupen oder plötzlich bremsen, um einen Unfall zu vermeiden.

Merke!

Note that the infinitive is used after verbs like **sehen** and **hören**.
Ich sah das Auto anhalten.: *I saw the car stop.*
Ich hörte das Auto bremsen.: *I heard the car brake.*

Fragen

1. Ist es immer ruhig im Stadtzentrum?
2. Sage mit anderen Worten: „Der Polizist übernimmt die Verkehrsregelung."
3. Nenne sechs Fahrzeuge, die man im Stadtzentrum findet!
4. Was ist ein Fußgänger?
5. Gehen Fußgänger gewöhnlich auf der Straße?
6. Was macht der Verkehr, wenn die Verkehrsampel auf Rot steht?
7. Wo überqueren die Fußgänger die Straße, wenn der Verkehr hält?
8. Was muß ein Auto machen, um zu halten?

Merke!

Verkehrsampeln
Wenn die Ampel auf Rot steht, muß man anhalten. Wenn sie auf Grün steht, darf man weiterfahren.

Parkuhren
Wenn man parken will, muß man eine Münze in die Parkuhr stecken. Dann darf man eine bestimmte Zeit lang auf dem Platz bleiben.

Was darf man auf der Autobahn nicht machen?
Man darf außerhalb der Parkplätze und Raststätten nicht halten.
Man darf nicht rückwärts fahren.
Man darf nicht wenden.

Geschwindigkeitsbegrenzung
Man darf nicht schneller als 50km in der Stunde in Städten und Dörfern fahren.

Führerschein
Man darf den Führerschein erst mit 18 Jahren machen.

Zebrastreifen
Autofahrer müssen vor den Zebrastreifen halten, wenn ein Fußgänger die Straße überqueren will.

Fragen

1. Wie alt muß man in Deutschland sein, bevor man den Führerschein machen darf?
2. Auf welcher Seite der Straße fährt man in Deutschland?
3. Was darf man auf der Autobahn nicht machen? Nenne drei Beispiele!
4. Wie schnell darf man in einer Stadt fahren?
5. Wann müssen Autofahrer vor einem Zebrastreifen halten?
6. Die Verkehrsampel steht auf Rot. Was muß der Autofahrer machen?
7. Jetzt steht sie auf Grün. Was darf er jetzt machen?
8. Ein Autofahrer hat seinen Wagen eben neben einer Parkuhr geparkt. Was muß er machen, bevor er seinen Wagen stehenlassen darf?

B. Verkehrszeichen

In der Stadt sowie außerhalb der Stadt sieht man viele Verkehrszeichen. Hier sind einige davon:

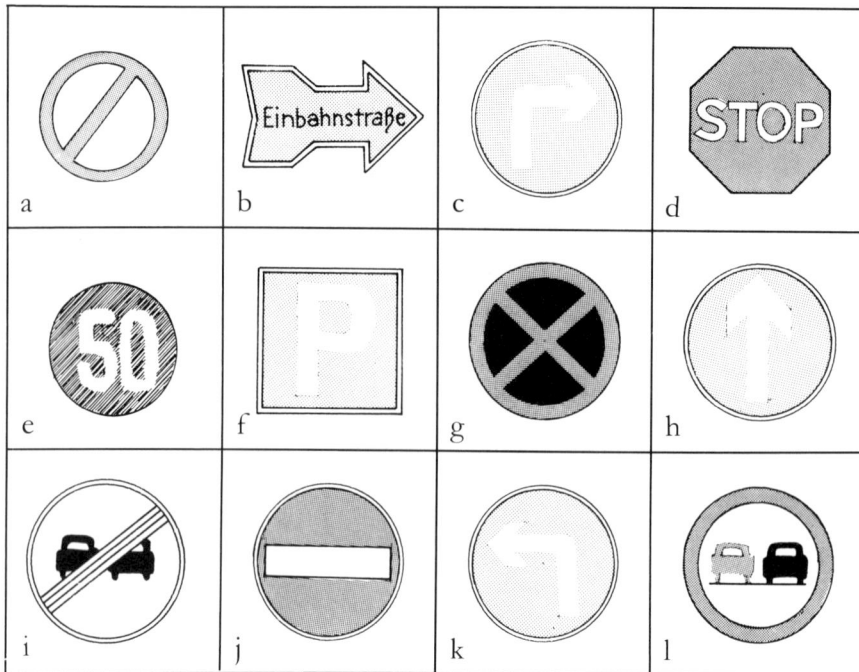

a	b Einbahnstraße	c	d STOP
e 50	f P	g	h
i	j	k	l

Aufgabe

Unfortunately the following statements do not correspond to the signs above. Rearrange them so that they do!

(a) Man darf nicht überholen.

(b) Man darf wieder überholen.

(c) Man muß geradeaus fahren.

(d) Man muß links abbiegen.

(e) Man muß rechts abbiegen.

(f) Man darf nicht halten.

(g) Einfahrt verboten! (d.h. man darf nicht einfahren.)

(h) Man darf nicht parken.

(i) Man darf nur in einer Richtung fahren.

(j) Man darf parken.

(k) Man darf nicht langsamer als 50 Kilometer pro Stunde fahren.

(l) Man muß anhalten.

Merke!

If you are in a country where German is spoken, you will need to find your way around and also to find out where you can do various tings.
Here are some useful expressions. You should learn them.

Entschuldigen Sie bitte!	*Excuse me please.*
Wie komme ich am besten zum Marktplatz?	*What's the best way of getting to the market-place?*
Wo liegt die Schillerstraße?	*Where is the Schillerstraße?*
Wo finde ich das Nationalmuseum?	*Where can I find the National Museum?*
Wo kann ich Briefmarken kaufen?	*Where can I buy some stamps?*
Es tut mir leid, ich weiß nicht.	*I'm sorry, I don't know.*
Ich bin hier selber fremd.	*I'm a stranger here myself.*
Gehen Sie zu Fuß?	*Are you walking?*
Ja? Also, am besten gehen Sie . . .	*You are? Well then, the best way is for you to walk . . .*
Fahren Sie? Haben Sie Ihren eigenen Wagen mit?	*Are you driving? Have you got your own car?*
Ja? Also, am besten fahren Sie . . .	*You are? (You have?) Well then, the best thing is for you to drive . . .*
Am besten nehmen Sie die Straßenbahn/den Bus (Linie 12).	*The best thing is for you to catch the (number 12) tram/bus.*
Am besten nehmen Sie die S-Bahn/die U-Bahn.	*The best thing is for you to take the municipal railway/the tube.*
Gehen Sie (Fahren Sie) diese Straße hinüber/hinauf/entlang.	*Walk (Drive) up/down/along/this street.*
Sie müssen nach links (nach rechts) ab-biegen.	*You must turn left (right).*
Gehen Sie (Fahren Sie) geradeaus!	*Walk (Drive) straight on.*
Nehmen Sie die erste Straße links/rechts.	*Take the first street on the left/right.*

Rôle playing

Start each sentence with: „Entschuldigen Sie bitte!"
1. Ask where you can take a bus to the zoo.
2. Ask where you can buy an English newspaper.
3. Ask where you can change a traveller's cheque.
4. Ask where you can buy a map of Munich.
5. Ask where the main-line station is.

C. Wie findet man sich in einer Großstadt zurecht?

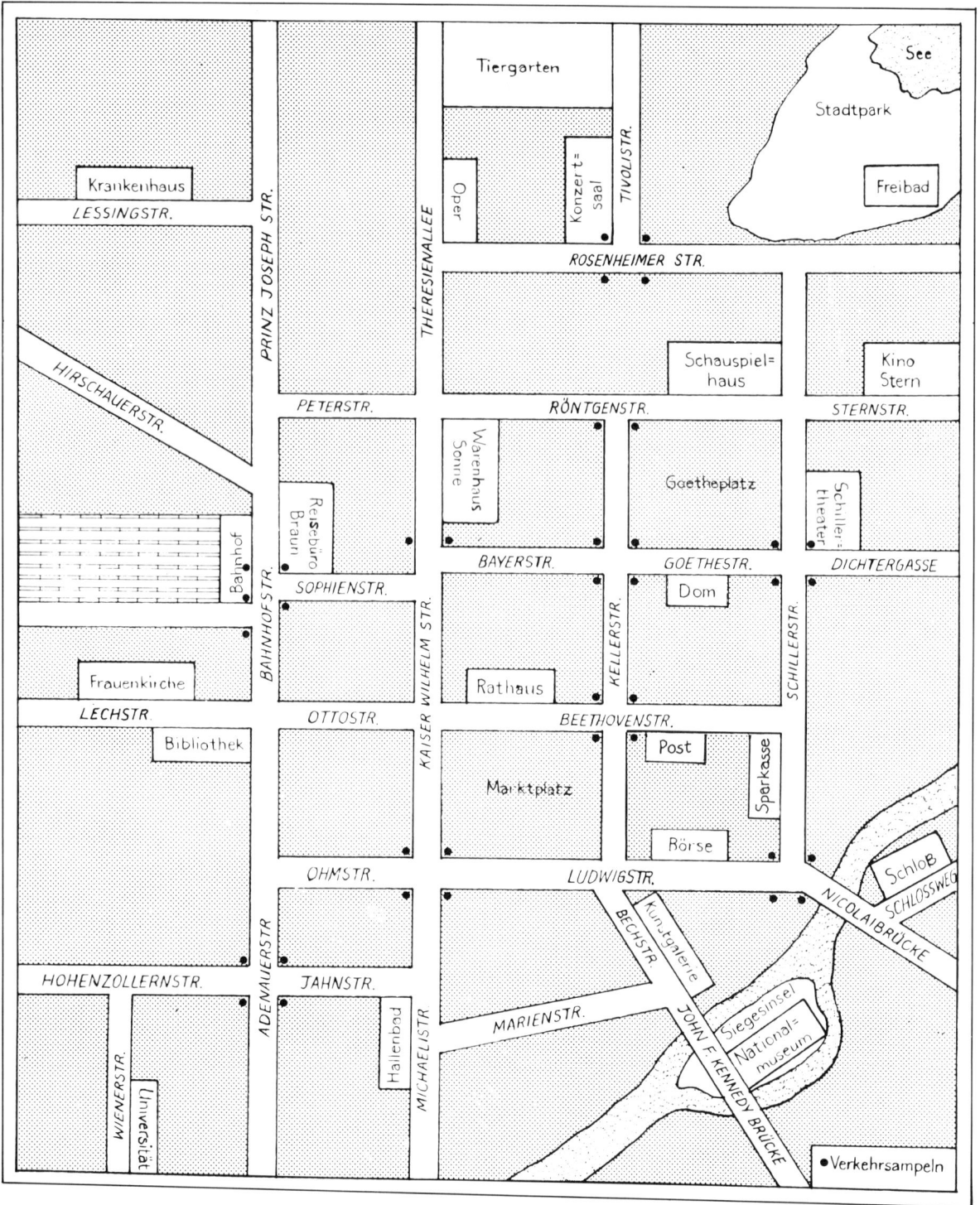

Tiergarten · See · Stadtpark · Krankenhaus · LESSINGSTR. · PRINZ JOSEPH STR. · THERESIENALLEE · Oper · Konzert=saal · TIVOLISTR. · Freibad · ROSENHEIMER STR. · Schauspiel=haus · Kino Stern · HIRSCHAUERSTR. · PETERSTR. · RÖNTGENSTR. · STERNSTR. · Warenhaus Sonne · Goetheplatz · Schiller=theater · Reisebüro Braun · Bahnhof · BAHNHOFSTR. · SOPHIENSTR. · BAYERSTR. · GOETHESTR. · DICHTERGASSE · Dom · KELLERSTR. · SCHILLERSTR. · Frauenkirche · LECHSTR. · OTTOSTR. · Rathaus · KAISER WILHELM STR. · BEETHOVENSTR. · Bibliothek · Post · Sparkasse · Marktplatz · Börse · OHMSTR. · LUDWIGSTR. · Schloß · SCHLOSSWEG · NICOLAIBRÜCKE · ADENAUERSTR. · HOHENZOLLERNSTR. · JAHNSTR. · BECHSTR. · Kunstgalerie · JOHN F KENNEDY BRÜCKE · Siegesinsel · National=museum · MARIENSTR. · MICHAELISTR. · Hallenbad · WIENERSTR. · Universität · Verkehrsampeln

132

Wie komme ich am besten zum Rathaus?

Ein Polizist steht vor dem Schloß. (Sieh' dir den Plan gegenüber an!) Eine Frau kommt auf ihn zu.

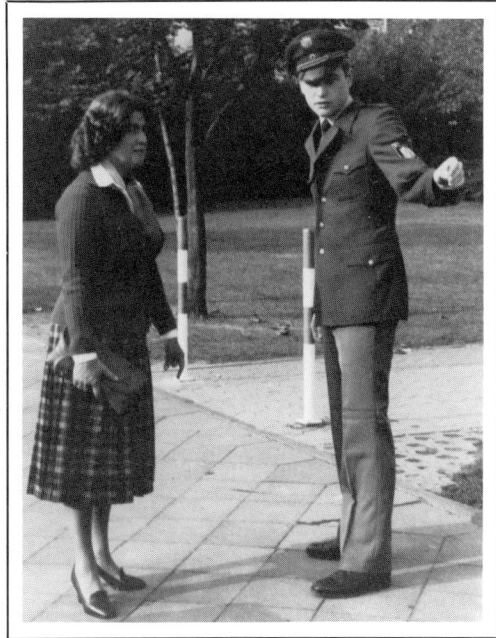

Die Frau   Guten Tag. Wie komme ich am besten zum Rathaus, bitte?

Der Polizist   Moment mal. Ja, also . . . Zuerst gehen Sie den Schloßweg hinunter. Dann biegen Sie nach rechts ein und gehen Sie über die Nicolaibrücke, bis zu den Verkehrsampeln. Dort müssen Sie die Straße überqueren und wieder nach rechts einbiegen – diesmal in die Schillerstraße. Gehen Sie etwa 300m diese Straße entlang, bis Sie zur Sparkasse kommen. Biegen Sie hier nach links in die Beethovenstraße ein. Dann gehen Sie geradeaus bis zur nächsten Ampel. Das Postamt ist an der Ecke. Überqueren Sie die Straße an der Ampel und nach etwa hundert Metern sehen Sie das Rathaus auf der rechten Seite.

Die Frau   Vielen Dank.

Fragen

Und jetzt kommst du dran! Sieh' dir den Plan wieder an! Man stellt dir die folgenden Fragen. Beantworte sie!

1. Wie komme ich am besten von der Bibliothek zum National-museum, bitte?
2. Wie komme ich am besten von der Bibliothek zum Schauspiel-haus, bitte?
3. Wie komme ich am besten von dem Schillertheater zum Tiergarten, bitte?
4. Wie komme ich am besten von dem Krankenhaus zum Postamt, bitte?

Lektion 21
Im Park

A.

Es ist Sonntag, und der Park is voller Leute. Ruder- und Segelboote sind auf dem See zu sehen. Jungen und Mädchen spielen mit selbstgebauten Booten am Wasserrand. Einige andere Jungen spielen Fußball, während ein paar kleine Mädchen seilhüpfen oder mit Puppen spielen. Junge Mütter schieben Kinderwagen und unterhalten sich. Hier und da kann man alte Männer auf Bänken sitzen sehen. Sie rauchen Zigarren oder Pfeifen, führen ein Gespräch und freuen sich über den herrlichen, sonnigen Tag.

In der Ferne hört man den Lärm aus dem Schwimmbad. Dort schwimmen die Leute, springen ins Wasser, planschen oder sonnen sich auf dem Rasen um das Schwimmbecken herum.

Man sieht auch Leute, die an kleinen Tischen unter bunten Sonnenschirmen auf der Terrasse eines Cafés sitzen. Dort trinken sie Kaffee und essen Kuchen oder Eis mit Schlagsahne. Manche trinken auch Bier.

Merke!

Segelboote sind auf dem See **zu sehen**. *Sailing boats are to be seen on the lake. (i.e. You can see sailing boats on the lake.)*

Note the active infinitive in German and the passive infinitive in English.

Fragen

1. Ist der Park fast leer?
2. Was macht man in einem Ruderboot?
3. Was macht man in einem Segelboot?
4. Was braucht man, um seilhüpfen zu können?
5. Wohin gehen die Kinder, um mit ihren Booten zu spielen?
6. Spielen die Mädchen Fußball, während die Jungen mit Puppen spielen?
7. Wo sitzen die Babys, während ihre Mütter sich unterhalten?
8. Was machen die alten Männer, die auf Bänken sitzen?
9. Wozu geht man ins Schwimmbad?
10. Wohin setzen sich die Leute im Schwimmbad, um sich zu sonnen?

Merke!

You have already met *relative pronouns* in other parts of the course. Remember that a relative pronoun is the word *who, whom, where,* or *which* when it refers back to the noun in the same sentence. It agrees in gender and number (i.e. singular or plural) with that noun, but its case is determined by the part it plays in its own clause.

You should learn the forms of the relative pronoun. Note that the forms of the relative pronoun are the same as those of the definite article with the exception of the genitive (sing. and pl.) and the dative plural (cf. also § 10, page 183).

	SINGULAR			PLURAL
	Masc.	*Fem.*	*Neut.*	*All Genders*
Nom.	der	die	das	die
Acc.	den	die	das	die
Gen.	dessen	deren	dessen	deren
Dat.	dem	der	dem	denen

The verb in a relative clause is at the end of that clause.

(i)   Der Mann, **der** auf der Bank sitzt, hat eine Glatze. : *The man who is sitting on the bench has a bald head.*
(Here the relative pronoun is in the *nominative* case as it is the *subject* of the clause.)

(ii) Der Mann, *den* ich auf der Bank sehe, hat eine Glatze. *The man who(m) I can see on the bench has a bald head.*
(Here the relative pronoun is in the *accusative* case as it is the direct object. (*Ich* is the subject.))

(iii) Der Mann, **dessen** Freund eine Mütze trägt, hat eine Glatze. *The man whose friend is wearing a cap has a bald head.*
(Here the relative pronoun is in the *genitive* case (whose friend = the friend of whom))

(iv) Der Mann, mit **dem** er sich unterhält, hat eine Glatze. *The man to (with) whom he is talking has a bald head.*
(Here the relative pronoun is in the *dative* case because **mit** is a preposition that is always followed by the dative.)

Ergänze! (Use relative pronouns)

I   1. Sie rudern auf dem See, – im Park ist.
      2. Das Baby, – im Kinderwagen liegt, ist nur ein paar Wochen alt.
      3. Der Hund, – eben im Wasser war, ist schwarz.
      4. Die Leute, – um das Schwimmbecken herum liegen, sonnen sich.
      5. Die Frau, – blondes Haar hat, hat ihre kleine Tochter mit.

II   1. Das ist der Park, – wir letzten Sonntag besuchten.
      2. Der Hund, – ich aus dem Wasser kommen sah, ist schwarz.
      3. Der Kinderwagen, – ich sehe, ist ziemlich neu.
      4. Der Fußball, – der Junge kickt, ist weiß.
      5. Die Sonnenschirme, – ich sehe, sind blau und weiß.
      6. Das Boot, – der Junge in den Handen hält, ist rot.

III   1. Das Mädchen, – Mutter den Kinderwagen schiebt, heißt Ulla.
      2. Die Frau, – Tochter fünf Jahre alt ist, hat blondes Haar.
      3. Der Mann, – Mütze kariert ist, hat einen Bart.
      4. Die Jungen, – Mutter eine Tasse Kaffee trinkt, spielen Fußball.
      5. Der Mann, – Sohne Fußball speilen, trinkt auch eine Tasse Kaffee
      6. Die Frau, – Baby im Kinderwagen liegt, plaudert mit einer Freundin.
      7. Das Mädchen, – Hund schwarz ist, spielt mit einem Boot.
      8. Die Männer, – Frauen nicht anwesend sind, sitzen auf einer Bank.

IV   1. Der Mann, mit – er plaudert, hat einen Bart.
      2. Das Boot, mit – der Junge spielt, ist rot.
      3. Die Bank, auf – die Manner sitzen, ist grün.
      4. Die Frau, mit – die junge Mutter plaudert, hat blondes Haar.
      5. Die Puppen, mit – das kleine Mädchen spielt, sind süß.
      6. Die Sonnenschirme, unter – Leute sitzen, sind blau und weiß.
      7. Die Segelboote, in – die Leute segeln, sind klein.
      8. Der Tisch, an – das Ehepaar sitzt, ist rund.

B.

Auf einem abgetrennten Kinderspielplatz findet man oft eine
Rutsche, Schaukeln, eine Wippe und ein Karussell.

Ein kleiner Junge steigt die Leiter
einer Rutsche hinauf.

Dann rutscht er hinunter.

Ein kleines Mädchen setzt sich auf eine
Schaukel.

Dann schaukelt sie sich hin und her.

Der kleine Junge und das kleine
Mädchen setzen sich auf eine Wippe.

Dann wippen sie hinauf und hinunter.

Der Junge stellt sich auf das Karussell.

Dann schiebt er es an.
Es dreht sich rund herum.

Merke!

Kommen Sie **her**!: *Come* **here**
Gehen Sie **hin**!: *Go* **there**!
Sie steigt **hinauf (rauf)**.: *She climbs* **up**.
Sie rutscht **hinunter (runter)**.: *She slides* **down**.
hin und her: *to and fro*
ab und zu
dann und wann } *: from time to time*
rund herum: *round and round*

Fragen

1. Was mußte der Junge machen, bevor er hinunterrutschen konnte?
2. Wann konnte er hinunterrutschen?
3. Was mußte das Mädchen machen, bevor sie hin- und herschaukeln konnte?
4. Wann konnte sie hin- und herschaukeln?
5. Was mußten der Junge und das Mädchen machen, bevor sie hinauf- und hinabwippen konnten?
6. Wann konnten sie hinauf- und hinunterwippen?
7. Was mußte der Junge machen, bevor er das Karussell anschieben konnte?
8. Wann konnte er das Karussell anscheiben?

Aufgabe

Beschreibe das Bild auf Seite 134!

Lektion 22

Flugreise nach Hamburg

A.

Beim Abfertigungschalter

Manchmal muß Erich wegen seiner Arbeit mit Computern überall in Europa umherreisen. Dann fliegt er gewöhnlich mit dem Flugzeug. Jedesmal geschieht folgendes:

Aktionsreihe

Vor der Reise läßt er ein Ticket von einer Sekretärin buchen.
Am Tage der Reise nimmt er ein Taxi zum Flughafen.
Er geht mit seinem Gepäck in die Eingangshalle.
Er muß seinen Koffer auf eine Waage stellen.
(Er läßt seinen Koffer wiegen.)
Er gibt seinen Koffer auf.
Er muß einer Ground-Hosteß sein Ticket vorzeigen.
Sie prüft seinen Namen auf einer Liste.
Er muß eine Zeit lang warten.
Entweder geht er direkt zum Flugzeug, oder ein Bus bringt ihn dahin.
Das Flugzeug wartet schon startbereit auf der Rollbahn.
Eine Stewardeß steht auf der Gangway.
Sie begrüßt die Fluggäste.

Erich betritt das Flugzeug.
Er setzt sich auf einen Platz.
Er schnallt sich an.
Das Flugzeug startet und rast die Rollbahn entlang.
Es fliegt ab.
Erich schnallt sich ab.
Der Pilot (Kapitän) spricht zu den Fluggästen.
Das Flugzeug kommt am Ziel an.
Es landet auf der Rollbahn.

Fragen

1. Löst Erich sein Ticket persönlich?
2. Womit fährt er zum Flughafen?
3. Was muß Erich mit seinem Koffer am Flughafen machen? (2 Beispiele)
4. Was muß er mit seinem Ticket machen?
5. Womit fährt er direkt ans Flugzeug?
6. Wo ist das Flugzeug?
7. Warum steht die Stewardeß auf der Gangway?
8. Was macht Erich mit seinem Sicherheitsgurt, nachdem er sich gesetzt hat?
9. Was macht das Flugzeug, nachdem es die Rollbahn entlanggerast ist?
10. Was macht Erich mit seinem Sicherheitsgurt, nachdem das Flugzeug abgehoben ist?
11. Was ist ein Pilot?
12. Zu wem spricht der Pilot?
13. Wann landet das Flugzeug?
14. Wo landet das Flugzeug?

Merke!

Erich läßt ein Ticket von einer Sekretärin buchen.	*He gets his secretary to book him a ticket.*
Sein Chef läßt einen Brief tippen.	*His boss gets (has) a letter typed.*
Sein Wagen ist nicht in Ordnung.	*His car has gone wrong.*
Er muß ihn reparieren lassen.	*He has to get it repaired.*

Fragen

Beispiel: Erichs Wagen ist nicht in Ordnung. Was muß er machen?
Er muß *ihn* reparieren lassen.

1. Frau Maiers Staubsauger ist nicht in Ordnung. Was muß sie machen?
2. Rainers Fotoapparat ist nicht in Ordnung. Was muß er machen?
3. Herrn Maiers Brille ist nicht in Ordnung. Was muß er machen?
4. Inges Uhr ist nicht in Ordnung. Was muß sie machen?
5. Erichs elektrischer Rasierer ist nicht in Ordnung. Was muß er machen?
6. Marias Kassettenrecorder ist nicht in Ordnung. Was muß sie machen?
7. Onkel Willis Fernseher ist nicht in Ordnung. Was muß er machen?
8. Frau Ebners Waschmaschine ist nicht in Ordnung. Was muß sie machen?

B. Dialog

Lufthansa B727

Anfang Mai fliegen Erich und Inge nach Hamburg, um eine
Woche bei Erichs Eltern zu verbringen. Der Flug ist voller
Zwischenfälle, und das Flugzeug kommt mit fast vier Stunden
Verspätung an. Jetzt sitzen sie im Wagen der Eltern, die zum
Flughafen gefahren sind, um sie abzuholen. Sie erzählen Herrn
und Frau Becker, warum sie so spät angekommen sind.

Erich   Puh! So eine Reise möchte ich doch nicht
wieder machen. Heute morgen hat uns das Taxi in
München rechtzeitig zum Flughafen gebracht. Zuerst ist
alles gut gegangen. Wie gewöhnlich haben wir unser
Gepäck aufgegeben und die Tickets zeigen müssen, bevor
der Bus uns direkt ans Flugzeug brachte. Die Stewardeß
hat uns begrüßt und unsere Namen auf ihrer Liste
geprüft. Anschließend haben wir uns im Flugzeug
hingesetzt, uns angeschnallt und uns gemütlich
zurückgelehnt, um auf den Abflug zu warten. Bis
dahin war alles ganz normal verlaufen.

Inge   Aber, stellt euch mal vor, was dann geschah! Eine sehr
alte Dame, die neben uns saß, wurde plötzlich
ohnmächtig. Wir wußten, daß es ihr erster Flug war,
und daß sie Angst hatte. Wir meinten also, daß sie
wegen des lauten Motorengeräusches und des

Schüttelns im Flugzeug ohnmächtig geworden war. Die Stewardeß eilte schnell auf sie zu und teilte dann dem Flugkapitän mit, was geschehen war. Der hat dann gleich per Funk um Hilfe gebeten. Einige Minuten später kam ein Krankenwagen. Als man die alte Dame gerade aus dem Flugzeug in den Krankenwagen getragen hatte, zog ein heftiges Gewitter auf.

Erich So kam es also, daß wir mit etwa 20 Minuten Verspätung abflogen.

Herr B. Hättet ihr aber dann nicht nur zwanzig Minuten Verspätung haben sollen statt (*er blickt auf seine Armbanduhr*) fast vier Stunden?

Erich Ja, eigentlich schon. Aber wir haben euch ja noch nicht die ganze Geschichte erzählt.

Inge Also, schließlich flog die Maschine ab. Das Gewitter wurde immer schlimmer und der Regen immer stärker. Wir hatten alle Angst.

Erich Ja, und dann geschah es. Ein Blitz schlug in einen der Motoren ein, der sofort in Brand geriet. Der Kapitän hat jedoch fabelhaft reagiert und ist sofort nach München zurückgekehrt, wo er ganz sicher auf der Rollbahn landete. Der Feuerwehrwagen kam schnell, und die Feuerwehrleute haben den Brand bald gelöscht. Glücklicherweise war die Sache nicht sehr ernst – das Schlimmste daran war, daß wir noch drei Stunden auf ein anderes Flugzeug warten mußten.

Frau B. Ach, ihr Armen. Vati und ich haben schon Angst gehabt, daß etwas noch Schrecklicheres geschehen war. Macht aber nichts. Ich bin jedenfalls sehr froh und sehr erleichtert, daß ihr beide heil und sicher hier angekommen seid!

Inge Hoffentlich geht's der alten Dame inzwischen wieder besser, aber das werden wir wahrscheinlich nie erfahren.

Merke!

Sie hätten früher ankommen sollen.	*They should have arrived earlier.*
Sie hätten mit einem anderen Flugzeug fliegen sollen.	*They should have flown in a different plane.*

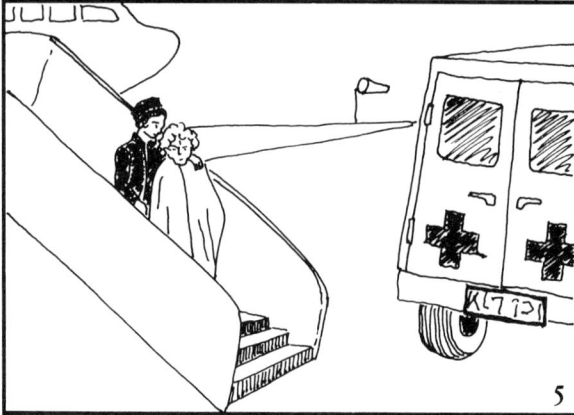

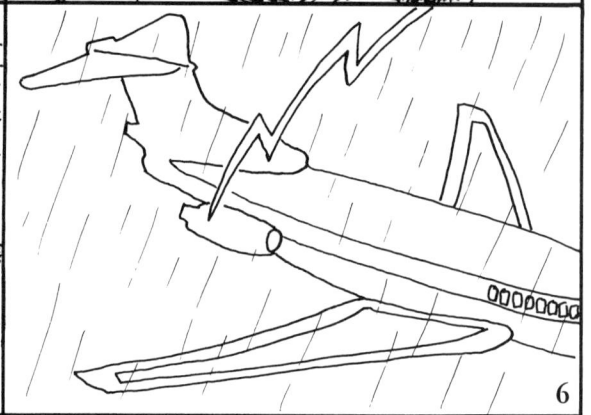

Aktionsreihe

Kurz vor dem Abflug wurde eine alte Dame plötzlich in ihrem
Sitz ohnmächtig.
Die Stewardeß eilte auf sie zu.
Sie teilte dem Flugkapitän mit, was geschehen war.
Der Kapitän sprach per Funk mit der Bodenkontrolle und bat
um Hilfe.
Ein Krankenwagen kam.
Man trug die alte Dame aus dem Flugzeug in den Kranken-
wagen.
Ein heftiges Gewitter zog auf.
Das Flugzeug flog ab.
Das Gewitter wurde immer stärker.
Ein Blitz schlug in einen der Motoren ein.
Der Motor geriet in Brand.
Die Fluggäste hatten alle Angst.
Der Kapitän reagierte fabelhaft.
Er kehrte zum Münchener Flughafen zurück.
Er landete sicher auf der Rollbahn.
Ein Feuerwehrwagen kam.
Die Feuerwehrleute löschten schnell den Brand.
Die Fluggäste mußten fast drei Stunden auf ein anderes
Flugzeug warten.

Fragen

1. Was geschah mit der alten Dame, als das Flugzeug gerade starten
   wollte?
2. Wie oft war die Dame schon mit dem Flugzeug gefahren?
3. War es ganz ruhig im Flugzeug, als es die Rollbahn entlang raste?
4. Warum eilte die Stewardeß auf die alte Dame zu?
5. Was machte die Stewardeß, nachdem sie festgestellt hatte, was
   geschehen war?
6. Was machte der Flugkapitän, nachdem die Stewardeß ihm
   mitgeteilt hatte, was geschehen war?
7. Blieb die alte Dame im Flugzeug?
8. Wann wurde das Gewitter immer heftiger?
9. Hörte es kurz nach dem Abflug auf zu regnen?
10. Wo schlug der Blitz ein?
11. Was geschah wegen des Blitzes?
12. Wie reagierte der Flugkapitän?
13. Flog er weiter nach Hamburg?
14. Warum kam der Feuerwehrwagen?
15. Dauerte es lange, bevor die Feuerwehrleute den Brand löschten?
16. Konnten die Fluggäste gleich darauf nach Hamburg weiter-
    fliegen?

Merke!

The **conditional perfect** tense is a combination of the conditional and perfect tenses. (cf. §27, page 190).

(a) It is formed from **würde** + past participle + either **haben** or **sein**.
Inge würde einen neuen Mantel gekauft haben.: *Inge would have bought a new coat.*
Erich würde nach Griechenland gefahren sein.: *Erich would have gone to Greece.*

You should be able to recognize these forms if you meet them. In practice, however, modern German prefers to use shorter forms. We saw in Lektion 14, (page 95, note c) that:
würde haben = hätte
würde sein = wäre
You are, therefore, more likely to meet (cf. 27, page 190):
Sie hätte ihn gekauft.: *She would have bought it.*
Er wäre nach Griechenland gefahren.: *He would have gone to Greece.*

(b) We also saw in Lektion 14 that conditional sentences frequently consist of two parts—the condition and the result, and that either part may come first. This also applies to sentences with the conditional perfect tense:

condition	result
Wenn die Dame nicht ohnmächtig geworden wäre, so wäre die Stewardeß nicht auf sie zugeeilt.: *If the lady hadn't fainted, (then) the stewardess wouldn't have hurried up to her.*	

result	condition
Die Stewardeß wäre nicht auf die Dame zugeeilt, wenn sie nicht ohnmächtig geworden wäre.: *The stewardess wouldn't have hurried up to the lady, if she hadn't fainted.*	

(c) **Wenn** may be omitted and the subject and verb inverted instead (cf. also page 95, note e.)
Wäre die Dame nicht ohnmächtig geworden, so wäre die Stewardeß nicht auf sie zugeeilt.: *If the lady hadn't fainted, (then) the stewardess wouldn't have hurried up to her.*

Aufgaben

The following sentences are based on the *Aktionsreihe* on page 145. They are all answers to the question: Was wäre geschehen, wäre die alte Dame nicht ohnmächtig geworden? *(What would have happened if the old lady hadn't fainted?)*

1. Wäre die alte Dame nicht ohnmächtig geworden, so wäre die Stewardeß nicht auf sie zugeeilt.
2. Wäre sie nicht auf sie zugeeilt, so hätte sie nicht festgestellt, was geschehen war.
3. Hätte sie nicht festgestellt, was geschehen war, so hätte sie dem Piloten nicht mitgeteilt, daß die alte Dame ohnmächtig geworden war.
4. Hätte der Pilot nicht gewußt, daß die Dame krank war, so hätte er nicht mit der Bodenkontrolle gesprochen. (. . . so hätte er nicht um Hilfe gebeten.)
5. Hätte er nicht um Hilfe gebeten, so wäre der Krankenwagen nicht gekommen.
6. Wäre der Krankenwagen nicht gekommen, so hätte man die Dame nicht so bald aus dem Flugzeug getragen.
7. Hätte man die Dame nicht so schnell aus dem Flugzeug getragen, so wäre das Flugzeug mit noch mehr als zwanzig Minuten Verspätung abgeflogen.
8. Wäre das Flugzeug rechtzeitig abgeflogen, so hätte der Blitz nicht in einen der Motoren eingeschlagen.
9. Hätte der Blitz nicht in diesen Motor eingeschlagen, so wäre er nicht in Brand geraten.
10. Wäre der Motor nicht in Brand geraten, so wäre der Pilot nicht zum Münchener Flughafen zurückgekehrt.

I   Translate the sentences above into English.

II   Rewrite at least five of the sentences, beginning each one with **wenn**:

Beispiel: Wäre die Dame nicht ohnmächtig geworden,
Wenn die Dame nicht ohnmächtig geworden wäre,
} so wäre die Stewardeß nicht auf sie zugeeilt.

Merke!

(a) unter welchen Umständen?: *in what circumstances?*

(b) When the conditional perfect tense is used with a modal verb, the infinitive form of the modal verb replaces the past participle:
Sie hätte ihre Platte hören können.: *She could have listened to her record*
  (i.e. would have been able to listen to . . .)
Er hätte den Brief schreiben sollen.: *He ought to have written the letter.*

C. Situationen

1. Rainer hatte in einer Gaststätte gearbeitet.
   Er hat Renate dort kennengelernt.
2. Erich und Rainer hatten Karten für ein Europapokalspiel gekauft.
   Sie haben sich das Spiel angesehen.
3. Peter hatte Geld gespart.
   Er hat sich einen Kassettenrecorder gekauft.
4. Rainer hatte fleißig gearbeitet.
   Er hat sein Examen bestanden.
5. Frau Maier hatte keinen Regenschirm mit.
   Sie ist naß geworden.
6. Maria war sehr durstig.
   Sie hat eine Flasche Cola getrunken.
7. Inge hatte sich gelangweilt.
   Sie hat ferngesehen.
8. Herr Maier war rechtzeitig auf dem Bahnhof angekommen.
   Er hat den Zug erreicht.
9. Renate hatte eine Telefonzelle gefunden.
   Sie hat Rainer angerufen.
10. Inge hatte keinen Kamm mit.
    Sie hat sich das Haar nicht gekämmt.

Fragen

Answer the following questions, basing your answers on the mini-situations above. Use the conditional perfect tense in your answers and begin each answer with **wenn**.

Beispiel: Renate hatte einen Plattenspieler. Sie konnte ihre neue Platte hören.
Q: Unter welchen Umständen hätte Renate die Platte nicht gehört?
A: Wenn sie keinen Plattenspieler gehabt hätte.

1. Unter welchen Umständen hätte Rainer Renate nicht kennengelernt?
2. Unter welchen Umständen hätten sich Erich und Rainer das Europapokalspiel nicht angesehen?
3. Unter welchen Umständen hätte sich Peter den Kassettenrecorder nicht gekauft?
4. Unter welchen Umständen hätte Rainer sein Examen nicht bestanden?
5. Unter welchen Umständen wäre Frau Maier nicht naß geworden?
6. Unter welchen Umständen hätte Maria die Flasche Cola nicht getraunken?
7. Unter welchen Umständen hätte Inge nicht ferngesehen?
8. Unter welchen Umständen hätte Herr Maier den Zug nicht erreicht?
9. Unter welchen Umständen hätte Renate Rainer nicht angerufen?
10. Unter welchen Umständen hatte sich Inge das Haar gekämmt?

Lektion 23
Aufenthalt in Hamburg (I)

Hamburg: die Außenalster

A.

Erich und Inge verbrachten eine interessante und angenehme Woche in Hamburg. Sie gingen ins Theater und ins Kino, sie hörten sich ein schönes Konzert an, sie besuchten Freunde, und sie spielten Tennis. Am dritten Tag ihres Aufenthaltes jedoch rief Erichs Bruder an, der auch in Hamburg wohnte. Sein Schwiegervater war plötzlich sehr krank geworden, und er wollte mit seiner Frau nach Bonn fahren, um ihn zu besuchen. Leider war es unmöglich, seine zwei Kinder, Ulla und Jürgen mitzunehmen, aber er konnte es einrichten, sie einige Tage bei seinen Eltern zu lassen. Ulla war zehn Jahre alt, und ihr Bruder war zwei Jahre jünger. Um Herrn und Frau Becker zu helfen, kümmerten Erich und Inge sich um die Kinder an zwei Nachmittagen. Obwohl sie zuerst wirklich keine Lust dazu hatten, amüsierten sie sich trotzdem.

Fragen

1. Wo sahen Erich und Inge ein Schauspiel?
2. Wo sahen sie einen Film?
3. Wo hörten sie sich ein Konzert an?
4. Wessen Vater war plötzlich krank geworden?
5. Wohin wollte Erichs Bruder fahren und warum?
6. Was wollte er mit seinen Kindern machen?
7. Wie alt war Jürgen?
8. War Ulla jünger als ihr Bruder?
9. Wie oft kümmerten sich Inge und Erich um die Kinder?
10. Freuten sie sich darauf, sich um die Kinder zu kümmern?

B. Die Hafenrundfahrt

Am ersten Nachmittag beschlossen Erich und Inge, eine Hafenrundfahrt mit den Kindern zu machen. Gleich nach dem Mittagessen borgte Erich den V.W. seiner Mutter, und sie fuhren direkt bis zum Hafen. Glücklicherweise fanden sie ein Parkhochhaus in der Nähe der Landungsbrücken, und stellten dort den Wagen ab. Einige Minuten später gingen sie auf einen Dampfer, und die Rundfahrt begann. Möwen kreisten und schrien über dem Wasser und folgten dem Dampfer während er durch den Hafen fuhr. Sie sahen viele große Überseeschiffe die man mit Hilfe hoher Kräne belud, und die Kinder interessierten sich besonders für die vielen, verschiedenen, bunten Fahnen der Schiffe. Sie wollten immer wieder wissen, aus welchen Ländern sie stammten. Die riesigen Lagerhäuser, Schuppen, Docks und Werften fielen ihnen auch auf. Leider dauerte die Fahrt nicht lange, und nach etwa vierzig Minuten mußten sie den Dampfer verlassen.

Zuerst wollten die Kinder am Hafen bleiben, aber dann schlug Erich vor, lieber Kuchen essen zu gehen. Inge blieb bei den Kindern, damit die die Schiffe ein bißchen länger betrachten konnten, während Erich den Wagen holte. Sie fuhren dann zur Binnenalster, wo sie Kuchen aßen und Colas auf der Terrasse eines Cafés tranken. Danach, um etwa 4.30 Uhr, machten sie einen kurzen Spaziergang an den großen Hotels und eleganten Restaurants vorbei, weil die Kinder sich die Segelboote näher ansehen wollten, die sich im leichten Wind auf der Alster bewegten. Eine halbe Stunde später fuhren sie wieder nach Hause.

Fragen

1. Was ist eine Hafenrundfahrt?
2. Wann fuhren Erich und Inge mit den Kindern ab?
3. Mit wessen Wagen fuhr Erich?
4. Wo parkte Erich den Wagen?
5. Was machten die Möwen?
6. Was ist ein Überseeschiff?
7. Was benutzte man, um die Überseeschiffe zu beladen?
8. Was für Gebäude sahen sie am Hafen?
9. Wo findet man eine Fahne auf einem Schiff?
10. Warum interessierten sich die Kinder für die Fahnen?
11. Wie lange dauerte die Rundfahrt?
12. Was machten Inge und die Kinder, während Erich den Wagen holte?
13. Fuhren sie gleich nach Hause?
14. Warum gingen sie zum Café?
15. Was für Hotels und was für Restaurants gab es in der Nähe des Cafés?
16. Um wieviel Uhr fuhren sie wieder nach Hause?

Lektion 24

Aufenthalt in Hamburg (II)

Am zweiten Nachmittag besuchten Erich, Inge und die Kinder
den Zoo. Hier ist ein Plan des Zoos, den sie besuchten:

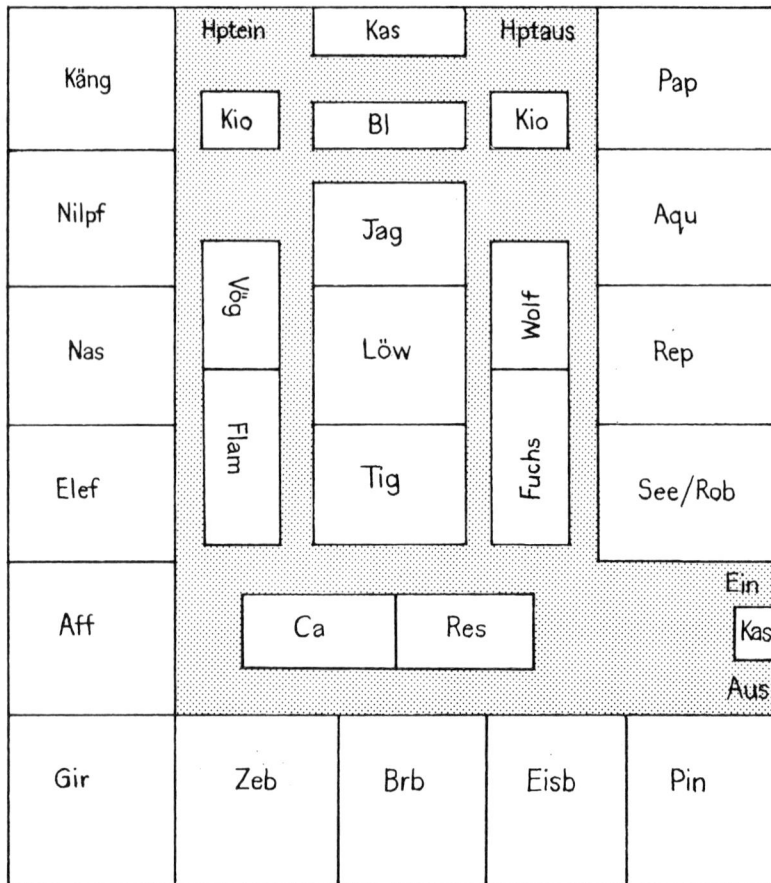

Käng	Hptein	Kas	Hptaus	Pap
	Kio	Bl	Kio	
Nilpf		Jag		Aqu
	Vög		Wolf	
Nas		Löw		Rep
	Flam		Fuchs	
Elef		Tig		See/Rob
				Ein
Aff	Ca	Res		Kas
				Aus
Gir	Zeb	Brb	Eisb	Pin

Hptein	– der Haupteingang (¨e)	*main entrance*
Ein	– der Eingang (¨e)	*entrance*
Hptaus	– der Hauptausgang (¨e)	*main exit*
Aus	– der Ausgang (¨e)	*exit*
Kas	– die Kasse (–n)	*(here) ticket office*
Kio	– der Kiosk (–e)	*kiosk*
Ca	– das Café (–s)	*café*
Res	– das Restaurant (–s)	*restaurant*
Bl	– das Blumenbeet (–e)	*flower bed*
Pap	– der Papagei (–en)	*parrot*
Aqu	– das Aquarium (Aquarien)	*aquarium*
Rep	– das Reptilienhaus (¨er)	*reptile house*
See	– der Seelöwe (–n) [wk. masc.]	*sea lion*
Rob	– die Robbe (–n)	*seal*
Pin	– der Pinguin (–e)	*penguin*
Eisb	– der Eisbär (–en) [wk. masc.]	*polar bear*
Brb	– der Braunbär (–en) [wk. masc.]	*brown bear*
Zeb	– das Zebra (–s)	*zebra*
Gir	– die Giraffe (–n)	*giraffe*
Aff	– der Affe (–n) [wk. masc.]	*monkey*
Elef	– der Elefant (–en) [wk. masc.]	*elephant*
Nas	– das Nashorn (¨er)	*rhinoceros*
Nilpf	– das Nilpferd (–e)	*hippopotamus*
Käng	– das Känguruh (–s)	*kangaroo*
Wolf	– der Wolf (¨e)	*wolf*
Fuchs	– der Fuchs (¨e)	*fox*
Flam	– der Flamingo (–s)	*flamingo*
Vög	– der Vogel (¨)	*bird*
Jag	– der Jaguar (–s)	*jaguar*
Löw	– der Löwe (–n) [wk. masc.]	*lion*
Tig	– der Tiger (–)	*tiger*

Merke!

Im Aquarium findet man allerlei tropische Fische. : *In the aquarium you can find all sorts of tropical fish.*

Im Reptilienhaus findet man Schlangen, Krokodile und Alligatoren. : *In the reptile house you can find snakes, crocodiles and alligators.*

Im Vogelhaus findet man Papageien, Adler, Habichte, Krähen, Raben usw. : *In the aviary you can find parrots, eagles, hawks, crows, ravens etc.*

Fragen

I   Folge dem Plan auf Seite 152!
    Benutze **neben**, **zwischen**, **vor** oder **gegenüber** in deinen
    Antworten!
    Beispiel: Wo sind die Löwen? Sie sind zwischen den Jaguars und den
              Tigern.

1. Wo sind die Känguruhs?   5. Wo sind die Affen?
2. Wo sind die Zebras?   6. Wo sind die Nilpferde?
3. Wo ist das Blumenbeet?   7. Wo ist das Reptilienhaus?
4. Wo ist das Restaurant?   8. Wo sind die Elefanten?

Merke!

Remember that weak masculine nouns add **–n** or **–en** in the accusative, genitive and dative
singular as well as the plural (cf. §37, page 195).
    Das ist ein Affe (*nom.*).: *That's a monkey.*
    Ich sehe einen Affe**n** (*acc.*).: *I can see a monkey.*
    Der Schwanz des Affe**n** (*gen.*) is lang.: *The monkey's tail is long.*
    Der Junge spielt mit dem Affe**n** (*dat.*).: *The boy is playing with the monkey.*

II   Was für Tiere siehst du, und wo sind sie (a - l)?
     Beispiel: (a) Ich sehe ein Krokodil. Es ist neben dem Pinguin.

B. Einfache Tierbeschreibungen

(i) **Ein Elefant** ist ein großes, graues Tier. Er hat große Ohren, einen kurzen Schwanz, zwei große Stoßzähne und einen langen Rüssel. Er geht auf vier Beinen.

(ii) **Ein Bär** ist ein großes Tier aber nicht so groß wie ein Elefant. Er ist gewöhnlich braun, schwarz oder weiß. Er hat ein sehr dickes Fell, eine Schnauze, vier Tatzen und scharfe Krallen. Er ist sehr stark. Er geht auf vier Beinen, kann aber auch auf zwei Beinen stehen.

(iii) **Eine Giraffe** ist ein großes Tier mit einem langen Hals, sehr langen Beinen, einem kurzen Schwanz und verhältnismäßig kleinen Ohren. Sie ist braun und gelb gefleckt.

(iv) **Ein Löwe** ist ein großes, kräftiges, gelbbraunes, bösartiges Raubtier mit einem langen Schwanz und einer dunklen Mähne. Er hat einen verhältnismäßig großen Kopf.

(v) **Eine Maus** ist ein kleines Tier mit einer spitzen Schnauze und einem ziemlich langen Schwanz. Sie hat ganz kurze Beine und kleine Ohren. Sie hat auch Barthaare an beiden Seiten der Schnauze.

Merke!

Ein Hund wedelt mit dem Schwanz.: *A dog wags its tail.*

Fragen

I   1. Was für eine Mähne hat ein Löwe?
2. Was für einen Rüssel hat ein Elefant?
3. Was für einen Hals hat eine Giraffe?
4. Was für ein Fell hat ein Bär?
5. Was für einen Schwanz hat ein Löwe?
6. Was für eine Schnauze hat eine Maus?
7. Was für Ohren hat eine Giraffe?
8. Was für Beine hat eine Giraffe?
9. Was für Beine hat eine Schlange?
10. Was für Barthaare hat eine Maus?
11. Was für ein Maul hat ein Nilpferd?
12. Was für einen Schnabel hat ein Pelikan?

II   1. Nenne fünf Vögel!
2. Nenne drei Reptilien!

C. Einige Tierlaute

Im Zoo

Ein Elefant trompetet.
Ein Bär brummt.
Ein Affe schreit.
Ein Wolf heult.
Eine Schlange zischt.
Ein Löwe brüllt.
Ein Ziege meckert.

Auf dem Bauernhof und zu Hause

Eine Kuh muht.
Ein Pferd wiehert.
Ein Huhn gackert.
Eine Ente schnattert.
Ein Hund bellt.
Eine Katze miaut.

Fragen

Ergänze die folgenden Sätze:
Beispiel: Sie hörten die Löwen ...

Sie hörten die Löwen brüllen.

1. Er hörte den Hund ...
2. Wir hörten die Katze ...
3. Sie hörten die Hühner ... und die Enten ...
4. Sie hörten die Wölfe ...
5. Sie hörten die Kühe ... und die Pferde ...

D. Einige Unterschiede zwischen Menschen und Tieren

(i)   Ein Mensch hat einen Mund. Ein Tier hat ein Maul oder eine Schnauze.

(ii)   Ein Vogel hat einen Schnabel. Ein Elefant hat einen Rüssel.

(iii)   Menschen und Tiere haben Beine und Ohren.

(iv)   Menschen haben Hände und Füße. Einige Tiere haben Tatzen und Klauen.

(v)   Menschen haben Nägel. Einige Tiere haben Krallen.

(vi)   Menschen und Tiere haben Zähne. Ein Elefant hat auch zwei Stoßzähne.

(vii)   Die meisten Tiere haben hinten einen Schwanz. Ein Mensch hat keinen Schwanz.

(viii)   Menschen essen. Tiere fressen.

(ix)   Menschen trinken. Tiere saufen.

(x)   Menschen gehen, Vögel fliegen, Fische schwimmen, Känguruhs springen und Schlangen kriechen.

Merke!

(a) **statt** is a conjunction used with **zu** + an infinitive (instead of –ing)
statt zu essen: *instead of eating*

(b) **statt** is also a preposition + the genitive:
statt eines Mundes: *instead of a mouth*

Fragen

1. Was hat ein Tier statt eines Mundes?
2. Was haben die meisten Tiere statt Hände und Füße?
3. Was hat ein Tier statt Nägel?
4. Was macht ein Tier statt zu essen?
5. Was macht ein Tier statt zu trinken?

E. Der Zoobesuch

Erich, Inge und die Kinder amüsierten sich im Zoo. Am besten gefielen ihnen die Affen, die sie stundenlang hätten beobachten können, da ihre Faxen und Grimassen so komisch waren. Unglücklicherweise kamen sie zu spät, um die Kaffeetafel der Schimpansen noch sehen zu können. Die Löwen und Tiger schliefen, gähnten, streckten sich oder gingen langsam in den Käfigen auf und ab. Sie benahmen sich ganz anders als ihre Brüder im Dschungel.

Als sie zu den Braunbären kamen, war es gerade Fütterungszeit, und der Wächter war eben dabei, ihnen rohes Fleisch zuzuwerfen. Das hatten die Kinder nicht gern. Dann sahen sie sich die Elefanten an. Einer von ihnen wusch sich gerade, indem er Wasser aus seinem Rüssel spritzte. Viele Menschen drängten sich um die Pinguine, die wie komische alte Nonnen auf und ab watschelten, und um die Seelöwen und Robben, die die Fische mit dem Maul fingen, die der Wärter ihnen zuwarf.

Die Nashörner und Nilpferde taten ihnen jedoch sehr leid, weil sie so häßlich waren und so traurig aussahen. Die Flamingos und Papageien gefielen ihnen gut, da sie so prächtig gefärbt waren, aber die Schlangen, Krokodile und Alligatoren hatten sie gar nicht gern. Obwohl diese alle so schläfrig aussahen, schienen sie trotzdem sehr gefährlich zu sein. Schließlich sahen sie sich die Känguruhs an. Eins von ihnen hatte sogar ein Junges im Beutel, und das fanden die Kinder sehr niedlich. Dann war es Zeit heimzugehen.

Fragen

1. Welche Tiere gefielen Erich, Inge und den Kindern am besten?
2. Gefiel ihnen die Kaffeetafel der Schimpansen?
3. Was machten die Löwen und Tiger?
4. Warf der Wächter den Braunbären Fische und den Seelöwen und Robben Fleisch zu?
5. Was machte der Elefant, um sich zu waschen?
6. Fanden sie die Nilpferde und Nashörner schön?
7. Warum gefielen ihnen die Flamingos und Papageien?
8. Sahen die Schlangen, Krokodile und Alligatoren freundlich aus?
9. Wie war das Känguruh, das im Beutel war?
10. Gingen sie nach Hause, nachdem sie die Pinguine gesehen hatten?

Aufgabe

Schreibe einen Aufsatz über das Thema: „Ein Besuch im Zoo"!

F. Beim Fotohändler

Die Woche in Hamburg ist fast vorbei. Inge und Erich gehen jetzt zum Fotohändler, um die Fotos abzuholen, die sie während ihres Aufenthaltes aufgenommen haben.

Dialog

Inge	Vorsicht, Erich! Da kommt ein Wagen . . . Gut, wir können jetzt 'rüberlaufen.
Erich	Ob die Fotos wohl fertig sind?
Inge	Der Fotohändler hat gesagt, sie wären heute bis Mittag fertig.
Erich	Na gut. Gehen wir mal 'rein.
Fotohändler	Guten Tag. Was darf es sein?
Inge	Sind die Fotos für Maier schon fertig?
Fotohändler	Ein Moment mal. Ich werde nachschauen. Also . . . . Kessler, Lembke, . . . Maier, Ja. Da haben wir sie. Waren das zwei Pakete?
Inge	Ja. Das war einmal ein Schwarzweiß- und einmal ein Farbfilm. Ich wollte einen Abzug von jeder gelungenen Aufnahme haben. Darf ich mal sehen?
Fotohändler	Bitte schön.
Inge	(*Sie lacht*) Ach ja. Schau' mal her, Erich. Sie scheinen ganz gut zu sein . . . . Also, danke. Was macht das?
Fotohändler	Darf ich die Pakete einen Augenblick wieder haben? Zusammen macht das . . . 35, –DM . . . Danke schön. Ja, das stimmt genau. Auf Wiedersehen, die Herrschaften.
Erich und Inge	Auf Wiedersehen. . . .
Erich	Sollen wir Kaffee trinken gehen, Inge? Dann können wir uns die Bilder in Ruhe ansehen.
Inge	'Ne gute Idee . . . .
	(*Im Café*)
Erich	Laß mich mal die Bilder sehen, Inge. Komisch, nicht? Es war doch schön, daß wir die Kinder mithatten. Alleine wären wir sicher nicht in den Zoo gegangen, und wir hätten wohl auch keine Hafenrundfahrt gemacht. Oder?
Inge	Ja, das stimmt, aber zuerst hatte ich Angst, die Kinder würden unsere paar Tage hier in Hamburg verderben. Aber ganz im Gegenteil. Wir konnten trotzdem zu zweit ausgehen, und die Nachmittage, die wir mit den Kindern verbracht haben, haben wirklich Spaß gemacht.

Erich	Übrigens, ich hab' vergessen, dir zu sagen, daß mein Bruder gestern abend angerufen hat. Seinem Schwiegervater geht's jetzt viel besser, und er war froh, daß er nach Bonn fahren konnte . . . Das ist ja ein lustiges Bild. Wer von den zweien ist der Affe? (*Er lacht.*) Ach ja, du stehst *vor* dem Käfig, nicht?
Inge	Erich, sei nicht so frech! . . . Die Bilder von den Tieren sind besonders gut, nicht? Wir müssen einige davon den Kindern schicken. Such' mal welche aus!
Erich	Mir gefällt das Foto mit Ulla und Jürgen auf dem Elefanten. Sie sehen aus, als kämen sie gerade aus Indien. Ich mag auch das Bild von den Nilpferden gern. Obwohl sie sehr häßlich sind, sehen sie doch sympathisch aus.
Inge	Und auch das Bild, das ich von dir und den Kindern aufgenommen habe, als ihr versucht habt wie Pinguine zu laufen. Ihr seht wirklich echt aus!
Erich	Sind die Bilder, die ich mit dem Blitzlicht zu Hause gemacht habe, auch 'was geworden?
Inge	Moment mal, ich suche sie . . . Ja, die sind auch nett geworden. Ja, eigentlich alle—bis auf dieses. Nur schade, daß Ulla und Jürgen dir die Zunge herausgestreckt haben. Sonst wär's wirklich gut.
Erich	Schade auch, daß wir nur einen Schwarzweißfilm für die Hafenrundfahrt hatten. Es war so ein schöner Tag, daß die Farben gut 'rausgekommen wären, aber die Bilder gefallen mir trotzdem.
Inge	Du, Mensch, wir müssen aber los. Wir müssen doch noch packen, und das Flugzeug fliegt um 16.00 Uhr.

Merke!

Vorsicht, Erich!	*Watch out, Erich! (Be careful!)*
Ob die Fotos fertig sind?	*I wonder if the photos are ready.*
Das hat wirklich Spaß gemacht.	*That was really fun.*
Sei nicht so frech!	*Don't be so cheeky!*
Sind die Bilder etwas geworden?	*Did the pictures turn out all right?*

Lektion 25

Das Porträt

A.

Renate und Inge sitzen in Renates Zimmer und hören Schall-
platten. Am Abend wollen sie ausgehen. Inge ist dabei, ihre
Fingernägel zu lackieren. Renate hat sich eben die Haare
gewaschen, und während sie es mit ihrem Fön trocknet, liest
sie die Zeitung. Plötzlich fährt sie auf.

Renate: Inge, weißt du was? Gestern sind Diebe ins Kunstmuseum
eingebrochen und haben das Porträt des Herzogs von
Misthaufen gestohlen. Es ist wohl das wertvollste Porträt im
Museum. Rainer und ich haben es erst letztes Wochenende
gesehen. Hör' mal zu!
(*Sie liest den Zeitungsbericht vor.*) . . .

DPA/München den 8. Juni.
Wie der Polizeibericht meldet, ist in der gestrigen Nacht von
Dieben ein wertvolles Porträt aus dem Kunstmuseum gestohlen
worden. Der Verlust wurde von der aufmerksamen Putzfrau
Friede Mickelmann (59) entdeckt, als sie gerade an die Arbeit
gehen wollte. Trotz angestrengter Bemühungen ist es der Polizei
noch nicht gelungen, festzustellen, wie die Diebe in das Gebäude
gekommen sind, und wohin sie das Porträt gebracht haben. Das
Porträt des Herzogs von Misthaufen ist nun schon das fünfte
wertvolle Porträt, das in letzter Zeit aus deutschen Museen
gestohlen worden ist. Dieses Porträt hat schon eine besonders
stürmische Vergangenheit hinter sich. Es wurde von dem
berühmten holländischen Maler, van de Blonk, im Jahre 1666
gemalt, der es einem reichen, deutschen Edelmann verkaufte.
Kurz nachdem dieser das Porträt in sein großes Landhaus in
Norddeutschland gebracht hatte, wurde das Haus von einem
Blitz getroffen und durch einen Brand völlig zerstört. Man hat
lange Zeit vermutet, daß dabei auch das Porträt zerstört worden
wäre, bis es zweihundert Jahre später in der Mansarde eines alten
Hauses entdeckt wurde. Es bleibt eigentlich ungeklärt, wie es
dorthin kam. Man nimmt jedoch an, daß es von einem
unehrlichen Diener gestohlen wurde, der es später in der
Mansarde versteckte. Nachdem das Porträt restauriert worden
war, wurde es von dem hiesigen Kunstmuseum gekauft.

Gestern, spät abends, wurden zwei Männer in der Nähe des
Museums gesehen, und obwohl noch nicht festgestellt worden
ist, wo das Porträt jetzt ist, vermutet man, daß das Porträt von
ihnen gestohlen und wahrscheinlich ins Ausland geschmuggelt
worden ist.

Fragen

1. Sitzen Inge und Renate im Wohnzimmer?
2. Sehen sie dort fern?
3. Was wollen sie am Abend machen?
4. Was macht Inge?
5. Was hat Renate, um ihr Haar zu trocknen?
6. Was macht sie, während sie ihr Haar trocknet?
7. Was hatten die Diebe am vorigen Abend gemacht?
8. Warum brachen die Diebe ins Kunstmuseum ein?
9. Wohin waren Rainer und Renate am vorigen Wochenende gegangen?
10. Was hatten sie dort gesehen?

Merke!

The passive

1. All the verb forms you have met so far have been in what is called the *active voice* (i.e. the subject either *is* something or *does* something *to* someone or something).
   Der Dieb stiehlt das Porträt.: *The thief is stealing the portrait.*

2. In the *passive voice* the subject *has* something *done* to it *by* someone or something (the agent):
   Das Porträt wird von dem Dieb gestohlen.: *The portrait is being stolen by the thief.*

Note that the direct object of the active is the subject of the passive (**das Porträt** in the first sentence is the direct object, whereas it is the subject in the second one).

Formation

The passive is formed from the appropriate tense of **werden** + the past participle (cf.§ 32, pages 191–2)

Present: Es wird gestohlen.	*It is being stolen.*
Imperfect: Es wurde gestohlen.	*It was stolen.*
Perfect: Es ist gestohlen worden.	*It has been stolen.*
Pluperfect: Es war gestohlen worden.	*It had been stolen.*

Note that the past participle of **werden** (geworden) is shortened to **worden**.

By (the agent) is usually translated by **von** (+ the dative) for people (von dem Dieb) and **durch** (+ the accusative – i.e. by means of) for things (durch den Brand – *by fire*).

The passive can often be avoided by using the pronoun **man** with the active.
   Hier restauriert man Porträts.: *Portraits are restored here.*

B. Was geschieht hier mit dem Porträt?

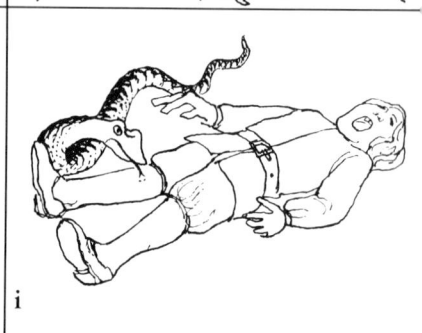

Present tense (active)	Present tense (passive)
(a) Der Maler van de Blonk malt das Porträt.	(a) Das Porträt wird von dem Maler van de Blonk gemalt.
(b) Ein Edelmann kauft es.	(b) Es wird von einem Edelmann gekauft.
(c) Der Edelmann bringt es ins Landhaus.	(c) Es wird von dem Edelmann ins Landhaus gebracht.
(d) Ein Blitz trifft das Landhaus.	(d) Das Landhaus wird von einem Blitz getroffen.
(e) Der Brand zerstört das Haus völlig.	(e) Das Haus wird durch den Brand völlig zerstört.
(f) Der Diener rettet das Porträt.	(f) Das Porträt wird von dem Diener gerettet.
(g) Der Diener versteckt das Porträt in der Mansarde eines Hauses.	(g) Das Porträt wird von dem Diener in der Mansarde eines Hauses versteckt.
(h) Sein Herr nimmt den Diener nach Afrika mit.	(h) Der Diener wird von seinem Herrn nach Afrika mitgenommen.
(i) Eine Giftschlange beißt den Diener, und dadurch stirbt er.	(i) Der Diener wird von einer Giftschlange in Afrika gebissen und wird dadurch getötet.
(j) Ein Geschäftsmann entdeckt das Porträt wieder. Er erkennt es als einen echten van de Blonk.	(j) Das Porträt wird von einem Geschäftsmann wiederentdeckt. Es wird von ihm als ein echter van de Blonk erkannt.
(k) Ein Kunstexpert restauriert das Porträt.	(k) Das Porträt wird von einem Kunstexperten restauriert.
(l) Diebe stehlen das Porträt.	(l) Das Porträt wird von Dieben gestohlen.
(m) Diebe schmuggeln das Porträt ins Ausland.	(m) Das Porträt wird von den Dieben ins Ausland geschmuggelt.

Merke!

We saw in Lektion 2 (page 12) that the present and perfect tenses may be used in the same sentence. The same applies to the passive. Watch the word order!

(a) Der Maler verkauft das Porträt, nachdem er es gemalt hat.: *The painter sells the portrait, after he has painted it.*

(b) Das Porträt wird von dem Maler verkauft, nachdem es (von ihm) gemalt worden ist.: *The portrait is sold by the painter, after it has been painted (by him).*

Aufgabe

Change the following sentences from the perfect tense (active) into the perfect tense (passive):

Beispiel: Der Maler hat das Porträt gemalt.

Das Porträt ist von dem Maler gemalt worden.

1. Ein Edelmann hat das Porträt gekauft.
2. Er hat es in sein Landhaus gebracht.
3. Ein Blitz hat das Haus getroffen.
4. Ein Brand hat das Haus zerstört.
5. Ein Diener hat das Porträt gerettet.
6. Er hat es in einer Mansarde versteckt.
7. Sein Herr hat den Diener nach Afrika genommen.
8. Eine Giftschlange hat den Diener gebissen.
9. Ein Geschäftsmann hat das Porträt entdeckt.
10. Er hat es erkannt.
11. Ein Kunstexpert hat es restauriert.
12. Diebe haben das Porträt gestohlen.

C. Die Geschichte des Porträts
Aktionsreihe

Der berühmte holländische Maler van de Blonk malte das herrliche Porträt des Herzogs von Misthaufen im Jahre 1666.

Ein Jahr später verkaufte er es einem reichen deutschen Edelmann.

Der reiche deutsche Edelmann brachte es in sein großes Landhaus in Norddeutschland.

Unglücklicherweise traf kurze Zeit später ein Blitz dieses große Haus.

Das große Haus geriet in Brand.

Der riesige Brand zerstörte das Haus völlig.

Glücklicherweise rettete ein mutiger Diener des Edelmanns das wertvolle Bild.

Leider was dieser mutige Diener unehrlich, und er brachte das Bild in das Haus seiner Eltern, statt es seinem Herrn zu geben.

Er versteckte es in der Mansarde dieses Hauses.

Er erzählte keinem Menschen von dem Bild.

Ein Jahr später, als er mit seinem Herrn in Afrika war, biß ihn eine gefährliche Giftschlange, und er starb.

Das Porträt blieb zweihundert Jahre lang versteckt in der Mansarde.

Im Jahre 1867 entdeckte ein kluger Geschäftsmann das Bild zufällig wieder.

Er erkannte es als einen echten und wertvollen van de Blonk.

Er brachte es zu einem bekannten, geschickten Kunstexperten in Hamburg.

Dieser bekannte, geschickte Kunstexperte restaurierte das Porträt. (Es war natürlich etwas schmutzig und beschädigt.)

Der kluge Geschäftsmann verkaufte das Porträt dem Kunstmuseum in München.

Dort blieb es, bis Diebe es vor kurzem stahlen.

Fragen

I   1. In welchem Jahr malte van de Blonk das Porträt?

    2. In welchem Jahr verkaufte er es?

    3. Wem verkaufte er das Porträt?

    4. Wohin brachte der Edelmann das Porträt?

    5. Wo war das Landhaus?

    6. Findet man ein Landhaus in der Stadt?

    7. Woher weißt du, daß der Diener mutig war?

    8. Woher weißt du, daß der Diener unehrlich war?

    9. Wohin brachte der Diener das Porträt?

   10. Warum starb der Diener?

   11. Was geschah im Jahre 1867?

   12. Wie lange blieb das Porträt versteckt in der Mansarde?

   13. Warum restaurierte der Kunstexperte das Porträt?

   14. Welchem Kunstmuseum verkaufte der Geschäftsmann das Porträt?

II 1. War van de Blonk ein unbekannter deutscher Maler?

    2. War der Edelmann arm?

    3. Was für ein Landhaus hatte er?

    4. Was für ein Brand zerstörte das Landhaus?

    5. War der Diener ehrlich?

    6. Was für eine Giftschlange biß den Diener?

    7. Wie war der Geschäftsmann?

    8. War das Porträt, das der Geschäftsmann in der Mansarde entdeckte, wertlos?

    9. War das Porträt immer noch sauber, als der Geschäftsmann es entdeckte?

   10. Was für ein Kunstexperte restaurierte das Porträt?

D. Was geschah mit dem Porträt?
Aktionsreihe

Im Jahre 1666 wurde ein Porträt von dem Herzog von Misthaufen von dem berühmten holländischen Maler van de Blonk gemalt.
Es wurde von einem reichen deutschen Edelmann gekauft.
Es wurde von ihm in sein großes Landhaus gebracht.

Dieses Haus wurde von einem Blitz getroffen.
Das Haus wurde durch den Brand völlig zerstört.
Das Porträt wurde jedoch von einem mutigen Diener gerettet.
Es wurde dann von ihm in der Mansarde des Hauses seiner Eltern versteckt.

Ein Jahr später wurde der Diener von seinem Herrn nach Afrika mitgenommen.
Der unehrliche Diener wurde kurz danach von einer gefährlichen Giftschlange tödlich gebissen.

Zweihundert Jahre später wurde das Porträt von einem Geschäftsmann zufällig wiederentdeckt.
Es wurde von ihm als ein echter und wertvoller van de Blonk erkannt.
Dann wurde es von ihm zu einem geschickten Kunstexperten in Hamburg gebracht.
Es wurde von dem Kunstexperten restauriert.
Bald darauf wurde das Porträt von dem Geschäftsmann an das Kunstmuseum in München verkauft.

Vor kurzem wurde das Porträt von Dieben gestohlen.
Es wurde von ihnen ins Ausland geschmuggelt.

Merke!

Note the combination of the imperfect and pluperfect tenses in the passive.

(i) Das Porträt wurde von einem Edelmann gekauft, nachdem es von van de Blonk gemalt worden war.

(ii) Nachdem das Porträt von dem Edelmann gekauft worden war, wurde es von ihm zu seinem großen Landhaus gebracht.

Fragen

I 1. Was geschah mit dem Porträt, nachdem es gemalt worden war? (Es wurde verkauft).

2. Was geschah mit dem Porträt, nachdem es verkauft worden war?

3. Was geschah mit dem Landhaus, nachdem das Porträt dahin gebracht worden war?

4. Was geschah mit dem Porträt, nachdem es gerettet worden war?

5. Was geschah mit dem Diener, als er in Afrika war?

6. Was geschah mit dem Porträt, nachdem es wiederentdeckt worden war?

7. Was geschah mit dem Porträt, nachdem es zu einem Kunstexperten gebracht worden war?

8. Was geschah mit dem Porträt, nachdem es gestohlen worden war?

II Beginne jede Antwort mit **nachdem**!
Beispiel: Wann wurde das Porträt verkauft? Nachdem es gemalt worden war.

1. Wann wurde das Porträt zum großen Landhaus gebracht?

2. Wann wurde das Landhaus durch einen Blitz getroffen?

3. Wann wurde das Landhaus von einem Brand zerstört?

4. Wann wurde das Porträt zum Haus der Eltern des Dieners gebracht?

5. Wann wurde der Diener von der Giftschlange gebissen?

6. Wann wurde das Porträt als ein echter van de Blonk erkannt?

7. Wann wurde das Porträt zu einem Kunstexperten gebracht?

8. Wann wurde das Porträt restauriert?

9. Wann wurde das Porträt an das Münchener Kunstmuseum verkauft?

10. Wann wurde das Porträt ins Ausland geschmuggelt?

III **von/durch**

1. Wurde das Porträt von einem unbekannten, deutschen Maler gemalt?

2. Von wem wurde das Porträt zum ersten Mal gekauft?

3. Wovon wurde das Landhaus getroffen?

4. Wodurch wurde das Landhaus zerstört?

5. Von wem wurde das Porträt gerettet?

6. Von wem wurde der Diener gebissen?

7. Von wem wurde das Porträt wiederentdeckt?

8. Von wem wurde das Porträt restauriert?

9. Von wem wurde das Porträt gekauft, nachdem es restauriert worden war?

10. Von wem wurde das Porträt vor kurzem gestohlen?

Lektion 26

Berichte

A. Im Reisebüro
In der vierten Lektion haben wir etwas von Inges Reisebüro gehört.

Frankfurt/Main: Flughafen

(a) Direkte Rede
Eines Tages kam eine junger Mann ins Reisebüro Hoffmann. „Guten Morgen" sagte er, „können Sie mir bitte Auskunft über eine Flugverbindung von München nach Liverpool geben? Ich will mir nämlich das Europapokalspiel zwischen Liverpool und Bayern-München ansehen." Inge lächelte ihn höflich an und schlug in ihren Flugplänen nach. „Leider können Sie nicht direkt nach Liverpool fliegen," sagte sie endlich. „Sie können jedoch nach Manchester fliegen und dann mit dem Bus weiterfahren." „Wann fliegt das Flugzeug ab?" fragte der Mann weiter. „Sie können entweder nachmittags oder nachts fliegen," antwortete Inge. „Es ist jedoch

nachts billiger" fügte sie hinzu. „Dann fliege ich nachts," sagte der junge Mann. „Übrigens, kennen Sie ein billiges Hotel in Liverpool? Es wird wohl etwas zu spät sein, gleich nach dem Spiel heimzukehren." Inge schlug nach, um ein passendes Hotel zu finden, und danach telefonierte sie mit der Zentrale. Nach einem kurzen Gespräch sah sie den jungen Mann traurig an. „Es tut mir leid, aber zur Zeit ist es unmöglich, nach England zu fliegen, weil die britischen Zollbeamten streiken."

(b) **Indirekte Rede**

Eines Tages kam ein junger Mann ins Reisebüro Hoffmann. Er fragte Inge, ob sie ihm Auskunft über eine Flugverbindung von München nach Liverpool geben könne. Er sagte, daß er sich das Europapokalspiel zwischen Liverpool und Bayern-München ansehen wolle. Inge schlug in ihren Flugplänen nach. Endlich sagte sie ihm, daß er leider nicht direkt nach Liverpool fliegen könne, aber daß er nach Manchester fliegen und dann mit dem Bus weiterfahren könne. Der junge Mann wollte dann wissen, wann das Flugzeug abfliegen würde. Inge antwortete, daß er entweder nachmittags oder nachts fliegen könne, aber daß es nachts billiger sei. Der junge Mann sagte also, daß er nachts fliegen würde. Anschließend fragte er Inge, ob sie ein billiges Hotel in Liverpool kenne. Er fügte hinzu, daß es wohl zu spät sein würde, gleich nach dem Spiel nach Hause zu fahren. Inge schlug nach, um nach einem passenden Hotel für ihn zu suchen, und danach telefonierte sie mit der Zentrale am Flughafen. Nach einem kurzen Gespräch sah sie den jungen Mann traurig an. Sie sagte, daß es ihr leid tue. Zur Zeit sei es unmöglich, nach England zu fliegen, weil die britischen Zollbeamten streikten.

Merke!

Indirect speech and questions

(i)   In indirect speech and questions, the verb is usually in the **subjunctive** in written German. (cf.§ 33, page 192 and § 34 pages 192–3)
In spoken German there is a strong tendency to replace the subjunctive by the indicative. The subjunctive is, however, still used frequently in reported speech on radio and television and in speeches and sermons.

(ii) In indirect questions the verb is sent to the end of the clause and *if* is translated by **ob**.
Ich fragte, **ob** er krank sei.: *I asked if he were ill.*
An indirect question may also be introduced by the normal interrogative words like **wenn, wo, wie,** etc. They are treated like subordinating conjunctions and the verb is sent to the end of the clause.

(iii) Modern German prefers to omit *that* (**daß**) in indirect speech. Note that in the **daß** clause, the verb is sent to the end of the clause. If it is omitted, the verb is brought forward:

Er sagte, daß er krank sei. ⎫
Er sagte, er sei krank.   ⎬ *He said (that) he was ill.*
                             ⎭

(iv) The tense of the subjunctive in standard usage is that of the original statement – i.e. in the example above in (iii), the speaker's actual words were: „Ich bin krank." (*I* **am** *ill.*) Consequently the present subjunctive is used. Note also:
Er sagte, er sei nach Deutschland gefahren.: *He said he had been to Germany.*
The speaker's actual words were: „Ich bin nach Deutschland gefahren." (*I have been to Germany.*) Consequently the perfect subjunctive is used (**not** the pluperfect).

(v) If the subjunctive and indicative forms of the verb are identical, the verb in the indirect speech is often put back one tense (eg. present to perfect or imperfect):
Er sagte, **ich hätte** (not **habe**) einen guten Lehrer.: *He said I had a good teacher.*
The speaker's actual words were: "You have a good teacher", but the present subjunctive and indicative forms are identical. Consequently the imperfect subjunctive form is used instead.

(vi) In modern colloquial German, the imperfect is gaining ground over the present subjunctive which often sounds stilted. As a general guide, however, the use of tenses may be summarized as follows (the tense in brackets should be used if the indicative and subjunctive forms are identical and often in colloquial German too):

DIRECT SPEECH	INDIRECT SPEECH
(a) Present indicative	Present subjunctive (Imperfect subjunctive)
(b) Imperfect indicative Perfect indicative Pluperfect indicative	Perfect subjunctive (Pluperfect subjunctive)
(c) Future indicative Conditional	Future subjunctive (Conditional)

(vii) The future subjunctive is formed from the present subjunctive forms of **werden** + the infinitive.

Examples

DIRECT SPEECH	INDIRECT SPEECH
(a) *Present* „Ich bin Arzt.“	→ *Present* (coll, imperfect) **Er sagte, er sei (wäre) Arzt.**
(b) *Future* „Wird er kommen?“	→ *Future* (coll conditional) **Man fragte, ob er kommen werde (würde).**
(c) *Imperfect* „Er spielte gut.“	→ *Perfect* (coll. pluperfect) **Man sagte, er habe (hätte) gut gespielt.**
(d) *Perfect* „Ist sie nach Deutschland gefahren?“	→ *Perfect* (coll. pluperfect) **Er fragte, ob sie nach Deutschland gefahren sie (wäre).**
(e) *Pluperfect* „Ich hatte den Film schon gesehen.“	→ *Perfect* (coll. pluperfect) **Er sagte, er habe (hätte) den Film schon gesehen.**
(f) *Future Perfect* „Sie wird es schon gefunden haben.“	→ *Future Perfect* (coll. conditional perfect) **Er sagte, sie werde (würde) es schon gefunden haben.**

Aufgabe

Rewrite the passage of indirect speech on page 169 omitting the word **daß** whenever it occurs. Remember to bring the verb forward.

Fragen

I Verwandele die direkte Rede in die indirekte!

Beispiel: Er fragte: „Können Sie mir bitte Auskunft über eine Flugverbindung von München nach Liverpool geben?"

Er fragte, ob sie ihm Auskunft über eine Flugverbindung von München nach Liverpool geben könne.

1. Er sagte: „Ich will mir das Europapokalspiel zwischen Liverpool und Bayern–München ansehen."
2. Sie sagte: „Leider können Sie nicht direkt nach Liverpool fliegen."
3. Sie fügte hinzu: „Sie können mit dem Bus weiterfahren."
4. Er fragte: „Wann fliegt das Flugzeug ab?"
5. Sie antwortete: „Sie können entweder nachmittags oder nachts fliegen."
6. Sie sagte noch: „Es ist nachts billiger."
7. Er sagte: „Dann fliege ich nachts."
8. Er fragte: „Kennen Sie ein billiges Hotel in Liverpool?"
9. Sie sagte: „Die britischen Zollbeamten streiken!"
10. Sie sagte auch: „Es ist unmöglich, nach England zu fahren."

II Verwandele die direkte Rede in die indirekte!

(a) 1. Sie sagte: „Ich fahre um acht Uhr ab."
   2. Sie sagte: „Ich sehe im Wohnzimmer fern."
   3. Sie sagte: „Ich trage meinen neuen Rock."
   4. Sie sagte: „Ich esse immer zu Hause."
   5. Sie sagte: „Ich trinke Kaffee sehr gern."

(b) 1. Sie sagten: „Wir fahren um acht Uhr ab."
   2. Sie sagten: „Wir sehen im Wohnzimmer fern."
   3. Sie sagten: „Wir tragen unsere neuen Röcke."
   4. Sie sagten: „Wir essen immer zu Hause."
   5. Sie sagten: „Wir trinken Kaffee sehr gern."

(c) 1. Sie sagte: „Ich mag gern ins Kino gehen."
   2. Sie sagte: „Ich muß früher aufstehen."
   3. Sie sagte: „Ich darf nicht rauchen."
   4. Sie sagte: „Ich kann nicht mit dem Wagen fahren."
   5. Sie sagte: „Ich will nicht mit dem Flugzeug fliegen."

B. Auf dem Bauernhof

In der achten Lektion haben wir von dem Wochenende auf Onkel Willis Bauernhof gehört.

Als Renate Inge nach dem Besuch wiedersah, fragte sie nach dem Wochenende. Hier ist Inges Antwort:

Inge   Wir sind am Freitagabend gleich nach der Arbeit abgefahren. Zuerst haben wir natürlich Blumen für die Tante und Zigarren für den Onkel gekauft. Die Reise hat nicht lange gedauert, und wir sind gerade vor dem Abendbrot angekommen. Es war das erste Wochenende, das Erich auf einem Bauernhof verbracht hatte, und er interessierte sich sehr für alles. Wir haben natürlich einen Rundgang um den Bauernhof gemacht, und Onkel Willi hat uns die Tiere und seine modernen Maschinen gezeigt. Wir haben uns viel unterhalten und vielleicht zu viel gegessen und getrunken. Tante Waltraut kann ausgezeichnet kochen. Am besten hat uns wohl der Sonntagnachmittag gefallen. Da sind wir nämlich mit den Pferden ausgeritten. Erich hat nie zuvor auf einem Pferd gesessen, und ich glaube, sein Hintern tut ihm immer noch weh. Wenn er sich nicht hinsetzen will, dann weißt du warum!

Aufgabe

Change Inge's answers to Renate's questions on page 173 from direct to indirect speech. You can either include or omit **daß**. (Inge sagte, daß sie und Erich am Freitagabend gleich nach der Arbeit abgefahren seien. Sie erwähnte, daß . . .) Use as many variations of „Sie sagte" as possible. Consult the list below:

Merke!

sagen (wk): *to say*

erwähnen (wk): *to mention*

erzählen (wk): *to tell, relate*

hinzufügen (wk): *to add*

glauben (wk): *to think*

bemerken (wk): *to observe*

scherzen (wk): *to joke*

erwidern (wk): *to reply*

antworten (wk): *to reply*

entgegnen (wk): *to reply*

Fragen

I   Verwandele die direkte Rede in die indirekte!

   (a) 1. Sie sagte: „Ich bin um sieben Uhr aufgestanden."

        2. Sie sagte: „Ich bin mit der Straßenbahn in die Stadt gefahren."

        3. Sie sagte: „Ich habe bis 5.30 Uhr gearbeitet."

        4. Sie sagte: „Ich bin mit einem Freund ins Theater gegangen."

        5. Sie sagte: „Ich habe gestern nacht nicht geschlafen."

        6. Sie sagte: „Ich habe meinen Wagen gewaschen."

   (b) 1. Sie sagten: „Wir sind um sieben Uhr aufgestanden."

        2. Sie sagten: „Wir sind mit der Straßenbahn in die Stadt gefahren."

        3. Sie sagten: „Wir haben bis 5.30 Uhr gearbeitet."

        4. Sie sagten: „Wir sind mit einem Freund ins Theater gegangen."

        5. Sie sagten: „Wir haben gestern nacht nicht geschlafen."

        6. Sie sagten: „Wir haben unseren Wagen gewaschen."

II   Verwandele die direkte Rede in die indirekte!

    1. Er fragte seinen Vater: „Hast du meine Schallplatten gesehen?" (Er fragte seinen Vater, ob . . .)

    2. Er fragte seine Mutter: „Hast du mein Hemd gebügelt?"

    3. Er fragte seine Freundin: „Kommst du heute abend ins Kino mit?"

    4. Er fragte seinen Bruder: „Möchtest du dir das Fußballspiel ansehen?"

    5. Er fragte seine Schwester: „Hast du den Brief schon gelesen?"

Listening Comprehensions

Details of the texts of the Listening Comprehensions are to be found in the Teacher's Book.

1. Renate und Inge

1. Say *three* things about the Maiers' house.
2. Which of the Maiers' daughters is Inge?
3. Where did Frau Maier work when she was younger and where does she work now?
4. Who is Peter and how old is he?
5. When did Inge get engaged and what is her fiancé called?
6. Who is Rainer Franke?
7. How long has Inge's sister been married?
8. What does Inge like doing: (a) in summer and (b) in winter?
9. Why does Inge save part of her salary?
10. What building is next to Inge's travel office?

2. Rainer und Erich

(a) Rainer

1. What is Rainer studying and what job would he like to have when he has finished his course?
2. What job does his father have and where does he work?
3. Where exactly does Rainer live?
4. Does he live alone?
5. Say *three* things that Rainer likes doing in his spare time.
6. Where did Rainer meet Renate and what was he doing there?

(b) Erich

1. Where and when did Inge meet Erich Becker?
2. What does he do for a living and how long has he had his job?
3. What is Flensburg?
4. Where does Erich's father live and what does he do for a living?
5. Say *three* things about Erich's car.
6. Say *three* things that Erich likes doing in his spare time.

3. Im Reisebüro Hoffmann

1. Who came into the travel office?
2. Why exactly did he want to go to Liverpool?
3. On what day of the week did he want to fly to England?
4. What were the times of the two available flights to Manchester?
5. Which flight did he choose and why?
6. How did he decide to get from Manchester to Liverpool?
7. Where was he to stay in Liverpool?
8. When did Inge discover that he couldn't go to England?
9. Why couldn't he go to England?
10. What did Inge read in the newspaper the following Thursday?

4. Der Unfall

1. When and where did Peter and Karl meet last Sunday?
2. Name *three* things that they took with them on their trip.
3. How long did it take them to get to the lake?
4. What did they do with their bicycles when they reached the lake?
5. How long did Peter swim before he started to climb the rocks?
6. When exactly did Peter discover that he couldn't move his right leg?
7. Who phoned the hospital?
8. How far away was the hospital?
9. How did Karl get back to the lake?
10. How long did they have to wait for the ambulance?

5. Im Krankenhaus

1. When did Erich and Inge visit Peter?
2. What time did they reach the hospital?
3. Why did Erich have to talk to the porter?
4. Where in the hospital was ward 20?
5. Why did Erich have to talk to the ward sister?
6. What *two* things did Erich bring Peter?
7. Who had given Peter the jigsaw puzzle?
8. On which day of the week had Peter been given the aeroplane kit and by whom?
9. Why hadn't Peter slept very well?
10. How long did Erich and Inge stay with Peter?

6. Auf dem Bauernhof

1. When exactly did Erich ask Onkel Willi to show them round his farm?
2. Approximately how many hens does Onkel Willi have?

3. What did Onkel Willi suggest that Inge could take home with her?
4. What did Tante Waltraut used to enjoy doing but now finds too much work?
5. How often had Erich been riding before?
6. How many horses does Onkel Willi have now?
7. What did Onkel Willi suggest they could do on Sunday if the weather was fine?
8. Why did Onkel Willi have the extension to the cow shed built?
9. Why, according to Onkel Willi, is it hard to attract young people to work on a farm?
10. What had Onkel Willi promised Tante Waltraut?

7. Weihnachten

1. What happens on the fourth Sunday before Christmas?
2. When in Germany does St Nikolaus come?
3. What do little children do the evening before he comes?
4. What do the children find the following morning?
5. How does St Nikolaus treat good children?
6. What does he do to bad children?
7. When is the Christ Child supposed to come in Southern Germany and what does he do?
8. What happens between 5 and 7 o'clock?
9. What do many people eat traditionally on Christmas Day?
10. What is usually eaten on Christmas Day?

8. Auf dem Fußballplatz

1. When exactly did Inge, Renate, Erich and Rainer go the football match?
2. What had happened during the night?
3. Who had bought the tickets and when had that person bought them?
4. Which two teams were playing?
5. Say *four* things that the supporters did before the match.
6. At what time did the match begin?
7. How and when was the first goal scored?
8. What was the score at half-time and which team was leading?
9. Which team finally won the match and what did its supporters do?
10. What hadn't Rainer and Erich noticed due to their involvement in the game?

9. Im Supermarkt

1. When did Erich discover that Inge hadn't gone to work the day after the football match?
2. When did he visit her?
3. How did he know initially that Rainer was already at the Maiers' house?
4. What had Frau Maier done that morning?
5. When had the doctor left the house?
6. What did Erich do immediately before he and Rainer went to the supermarket?
7. Where did they park the car?
8. How did they know what things Frau Maier wanted in the supermarket?
9. Where exactly was the large blue packet of washing powder?
10. What happened when Erich took it from the shelf?

10. Herr Maier hilft im Haus

1. On which day of the week did Herr Maier return home?
2. Why was he surprised when he arrived at the house?
3. Where did Herr and Frau Maier, Renate and Inge have breakfast?
4. Name *four* things that Herr Maier was wearing when he went into the garage.
5. Why did Herr Maier go into the garage?
6. What *two* things did Herr Maier do after he had washed his hands and before he prepared the lunch?
7. Name *five* things that they had for lunch.
8. Say *three* things that Herr Maier did in the afternoon after he had washed up?
9. What did he do at four o'clock?
10. What had Frau Maier been right about?

11. Die Party

1. What *two* things did Inge say about the pretty pullover that Jutta had sent her?
2. Give *two* reasons why Jutta couldn't come to the party.
3. Approximately how many people were at the party?
4. What did Rainer and Erich do before the party?
5. What did everybody agree about?
6. What *three* things contributed to the atmosphere at the disco in the cellar?

7. Where else did they dance and what was the atmosphere like there?
8. At what time did the last guests go?

12. Ferienpläne
1. When do Erich and Inge want to get married?
2. How did Inge manage to save 200 marks during the month?
3. What did Erich have to do a week ago?
4. How did Inge tease Erich?
5. What had Rainer and Renate been talking about before they came into the room?
6. Where would Erich like to go for his summer holidays?
7. How are Rainer and Renate going to spend their summer holidays?
8. What does Renate suggest that Inge and Erich could do for their summer holidays?
9. What did Rainer and Renate want to do after they had seen Inge and Erich?
10. What reason did Erich give for not going with them?

13. Marias Reise nach England
1. What did Maria go off to buy?
2. What time was the train due to leave?
3. Where did Herr and Frau Maier and Maria agree to meet in five minutes time?
4. What *six* things did Frau Fiedler buy?
5. What colour was Frau Schulze's hat?
6. What sort of compartment did Frau Schulze prefer?
7. Who put the cases in the luggage rack?
8. Who actually was going to travel on the train?
9. Where were they going?
10. What did Maria say she would do as soon as she arrived at her destination?

14. Marias erster Brief
1. How long did the sea-crossing take?
2. Where did Maria and Frau Schulze go on the ship first and why did they go there?
3. What did Frau Schulze do when they finally found some free seats?
4. Why didn't Maria stay with her?
5. Where had Frau Schulze left her handbag?
6. What was the weather like when they arrived in Dover?
7. Who met Maria at Victoria station?
8. How long had Maria been in Windsor when she wrote the letter to Renate?

9. What had the Robinson family insisted that Maria do when she was in England?
10. Where did Maria plan to go after supper and what did she want to do there?

15. Marias zweiter Brief
1. How long had Maria been in Windsor when she wrote her second letter to Renate?
2. What, according to Andrew, was Windsor like in summer?
3. What *two* things had Maria bought in Windsor?
4. What does Maria think about British TV programmes?
5. When had Maria and Renate gone on a trip along the Rhine?
6. How does Maria think she might come to England next time and why?
7. What *three* things does she hope to do in Cambridge?
8. Where would Maria like to study later on?
9. Why were they going to go to Oxford?
10. What was she looking forward to showing Renate when she was back in Germany?

16. Flugreise nach Hamburg
1. Why did Inge and Erich fly to Hamburg at the beginning of May?
2. How late were they in landing at Hamburg airport?
3. Where in the plane was the old lady sitting?
4. What *two* things did Erich and Inge know about the old lady?
5. What did Erich and Inge think caused the old lady to faint?
6. What happened to the old lady after she had fainted?
7. What was the weather like when the plane finally took off?
8. What happened shortly after they had taken off and what action did the pilot take?
9. Who was waiting for the plane on the runway when it landed and what did they do?
10. How long did Inge and Erich have to wait for the second plane?

17. Aufenthalt in Hamburg
1. Whose father was ill and where did he live?
2. How were Ulla and Jürgen related to Erich?
3. How old was Jürgen?

4. What did Erich and Inge decide to do with the children on the first afternoon?
5. Whose car did Erich borrow?
6. Where did Erich park the car?
7. What did the children find especially interesting about the ships and what did they want to know about them?
8. How long were they on the steamer?
9. Why did Inge stay with the children while Erich fetched the car?
10. What did they do after having their cake and cokes, and what did the children want to look at more closely?

18. Das Porträt

1. What was Renate doing while she was reading the newspaper?
2. Where had Rainer and Renate seen the portrait of the Herzog von Misthaufen?
3. What had happened to the portrait the previous night?
4. Who was Friede Mickelmann and what had she done?
5. Who was van de Blonk and what had he done in 1666?
6. How long was the portrait in the attic of the house before it was found?
7. What happened to the portrait after it had been found?
8. Who finally bought the portrait?
9. Where were the two men seen the previous evening?
10. Where do the police think the portrait is now?

Grammatical Summary

Index

1. Use of Cases

(a) The **NOMINATIVE** case is used:
    1. For the subject of a clause or sentence:

    Der Koch und **die Küchenhilfe** arbeiten in der Küche.
    Das Mädchen ißt ein Eis.

    2. For the complement of a clause or sentence:
    (e.g. after *sein, werden, heißen*.)

    Der Koch ist **der junge Mann.**
    Der Nachtportier ist **der alte Mann.**

(b) The **ACCUSATIVE** case is used:
    1. For the direct object of a clause or sentence:

    Ich sehe **einen Aschenbecher, eine Landkarte** und **ein Telefon.**

    2. After prepositions which take the Accusative:

    Er kaufte es für **seinen** Bruder.
    Er fuhr durch **das** Dorf und dann **die** Straße entlang.

    3. After prepositions which take either the Accusative or the Dative:

    Er ging in **den** Fernsehraum, um fernzusehen.
    Er sah **im** Fernsehraum fern.

    4. With certain expressions of time:

    nächst**en** Monat/letzt**e** Woche/jed**es** Jahr.

(c) The **GENITIVE** case is used:
    1. To indicate possession of

    Die Tochter **des Mannes.**
    Der Wagen **der Frau.**
    Das Fahrrad **des Mädchens.**

    2. After prepositions which take the Genitive:

    während **des** Tages
    während **der** Nacht

    3. With certain expressions of time:

    eines Tages,/**eines** Jahres.

(d) The **DATIVE** case is used:
    1. For the indirect object of a clause or sentence:

    Er gab **dem** Mann das Buch. (See page 191, 36f)

    2. After prepositions which take the Dative:

    mit **dem** Bus
    nach **dem** Frühstück
    seit **einem** Jahr

    3. After prepositions which take either the Dative or Accusative:

    (Er ging auf **die** Terrasse, um ein Eis zu essen.)
    Er aß ein Eis auf **der** Terrasse.

    4. After certain verbs:

    Er hilft **seinem** Vater.
    Der Film gefiel **ihm.**
    Hat **Ihnen** das Essen geschmeckt?

---

2. The Indefinite Article – (ein/eine/ein)

	SINGULAR		
	Masc.	*Fem.*	*Neut.*
Nom.	ein	eine	ein
Acc.	einen	eine	ein
Gen.	eines	einer	eines
Dat.	einem	einer	einem

Nominative
(a) **Ein** Mann spielt Karten.
    Eine Frau trinkt Wein.
    Ein Mädchen kauft Brötchen.
(b) Das ist **ein** Wagen.
    Das ist **eine** Katze.
    Das ist **ein** Feuerzeug.
Accusative
Ich sehe **einen** Aschenbecher, **eine** Landkarte und **ein** Telefon.
Genitive
Sie ist in der Mitte **eines** Gartens.
Sie ist in der Mitte **einer** Stadt.
Sie ist in der Mitte **eines** Dorfes
Dative
Er gibt es **einem** Mann.
Er gibt es **einer** Frau.
Er gibt es **einem** Mädchen.

3. The Definite Article – (der/die/das)

	SINGULAR			PLURAL
	Masc.	*Fem.*	*Neut.*	*All Genders*
Nom.	der	die	das	die
Acc.	den	die	das	die
Gen.	des	der	des	der
Dat.	dem	der	dem	den

Nominative

(a) **Der** Mann ist alt.

    Die Bardame heißt Susi.

    Das Mädchen badet gern.

(b) Das ist **der** Wagen.   Das sind **die** Wagen. (plural)

    Das ist **die** Katze.   Das sind **die** Katzen.

    Das ist **das** Feuerzeug.   Das sind **die** Feuerzeuge.

Accusative

    Hansi trägt **den** Koffer.   Er trägt **die** Koffer. (plural)

    Renate liest **die** Zeitung.   Sie liest **die** Zeitungen.

    Gisela bügelt **das** Kleid.   Sie bügelt **die** Kleider.

Genitive

    Das ist ein Plan **des** Gartens.   (...**der** Gärten) (pl.)

    Das ist ein Plan **der** Wohnung.   (...**der** Wohnungen)

    Das ist ein Plan **des** Hauses.   (...**der** Häuser)

Dative

    Sie gab es **dem** Koch.   (...**den** Köchen) (pl.)

    Sie gab es **der** Empfangsdame.   (...**den** Empfangsdamen)

    Sie gab es **dem** Kind.   (...**den** Kindern)

4. The Indefinite Article (negative) – (kein/keine/ kein)

	SINGULAR			PLURAL
	Mac.	*Fem.*	*Neut.*	*All Genders*
Nom.	kein	keine	kein	keine
Acc.	keinen	keine	kein	keine
Gen.	keines	keiner	keines	keiner
Dat.	keinem	keiner	keinem	keinen

Das ist **kein** Stuhl! (Nom.)

Er hat **keinen** Bruder. (Acc.) Sie hat **keine** Geschwister.

        (Acc. pl.)

Note: The Genitive and Dative forms are seldom used.

5. Possessive Adjectives – (mein/meine/mein etc.)

	SINGULAR			PLURAL
	Masc.	*Fem.*	*Neut.*	*All Genders*
Nom.	unser	unsere	unser	unsere
Acc.	unseren	unsere	unser	unsere
Gen.	unseres	unserer	unseres	unserer
Dat.	unserem	unserer	unserem	unseren

       } *our*

Das ist **unser** Wagen. (Nom.)

Hast du **deinen** Bleistift? }

Haben Sie **Ihren** Bleistift? } (Acc.)

Habt ihr **eure** Bleistifte? }

Er spielt in der Mitte **meines** Gartens. (Gen.)

Sie gibt es **ihrem** Bruder. (Dat.)

Similarly:

mein	meine	mein	meine	–*my*
dein	deine	dein	deine	–*your*
Ihr	Ihre	Ihr	Ihre	–*your*
sein	seine	sein	seine	–*his*
ihr	ihre	ihr	ihre	–*her*
sein	seine	sein	seine	–*its*
euer	eure	euer	eure	–*your*
Ihr	Ihre	Ihr	Ihre	–*your*
ihr	ihre	ihr	ihre	–*their*

6. Demonstrative Adjectives – (dieser/diese/dieses etc.)

	SINGULAR			PLURAL	
	Masc.	*Fem.*	*Neut.*	*All Genders*	
Nom.	dieser	diese	dieses	diese	⎫
Acc.	diesen	diese	dieses	diese	⎬ *this*
Gen.	dieses	dieser	dieses	dieser	⎪
Dat.	diesem	dieser	diesem	diesen	⎭

Dieser Mann liest eine Zeitung, **diese** Frau liest eine Zeitschrift, aber **jenes** Mädchen liest ein Buch. (Nom.)
Hast du **diesen** Film gesehen? (Acc.)
Der Sohn **dieses** Mannes spielt gern Fußball, aber der Sohn **jener** Frau spielt lieber Tennis. (Gen.)
Er gibt **diesem** Mann das Bier und **jenem** den Wein. (Dat.)

Similarly:

jener	jene	jenes	jene – *that, those*
jeder	jede	jedes	– *each, every*

7. Interrogative Adjectives – (welcher/welche/welches?)

	SINGULAR			PLURAL	
	Masc.	*Fem.*	*Neut.*	*All Genders*	
Nom.	welcher	welche	welches	welche	⎫
Acc.	welchen	welche	welches	welche	⎬ *which*
Gen.	welches	welcher	welches	welcher	⎪
Dat.	welchem	welcher	welchem	welchen	⎭

Welcher Fernsehapparat ist im Wohnzimmer? (Nom.)
Welchen Wagen fährt er? (Acc.)
Die Frau **welches** Mannes sitzt im Garten? (Gen.)
In **welchem** Laden kauft man Brot? (Dat.)

8. Personal Pronouns – (er/sie/es etc.)

	Nominative	*Accusative*	*Dative*
SINGULAR	ich (*I*)	mich	mir
	du (*you*)	dich	dir
	Sie (*you*)	Sie	Ihnen
	er (*he*)	ihn	ihm
	sie (*she*)	sie	ihr
	es (*it*)	es	ihm
PLURAL	wir (*we*)	uns	uns
	ihr (*you*)	euch	euch
	Sie (*you*)	Sie	Ihnen
	sie (*they*)	sie	ihnen

Ich bin müde. (Nom.)
Er besuchte **mich** gestern abend. (Acc.)
Er gab es **mir**. (Dat.)

Wir sind müde. (Nom.)
Sie besuchten **uns** gestern abend. (Acc.)
Sie gaben es **uns**. (Dat.)

Seid **ihr** müde? (Nom.)
Haben sie **euch** gestern abend besucht? (Acc.)
Haben sie es **euch** gegeben? (Dat.)

Note-
When addressing members of your family, close friends, young children and animals, you should use the *du* form for "you" in the singular and the *ihr* form in the plural. In all other cases the *Sie* form for "you" should be used.

9. Interrogative Pronouns – (wer?/was?)

Nom.	wer (*who*)	was (*what*)
Acc.	wen	was
Gen.	wessen	
Dat.	wem	

Wer ist das?
Wer liest die Zeitung? ⎱ (Nom.)
Wen siehst du im roten Sessel? (Acc.)
Wessen Schwester ist Maria? (Gen.)
Wem gibt er das Geld? (Dat.)

Note:
With prepositions use *wo-* (*wor-* before vowels)
Womit schreibt er den Brief?
Worauf wartet er?
Also: woran? worüber? worin? wodurch? etc.

Was ist das? (Nom.)
Was siehst du auf dem Tisch? (Acc.)

10. Relative Pronouns – (der/die/das etc.)

	SINGULAR			PLURAL
	Masc.	*Fem.*	*Neut.*	*All Genders*
Nom.	der	die	das	die
Acc.	den	die	das	die
Gen.	dessen	deren	dessen	deren
Dat.	dem	der	dem	denen

Das ist der Mann, **der** in München wohnt. (Nom.)
Das ist der Mann, **den** ich gestern abend kennengelernt habe. (Acc.)
Das ist der Mann, **dessen** Frau krank ist. (Gen.)
Das ist der Mann, **dem** ich den Wagen verkaufte.
Das ist der Mann, mit **dem** ich ins Kino ging. } (Dat.)

Das ist die Frau, **die** in München wohnt. (Nom.)
Das ist die Frau, **die** ich gestern abend kennengelernt habe. (Acc.)
Das ist die Frau, **deren** Mann krank ist. (Gen.)
Das ist die Frau, **der** ich den Wagen verkaufte.
Das ist die Frau, mit **der** ich ins Kino ging. } (Dat.)

11. Adjectives

An adjective must have an ending in German if it is followed by a noun or if a noun is understood.

Otherwise it is invariable.

Der Wagen ist **neu** – Die Wagen sind **neu**.
Die Landkarte ist **alt** – Die Landkarten sind **alt**.
Das Tal ist **schön** – Die Täler sind **schön**.

12. Adjectival Endings – (Group I)

When the adjective is preceded by the definite article or one of the following words: *dieser, jener, jeder, welcher, mancher* (many a), *solcher* (such a) [also after *alle* in the plural], it has these endings:

	SINGULAR			PLURAL
	Masc.	*Fem.*	*Neut.*	*All Genders*
Nom.	der jung**e** Mann	die jung**e** Frau	das jung**e** Mädchen	die jung**en** Männer (Frauen) (Mädchen)
Acc.	den **–en** Mann	die **–e** Frau	das **–e** Mädchen	die jung**en** Männer (Frauen) (Mädchen)
Gen.	des **–en** Mannes	der **–en** Frau	des **–en** Mädchens	der jung**en** Männer (Frauen) (Mädchen)
Dat.	dem **–en** Mann	der **–en** Frau	dem **–en** Mädchen	den jung**en** Männern (Frauen) (Mädchen)

Der **junge** Mann, die **junge** Frau and das **junge** Mädchen sind in der Eingangshalle. (Nom.)

Ich sehe den **jungen** Mann, die **junge** Frau und das **junge** Mädchen. (Acc.)

Sie ist die Frau dieses **jungen** Mannes.
Er ist der Mann jener **jungen** Frau.
Er ist der Bruder jenes **jungen** Mädchens. } (Gen.)

Karl brachte dem **jungen** Mann das Bier.
Er brachte der **jungen** Frau den Kuchen.
Er brachte dem **jungen** Mädchen das Eis. } (Dat.)

Die **alten** Männer spielten Karten. (Nom.)
Ich sah die **alten** Männer im Klubzimmer. (Acc.)
Die Freunde dieser **alten** Männer waren in der Kegelbahn. (Gen.)
Karl brachte diesen **alten** Männern das Bier. (Dat.)

13. Adjectival Endings – (Group II)

When the adjective is preceded by the indefinite article, *kein* or a possessive adjective (*mein, dein* etc.), it has the following endings:

	SINGULAR			PLURAL
	Masc.	*Fem.*	*Neut.*	*All Genders*
Nom.	ein jung**er** Schüler	eine jung**e** Schülerin	ein jung**es** Kind	meine jung**en** Schüler (Schülerinnen) (Kinder)
Acc.	einen **-en** Schüler	eine **-e** Schülerin	ein **-es** Kind	meine jung**en** Schüler (Schülerinnen) (Kinder)
Gen.	eines **-en** Schülers	einer **-en** Schülerin	eines **-en** Kindes	meiner jung**en** Schüler (Schülerinnen) (Kinder)
Dat.	einem **-en** Schüler	einer **-en** Schülerin	einem **-en** Kind	meinen jung**en** Schülern (Schülerinnen) (Kindern)

Mein **junger** Bruder ist acht Jahre alt.
Meine **junge** Schwester besucht eine Volksschule. $\Big\}$ (Nom.)
Ein **junges** Mädchen tippt einen Brief.

Hast du meinen **neuen** Wagen, meine **neue** Landkarte und mein **neues** Buch gesehen? (Acc.)

Das it ein Plan seines **neuen** Hauses.
Das ist ein Plan meiner **neuen** Wohnung. $\Big\}$ (Gen.)

Er fuhr mit seinem **neuen** Wagen nach Garmisch. (Dat.)

Seine **jungen** Freunde spielten Fußball. (Nom.)
Hast du seine **jungen** Freunde gesehen? (Acc.)
Die Schwester seiner **jungen** Freunde war in der Milchbar. (Gen.)
Er ging mit seinen **jungen** Freunden ins Kino. (Dat.)

14. Adjectival Endings – (Group III)

When the adjective stands alone before a noun, it has the following endings:

	SINGULAR			PLURAL
	Masc.	*Fem.*	*Neut.*	*All Genders*
Nom.	kalt**er** Wein	kalt**e** Milch	kalt**es** Bier	kalt**e** Getränke
Acc.	kalt**en** Wein	kalt**e** Milch	kalt**es** Bier	kalt**e** Getränke
Gen.	kalt**en** Weins	kalt**er** Milch	kalt**en** Biers	kalt**er** Getränke
Dat.	kalt**em** Wein	kalt**er** Milch	kalt**em** Bier	kalt**en** Getränken

Note:
The plural endings are also used after *einige* (several), *ein paar* (a few), *viele* (many), *mehrere* (several) and numbers.

Guter Wein ist teurer als **schlechter** Wein.
Kalte Milch schmeckt besser als **warme** Milch. $\Big\}$ (Nom.)
Kaltes Bier schmeckt besser als **warmes** Bier.

Er trinkt **kalte** Milch gern, er trinkt **kaltes** Bier lieber, aber am liebsten trinkt er **kalten** Wein. (Acc.)

Karl trägt eine Flasche **kalten** Weins, ein Glas **kalter** Milch und ein Glas **kalten** Biers auf seinem Tablett. (Gen.)

Bei **schlechtem** Wetter bleibt man lieber zu Hause. (Dat.)

Viele **junge** Menschen tanzen in der Forellenbar. (Nom.)
Sie kaufte **neue** Kleider.
Sie fingen einige **große** Fische. $\Big\}$ (Acc.)
Hansi trägt die Koffer **neuer** Gäste nach oben. (Gen.)
Er geht mit einigen **neuen** Gästen nach oben. (Dat.)

15. Comparison of Adjectives

(a) Add *–er* to the normal form of the adjective for the Comparative.

(b) Add *–st* or *–est* for the Superlative.

(c) Most adjectives of one syllable take Umlaut in the Comparative and Superlative.

e.g.:

alt, älter, der älteste (am ältesten)

jung, jünger, der jüngste (am jüngsten)

(d) Never put an Umlaut over the diphthong *au*.

e.g.:

laut, lauter, der lauteste (loud, louder, loudest)

(e) *Note: Irregular comparisons*

hoch, höher, der höchste (am höchsten)

nah, näher, der nächste (am nächsten)

gut, besser, der beste (am besten)

(f) Comparative and superlative adjectives take the same endings as their positive forms. (See paragraphs 12, 13 and 14).

Herr Fiedler ist **klein**, Max ist **kleiner**, aber Johann ist **am kleinsten** (**der kleinste** der drei Männer.)

Der amerikanische Film war **interessant**, der englische war **interessanter**, aber der französische war **am interessantesten** (**der interessanteste** der drei Filme).

Das ist sein **jüngster** Bruder. Er hat auch einen **älteren** Bruder.

16. Expressions of Time

(a) Definite time: Accusative.

Letzten Samstag ging ich ins Kino.
Nächste Woche werde ich nach Garmisch fahren.
Jedes Jahr fahre ich nach Deutschland.

(b) Indefinite time: Genitive.

Eines Tages werde ich nach Deutschland fahren.

(c) Time started in the past and uncompleted: **seit** with the Dative.

Paul ist **seit einem Jahr** verheiratet.
Ich lerne Deutsch **seit einem Jahr**.
Er wohnt **seit fünf Jahren** in Windsor.

(d) With prepositions:

um 8 Uhr	von 9.25 bis 10.00 Uhr.
im Frühling	am nächsten Morgen
im März	am folgenden Morgen
am Montag	
am Wochenende	früh am Morgen/spät am Abend.

(e) Other expressions of time:

morgens
abends
samstags

gestern	gestern abend
heute	heute abend
morgen	morgen abend

einmal, zweimal, dreimal ... in der Woche.

17. Prepositions

Reference is made only to those prepositions which appear in Books 1 or 2 of the course.

(a) the following prepositions are always used only with the **DATIVE**:

aus (out of), **von** (from), **zu** (to), **nach** (to, after, according to), **bei** (at), **seit** (for, since), **gegenüber** (opposite), **mit** (with), **außer** (besides, except for)

Er nahm das Feuerzeug aus **der** Tasche.
Er fuhr von **der** Stadt zu **dem** Dorf.
Nach **dem** Frühstück verließ er das Haus.
Er wohnt bei **seiner** Schwester.
Ich habe kein Geld bei **mir**.
Ich lerne Deutsch seit **einem** Jahr.
Er wohnt gegenüber **dem** Hotel.
Er ging mit **seinem** Freund ins Kino.
Außer meinem Bruder war niemand dort.

(b) The following prepositions are used either with the **ACCUSATIVE** or **DATIVE**:

an (on), **auf** (on), **in** (in), **neben** (next to), **vor** (in front of, before), **hinter** (behind), **zwischen** (between), **über** (over, above), **unter** (under, below)

Sie gingen in **den** Garten, um Fußball zu spielen.
Sie spielten Fußball in **dem** Garten.

Sie fuhren in **die** Stadt, um einen Film zu sehen.
Sie sahen den Film in **der** Stadt.

Sie sprangen in **das** Wasser, um zu schwimmen.
Sie schwammen in **dem** Wasser.

Sie gingen in **die** Geschäfte, um einzukaufen. (pl)
Sie kauften in **den** Geschäften ein. (pl)

(c) The following prepositions are used always with the **ACCUSATIVE**:

bis (as far as, until), **durch** (through), **entlang** (along), **für** (for), **gegen** (against, towards), **ohne** (without), **um** (round)

Er bleibt bis **nächsten** Freitag.
Sie machten einen Spaziergang durch **das** Dorf.
Sie gingen **die** Straße entlang.
Er kaufte den Schlips für **seinen** Sohn, die Schallplatte für **seine** Tochter und das Spielzeug für **das** Baby.
Die englische Fußballmannschaft spielte gegen **die** deutsche Fußballmannschaft.
Er kam ohne **seinen** Bleistift.
Sie liefen um **den** Tisch herum.

Note:
bis is often used with other prepositions, e.g. with **an**, **nach**, **zu** or **auf**.

Er ging bis an das Fenster.
Sie fuhr bis nach Ostende.
Er ging bis zum Rathaus.

(d) The following prepositions are used only with the **GENITIVE**:

außerhalb (outside), **innerhalb** (inside), **diesseits** (on this side of), **jenseits** (on that side of), **(an)statt** (instead of), **trotz** (in spite of), **um ... willen** (for the sake of), **während** (during), **wegen** (because of, on account of)

Der Flughafen liegt außerhalb **der** Stadt.
Der Bus fährt innerhalb **einer** Stunde ab.
Der Wald liegt jenseits **des** Flusses.
Das Dorf liegt diesseits **des** Flusses.
Er kam statt **seines** Bruders.
Trotz **des** Regens mußten sie ausgehen.
Um Gottes willen.
Während **des** Fußballspiels fing es an zu schneien.
Wegen **des** Schnees konnte er die Garagentür nicht aufmachen.

Note:
Contraction of certain prepositions takes place with the definite article:

zum	zu dem	Sie gingen **zum** Freibad
zur	zu der	Sie fuhr **zur** Schule
im	in dem	Sie liest **im** Wohnzimmer
ins	in das	Sie geht **ins** Kino
am	an dem	Ich werde dich **am** Samstag sehen
beim	bei dem	Man kauft Brot **beim** Bäcker.

186

18. Verbs

Verbs in German are either regular or irregular. The regular verbs are usually called WEAK and the irregular ones STRONG. (A few verbs combine the characteristics of both types and are called MIXED.)

19. Use of Tenses

(a) The Present

German has only one form of the Present Tense whereas English has three:
Er arbeitet – He works.
He is working.
He does work.

(b) The Future

Er wird arbeiten – He will work.
He is going to work.

(c) The Imperfect

This tense too has three forms in English:
Er arbeitete – He worked.
He was working.
He used to work.

The Imperfect is the normal tense of narrative:
Sie stand auf, ging ins Badezimmer, wusch sich etc.

(d) The Perfect

Er hat gearbeitet – He worked.
He has worked.
He did work.

Er ist gegangen – He went.
He has gone.
He did go.

1. The Perfect is used for single actions in the immediate past:
   Andrew ist gestern gekommen.
2. In colloquial German, especially in Southern Germany, the Perfect is the narrative tense.

Note:
The difference between the Perfect and Imperfect is often very slight. It could be said that the Imperfect is used more as the narrative tense in writing and the Perfect in speech.

(e) The Pluperfect

The German Pluperfect is usually used as in English:
Er hatte gearbeitet – He had worked. (He had been working.)

Er war gegangen – He had gone. (He had been going.)

(f) The Conditional

Er würde arbeiten (wenn er nicht krank wäre) – He would work (if he were not ill).

Note also:
Wäre er nicht krank, so würde er arbeiten.

(g) The Future Perfect

Er wird fleißig **gearbeitet haben** – He will have worked well.
Er wird in die Stadt **gegangen sein** – He will have gone into the town.

(h) The Conditional Perfect

There are two forms of the Conditional Perfect. The shorter form (the Pluperfect subjunctive) is more usual:
$\left\{\begin{array}{l}\textbf{Ich würde gearbeitet haben}\\\textbf{Ich hätte gearbeitet}\end{array}\right\}$ – I would have worked.

$\left\{\begin{array}{l}\textbf{Ich würde gegangen sein}\\\textbf{Ich wäre gegangen}\end{array}\right\}$ – I would have gone.

20. The Present Tense

(a) Weak (regular)

kochen (to cook)

ich koche	wir kochen
du kochst	ihr kocht
Sie kochen	Sie kochen
er $\rangle$	
sie $\rangle$ kocht	sie kochen
es $\rangle$	

187

(b) Strong (irregular)

Strong verbs often show irregularities in the *er, sie, es* forms and in the *du* form

heißen (to be called)

ich heiße	wir heißen
du heißt	ihr heißt
Sie heißen	Sie heißen
er	
sie } heißt	sie heißen
es	

schlafen (to sleep)

ich schlafe	wir schlafen
du **schläfst**	ihr schläft
Sie schlafen	Sie schlafen
er	
sie } **schläft**	sie schlafen
es	

tragen (to wear, carry)

ich trage	wir tragen
du **trägst**	ihr tragt
Sie tragen	Sie tragen
er	
sie } **trägt**	sie tragen
es	

sehen (to see)

ich sehe	wir sehen
du **siehst**	ihr seht
Sie sehen	Sie sehen
er	
sie } **sieht**	sie sehen
es	

essen (to eat)

ich esse	wir essen
du **ißt**	ihr eßt
Sie essen	Sie essen
er	
Sie } **ißt**	sie essen
es	

lesen (to read)

ich lese	wir lesen
du **liest**	ihr lest
Sie lesen	Sie lesen
er	
sie } **liest**	sie lesen
es	

(c) Reflexive verbs

sich waschen (to get washed)

ich wasche mich	wir waschen uns
du **wäschst** dich	ihr wascht euch
Sie waschen sich	Sie waschen sich
er	
sie } **wäscht** sich	sie waschen sich
es	

(d) Separable verbs

The first part of this type of verb is called the PREFIX and is normally found at the end of the clause or sentence.

fernsehen (to watch television)

ich sehe ... *fern*	wir sehen ... *fern*
du **siehst** ... *fern*	ihr seht ... *fern*
Sie sehen ... *fern*	Sie sehen ... *fern*
er	
sie } **sieht** ... *fern*	sie sehen ... *fern*
es	

sich ausruhen (to rest)

ich ruhe mich . . . **aus**	wir ruhen uns **aus**
due ruhst dich . . . **aus**	ihr ruht ihr **aus**
Sie ruhen sich . . . **aus**	Sie ruhen sich **aus**
er	
sie } ruht sich . . . **aus**	sie ruhen sich **aus**
es	

(e) Auxiliary verbs

sein (to be)

ich bin	wir sind
du bist	ihr seid
Sie sind	Sie sind
er	
sie } ist	sie sind
es	

haben (to have)

ich habe	wir haben
du hast	ihr habt
Sie haben	Sie haben
er	
sie } hat	sie haben
es	

werden (to become)

ich werde	wir werden
du **wirst**	ihr werdet
Sie werden	Sie werden
er	
sie } **wird**	sie werden
es	

21. The Future Tense

The Future tense is formed from the Present tense forms of *werden* together with the INFINITIVE of the verb which is normally found at the end of the clause or sentence.

aufstehen (to get up)

ich **werde** ... aufstehen	wir **werden** ... aufstehen
du **wirst** ... aufstehen	ihr **werdet** ... aufstehen
Sie **werden** ... aufstehen	Sie **werden** ... aufstehen
er	
sie } **wird** ... aufstehen	sie **werden** ... aufstehen
es	

Beispiele:
Ich **werde** in die Kegelbahn **gehen**.
Du **wirst** im Fernsehraum **fernsehen**.
Sie **werden** Ihren Schlüssel **holen**.
Er **wird** sich **abtrocknen**.

Wir **werden** ins Kino **gehen**.
Ihr **werdet** Tennis **spielen**.
Sie **werden** nach Garmisch **fahren**.
Sie **werden** in der Stadt **einkaufen**.

22. The Imperfect Tense

(a) Weak Verbs (regular)

kochen

ich koch**te**	wir koch**ten**
du koch**test**	ihr koch**tet**
Sie koch**ten**	Sie koch**ten**
er	
sie } koch**te**	sie koch**ten**
es	

(b) Strong Verbs (irregular)

essen

		tragen	
ich aß	wir aßen	ich trug	wir trugen
du aßt	ihr aßt	du trugst	ihr trugt
Sie aßen	Sie aßen	Sie trugen	Sie trugen
er		er	
sie } aß	sie aßen	sie } trug	sie trugen
es		es	

lesen

ich las	wir lasen
du last	ihr last
Sie lasen	Sie lasen
er	
sie } las	sie lasen
es	

(c) Auxiliary Verbs

(i) sein

		(ii) haben	
ich war	wir waren	ich hatte	wir hatten
du warst	ihr wart	du hattest	ihr hattet
Sie waren	Sie waren	Sie hatten	Sie hatten
er		er	
sie } war	sie waren	sie } hatte	sie hatten
es		es	

(iii) werden

ich wurde	wir wurden
du wurdest	ihr wurdet
Sie wurden	Sie wurden
er	
sie } wurde	sie wurden
es	

(b) Strong Verbs

essen

ich **habe** ... gegessen	wir **haben** ... gegessen
du **hast** ... gegessen	ihr **habt** ... gegessen
Sie **haben** ... gegessen	Sie **haben** ... gegessen
er	
sie } **hat** ... gegessen	sie **haben** ... gegessen
es	

gehen

ich **bin** ... gegangen	wir **sind** ... gegangen
du **bist** ... gegangen	ihr **seid** ... gegangen
Sie **sind** ... gegangen	Sie **sind** ... gegangen
er	
sie } **ist** ... gegangen	sie **sind** ... gegangen
es	

(c) Verbs that take "sein"

The more common verbs used in this book that take *sein* are:

gehen (Er **ist** in die Küche gegangen.)
fahren (Er **ist** in die Stadt gefahren.)
aufstehen (Er **ist** um 7 Uhr aufgestanden.)
laufen (Er **ist** die Straße entlanggelaufen.)
kommen (Er **ist** aus dem Kino gekommen.)
springen (Er **ist** ins Wasser gesprungen.)
einsteigen (Er **ist** in den Bus eingestiegen.)
aussteigen (Er **ist** aus dem Zug ausgestiegen.)
sein (Er **ist** im Kino gewesen.)
werden (Er **ist** müde geworden.)
geschehen (Was **ist** dann geschehen?)
bleiben (**Ist** er in der Gaststube geblieben?)

23. The Perfect Tense

The Perfect Tense is formed from the Present tense forms of either *haben* or *sein* together with the PAST PARTICIPLE which is normally at the end of the clause or sentence. (The past participle of a strong verb ends in –**en**, of a weak verb in –**t**.)

(a) Weak Verbs

kochen

ich **habe** ... gekocht	wir **haben** ... gekocht
du **hast** ... gekocht	ihr **habt** ... gekocht
Sie **haben** ... gekocht	Sie **haben** ... gekocht
er	
sie } **hat** ... gekocht	sie **haben** ... gekocht
es	

24. The Pluperfect Tense

The Pluperfect Tense is formed from the Imperfect tense forms of either *haben* or *sein* together with the PAST PARTICIPLE which is normally at the end of the clause or sentence. (The past participle of a strong verb ends in –**en**, of a weak verb in –**t**.)

(a) Weak Verbs

kochen

ich **hatte** ... gekocht	wir **hatten** ... gekocht
du **hattest** ... gekocht	ihr **hattet** ... gekocht
Sie **hatten** ... gekocht	Sie **hatten** ... gekocht
er	
sie } **hatte** ... gekocht	sie **hatten** ... gekocht
es	

(b) Strong Verbs

essen

ich **hatte** ... gegessen	wir **hatten** ... gegessen
du **hattest** ... gegessen	ihr **hattet** ... gegessen
Sie **hatten** ... gegessen	Sie **hatten** ... gegessen
er sie } **hatte** ... gegessen es	sie **hatten** ... gegessen

gehen

ich **war** ... gegangen	wir **waren** ... gegangen
du **warst** ... gegangen	ihr **wart** ... gegangen
Sie **waren** ... gegangen	Sie **waren** ... gegangen
er sie } **war** ... gegangen es	sie **waren** ... gegangen

25. The Conditional Tense

The Conditional Tense is formed from the Imperfect subjunctive of *werden* (*ich würde*) and the INFINITIVE. This applies to regular and irregular verbs. (Compare with the Future tense § 21.)

essen

ich **würde** ... essen	wir **würden** ... essen
du **würdest** ... essen	ihr **würdet** ... essen
Sie **würden** ... essen	Sie **würden** ... essen
er sie } **würde** ... essen es	sie **würden** ... essen

26. The Future Perfect Tense

The Future Perfect is a combination of the Future and Perfect tenses:

essen

ich **werde** ... gegessen **haben**	wir **werden** ... gegessen **haben**
du **wirst** ... gegessen **haben**	ihr **werdet** ... gegessen **haben**
Sie **werden** ... gegessen **haben**	Sie **werden** ... gegessen **haben**
er sie } **wird** ... gegessen es **haben**	sie **werden** ... gegessen **haben**

gehen

ich **werde** ... gegangen **sein**	wir **werden** ... gegangen **sein**
du **wirst** ... gegangen **sein**	ihr **werdet** ... gegangen **sein**
Sie **werden** ... gegangen **sein**	Sie **werden** ... gegangen **sein**
er sie } **wird** ... gegangen **sein** es	sie **werden** ... gegangen **sein**

27. The Conditional Perfect Tense

The Conditional Perfect is a combination of the Conditional and Perfect tenses:

essen

ich **würde** ... gegessen **haben**	ich **hätte** ... gegessen
du **würdest** ... gegessen **haben**	du **hättest** ... gegessen
Sie **würden** ... gegessen **haben**	Sie **hätten** ... gegessen
er sie } **würde** ... gegessen **haben** es	er sie } **hätte** ... gegessen es
wir **würden** ... gegessen **haben**	wir **hätten** ... gegessen
ihr **würdet** ... gegessen **haben**	ihr **hättet** ... gegessen
Sie **würden** ... gegessen **haben**	Sie **hätten** ... gegessen
sie **würden** ... gegessen **haben**	sie **hätten** ... gegessen

gehen

ich **würde** ... gegangen **sein**	ich **wäre** ... gegangen
du **würdest** ... gegangen **sein**	du **wärest** ... gegangen
Sie **würden** ... gegangen **sein**	Sie **wären** ... gegangen
er sie } **würde** ... gegangen **sein** es	er sie } **wäre** ... gegangen es
wir **würden** ... gegangen **sein**	wir **wären** ... gegangen
ihr **würdet** ... gegangen **sein**	ihr **wäret** ... gegangen
Sie **würden** ... gegangen **sein**	Sie **wären** ... gegangen
sie **würden** ... gegangen **sein**	sie **wären** ... gegangen

28. The Imperative

The Imperative forms are used for giving commands. The usual forms for both strong and weak verbs are as follows:

(a) Reiche (*du* form) – **Reiche** mir das Buch!
Reicht (*ihr* form) – **Reicht** mir das Buch!
Reichen Sie (*Sie* form – singular and plural)
– **Reichen Sie** mir das Buch!

(Trage! Tragt! Tragen Sie!)

(b) The *e* of the *du* form is often dropped. (**geh', komm'**)
(c) Strong verbs with the stem vowel *e* mostly change the *e* to *ie* or *i* in the *du* form:
lies! (from lesen)
nimm! (from nehmen)
gib! (from geben)

29. Um . . . zu

There are four main patterns (The Infinitive is used with *zu* and is always at the end of the clause or sentence.)

Sie ging in die Küche, **um zu kochen.** (Ordinary strong or weak verb.)

Sie ging ins Wohnzimmer, **um fernzusehen.** (Verb with separable prefix.)

Sie ging ins Badezimmer, **um sich zu waschen.** (Reflexive verb.)

Sie ging ins Schlafzimmer, **um sich anzuziehen.** (Reflexive verb with separable prefix.)

---

30. Modal Verbs

There are six modal verbs. They are:

können – to be able to (can)
dürfen – to be allowed to (may, can)
müssen – to have to (must)
mögen – to should/would like to.
wollen – to want to
sollen – to ought to (should)

(a) Present Tense

ich **will**	wir **wollen**
du **willst**	ihr **wollt**
Sie **wollen**	Sie **wollen**
er sie } **will** es	sie **wollen**

Similarly: ich darf/ich muß/ich kann/ich soll/ich mag.

(b) Imperfect Tense

ich **wollte**	wir **wollten**
du **wolltest**	ihr **wolltest**
Sie **wollten**	Sie **wollten**
er sie } **wollte** es	sie **wollten**

Similarly: ich durfte/ich mußte/ich konnte/ich sollte/ich mochte.

Modal verbs are used with the Infinitive which is normally at the end of the clause or sentence.

Ich **will** ins Kino **gehen**
Ich **wollte** Tennis **spielen**

Wir **müssen** nach Garmisch **fahren**
Sie **mußten** ihre Hausaufgaben **machen**.

(c) Note:

(i) Difficult constructions:
Er hätte gehen können – He could have gone.
Er hätte gehen müssen – He would have had to go.
Er hätte gehen wollen – He would have wanted to go.
Er hätte gehen dürfen – He would have been allowed to go.
Er hätte gehen mögen – He would have liked to go.
Er hätte gehen sollen – He ought to have gone.

(ii) Während der Ferien **konnten** sie ans Meer fahren – They were able to go to the sea during the holidays.

Während der Ferien **könnten** sie ans Meer fahren – They could go to the sea during the holidays (i.e. there is a possibility that they might).

(iii) Ich **möchte** noch eine Tasse Kaffee, bitte – I'd like another cup of coffee, please.

---

31. Voice

Active and Passive

"Voice" is the form of a verb by which the relation of the subject to the action is indicated.

(a) In the active voice the subject *is* something or *does* something to someone or something outside itself. It is the agent.
e.g. Der Edelmann kaufte das Porträt.
(The nobleman bought the portrait.)

(b) In the passive voice the subject has something done to it by some outside agent. It suffers the action.
e.g. Das Porträt wurde von dem Edelmann gekauft.
(The portrait was bought by the nobleman.)

(c) The direct object of the active is the subject of the passive.
e.g. Der Diener rettete **das Porträt.**
Das Porträt wurde von dem Diener gerettet.

---

32. The Formation of the Passive

The Passive is formed by using the Past Participle of the verb with the appropriate tense of *werden*.

gemalt werden (to be painted)

(a) Present Tense (It is (being) painted etc.)

ich **werde** ... gemalt	wir **werden** ... gemalt
du **wirst** ... gemalt	ihr **werdet** ... gemalt
Sie **werden** ... gemalt	Sie **werden** ... gemalt
er sie } **wird** ... gemalt es	sie **werden** ... gemalt

(b) Imperfect Tense (It was (being) painted etc.)

ich **wurde** ... gemalt	wir **wurden** ... gemalt
du **wurdest** ... gemalt	ihr **wurdet** ... gemalt
Sie **wurden** ... gemalt	Sie **wurden** ... gemalt
er sie es } **wurde** ... gemalt	sie **wurden** ... gemalt

(c) Perfect Tense (It has been painted etc.)

ich **bin** ... gemalt **worden**	wir **sind** ... gemalt **worden**
du **bist** ... gemalt **worden**	ihr **seid** ... gemalt **worden**
Sie **sind** ... gemalt **worden**	Sie **sind** ... gemalt **worden**
er sie es } **ist** ... gemalt **worden**	sie **sind** ... gemalt **worden**

(d) Pluperfect Tense (It had been painted etc.)

ich **war** ... gemalt **worden**	wir **waren** ... gemalt **worden**
du **warst** ... gemalt **worden**	ihr **wart** ... gemalt **worden**
Sie **waren** ... gemalt **worden**	Sie **waren** ... gemalt **worden**
er sie es } **war** ... gemalt **worden**	sie **waren** ... gemalt **worden**

The other tenses are formed as follows:

Future Passive: Es wird ... gemalt werden (It will be painted)

Conditional Passive: Es würde ... gemalt werden (It would be painted)

Future Perfect Passive: Es wird ... gemalt worden sein. (It will have been painted.)

Conditional Perfect Passive: Es würde ... gemalt worden sein. (It would have been painted.)

Note:

(i) "By" is translated by **von** (agent), **durch** (means), **mit** (instrument):

Das Porträt wurde **von dem Maler** verkauft.

Es wurde **durch die Geschicklichkeit** des Kunst-experten restauriert.

Die Kartoffeln wurden **mit einem Messer** geschält.

(ii) The Passive can often be avoided by using **man**:

Hier spricht man deutsch – German is spoken here.

33. The Subjunctive in Indirect Speech

(i) The Subjunctive is often used in reported speech. (e.g. after such verbs as saying, hoping, thinking, fearing, asking etc.)

(ii) The tense of the Subjunctive is that of the original statement.

e.g.

Er sagte: „Ich bin krank." (Present Indicative)

Er sagte, daß er krank sei. (Present Subjunctive)

Er fragte: „Bist du krank?" (Present Indicative)

Er fragte, ob ich krank sei. (Present Subjunctive)

(iii) If, however, in the person and number used, the Present Indicative and Present Subjunctive have the same form, the Imperfect Subjunctive is used. Similarly, if the Perfect Indicative and Subjunctive forms are the same, the Pluperfect Subjunctive is used:

(a) Er sagte, daß er noch esse. (He said he was still eating.)

(b) Er sagte, daß sie noch *äßen*. (He said they were still eating. – Imperfect Subjunctive used for Present.)

(c) Er fragte, ob er das Buch gelesen habe. (He asked if he had read the book.)

(d) Er fragte, ob sie das Buch gelesen *hätten*. (He asked if they had read the book. – Pluperfect Subjunctive used for Perfect.)

34. The Formation of the Subjunctive

The endings of the Present and Imperfect Subjunctive forms are the same for all verbs, except in the 1st and 3rd persons singular Present of *sein*.

sing –**e**, –**est**, –**en**, –**e**

pl –**en**, –**et**, –**en**, –**en**

(a) The Present Subjunctive

The above endings are added to the stem of the Infinitive. *sein* is the only verb having irregular forms in the Present Subjunctive:

sagen (wk)	**fahren** (st)	**sein**
ich sage	ich fahre	ich sei
du sagest	du fahrest	du seiest
Sie sagen	Sie fahren	Sie seien
er sie es } sage	er sie es } fahre	er sie es } sei
wir sagen	wir fahren	wir seien
ihr saget	ihr fahret	ihr seiet
Sie sagen	Sie fahren	Sie seien
sie sagen	sie fahren	sie seien

(b) The Imperfect Subjunctive

(i) The Imperfect Subjunctive of *weak* verbs is the same as the Imperfect Indicative.

(ii) The Imperfect Subjunctive of strong verbs is found by adding the following endings of the Imperfect Indicative.

sing –e, –est, –en, –e
pl –en, –et, –en, –en

Strong verbs add an umlaut in the stem vowel if possible, as do also, – *haben*, *wissen* and *werden* (e.g. ich hätte, ich wüßte, ich würde):

strong		weak
ich führe	ich wäre	ich sagte
du führest	du wärest	du sagtest
Sie führen	Sie wären	Sie sagten
er	er	er
sie } führe	sie } wäre	sie } sagte
es	es	es
wir führen	wir wären	wir sagten
ihr führet	ihr wäret	ihr sagtet
Sie führen	Sie wären	Sie sagten
sie führen	sie wären	sie sagten

(c) The Perfect Subjunctive

This is formed by using the Present Subjunctive forms of *haben* and *sein* with the Past Participle:

ich **habe** ... gesagt
du **habest** ... gesagt
Sie **haben** ... gesagt
er
sie } **habe** ... gesagt
es

ich **sei** ... gefahren
du **seiest** ... gefahren
Sie **seien** ... gefahren
er
sie } **sei** ... gefahren
es

wir **haben** ... gesagt
ihr **habet** ... gesagt
Sie **haben** ... gesagt
sie **haben** ... gesagt

wir **seien** ... gefahren
ihr **seiet** ... gefahren
Sie **seien** ... gefahren
sie **seien** ... gefahren

(d) The Pluperfect Subjunctive

This is formed by using the Imperfect Subjunctive forms of *haben* and *sein* with the Past Participle:

ich **hätte** ... gesagt
du **hättest** ... gesagt
Sie **hätten** ... gesagt
er
sie **hätte** ... gesagt
es

ich **wäre** ... gefahren
du **wärest** ... gefahren
Sie **wären** ... gefahren
er
sie } **wäre** ... gefahren
es

wir **hätten** ... gesagt
ihr **hättet** ... gesagt
Sie **hätten** ... gesagt
sie **hätten** ... gesagt

wir **wären** ... gefahren
ihr **wäret** ... gefahren
Sie **wären** ... gefahren
sie **wären** ... gefahren

35. Conjunctions

Conjunctions are used to join statements or clauses. You must be careful with the word order when you use them (cf.§ 36).
There are two types of conjunction:

(a) Subordinating conjunctions

The following conjunctions introduce subordinate clauses (i.e. clauses that do *not* convey the main information of the sentence but tell *when, why, how*, etc. actions take place. The verb is sent to the end of the clause:

(i) *Temporal* (time)
als (when, if)
wenn (whenever)
während (while)
bis (until)
sobald (as soon as)
sooft (as often as)

solange (as long as)
nachdem (after)
bevor }
ehe } (before)
seitdem (since)

(ii) *Cause, purpose, result*
weil (because)
da (as, since)

damit (so that)
sa daß (so that, with the result that)

(iii) *Miscellaneous*
daß (that)
ob (if, whether)
falls (in case)

obwohl }
obgleich } although
obschon }
als ob }
als wenn } as if

(iv) *Interrogative words used as subordinating conjunctions*
wo (where)
wohin (where . . . to)
woher (where . . . from)

wie (how)
wann (when)
warum (why)

(b) Coordinating conjunctions

The following conjunctions link main clauses (i.e. clauses that are of equal importance and convey the main information of the sentence) and do not affect the word order:

und (and)
oder (or)
denn (for, i.e. because)

aber (but)
sondern (but, as a contrast)

36. Word Order

(a) Past participles and infinitives are normally at the end of a clause or sentence:

Er ist in die Stadt **gefahren**.
Er wird in die Stadt **fahren**.
Er muß in die Stadt **fahren**.
Er steigt in seinen Wagen ein, um in die Stadt zu **fahren**.

(b) The verb is normally the second idea in a sentence:

Sie **fährt** jeden Tag zur Schule.
Jeden Tag **fährt** sie zur Schule.

Sie **wird** morgen zur Schule fahren.
Morgen **wird** sie zur Schule fahren.

Sie **ist** gestern zur Schule gefahren.
Gestern **ist** sie zur Schule gefahren.

Sie **fährt** zur Schule, nachdem sie in den Bus eingestiegen ist.
Nachdem sie in den Bus eingestiegen ist, **fährt** sie zur Schule.

(c) The verb is, however, sent to the end of the clause after subordinating conjunctions:

Wenn sie in die Stadt **fährt**.
Als sie in die Stadt **fuhr**.
Bevor sie nach Garmisch **fahren**.
Nachdem sie ins Kino gegangen **sind**.
Während er seine Pfeife **raucht**.
Weil sie nicht ins Kino gehen **konnten**.
Da es während des Tages geregnet **hat**.

and in relative clauses:

Der Mann, **der** im Fernsehraum **saß**.
dir Frau, **deren** Mann krank **ist**.
Das Mädchen mit **dem** ich ins Kino **ging**.

(d) There is no change of word order after coordinating conjunctions:

Sie ging in die Küche, und sie bereitete das Frühstück.
Wir könnten ins Kino gehen, oder wir könnten zu Hause bleiben.
Ich könnte zu Hause bleiben, aber ich gehe lieber ins Kino.

Sie konnte Tennis nicht spielen, denn sie mußte einen Aufsatz schreiben.

(e) In a German clause or sentence, expressions of TIME precede those of MANNER and those of MANNER precede those of PLACE:

TIME (Wann?)

MANNER (Wie?/Womit?)

PLACE (Wo?/Wohin?/Woher?)

Gestern abend ging ich mit einem Freund ins Kino.
Letzten Sommer flogen wir mit dem Flugzeug nach Deutschland.
Gestern nachmittag gingen wir schnell die Straße entlang.

(f) *Direct and Indirect Objects*.

1. When there are two nouns in a clause or sentence, the Indirect Object (Dative) precedes the Direct Object (Accusative):
Karl gab **dem** Mann **den** Wein.
2. When there are two pronouns in a clause or sentence, the Direct Object (Accusative) precedes the Indirect Object (Dative):
Karl gab **ihn ihm**.
3. When there are a noun and a pronoun in the clause or sentence, the pronoun precedes the noun.
Karl gab **ihn** dem Mann.
Karl gab **ihm** den Wein.

(g) The verb is inverted in questions:

Schläft sie im Wohnzimmer?
Ist sie in der Stadt gewesen?

37. Plural Formation of Nouns

The formation of noun plurals in German often causes difficulty. You should learn the gender and plural of each noun as you meet it. You may find the following notes helpful:

A. Masculine Nouns (*der* words)

1. The majority of masculine nouns ending in *–el*, *–en* or *–er* have the same form in the plural as they do in the singular. A few add an umlaut in the plural.

(a)

der Löffel (–)	der Bäcker (–)
der Wagen (–)	

(b)

der Apfel (∺)	der Magen (∺)
der Bruder (∺)	der Mantel (∺)
der Flughafen (∺)	der Ofen (∺)
der Garten (∺)	der Regenmantel (∺)
der Gemüseladen (∺)	der Vater (∺)
der Hafen (∺)	

2. Most monosyllabic masculine nouns (e.g. Tisch) and their compounds (e.g. Schreibtisch) form their plural by adding *–e* or *∺e*.

(a) Those containing the vowels *–i* or *–e* in their stem add *–e*:

der Tisch (–e)	der Berg (–e)
der Film (–e)	

(b) Those containing the vowels *–a*, *–o*, or *–u* in their stem usually add *∺e*:

der Schrank (∺e)	der Kopf (∺e)
der Hut (∺e)	der Baum (∺e)

You should learn the following common monosyllabic masculine nouns (with their stem vowel, *–a*, *–o*, *–u*) that are exceptions in so far as they form their plural in *–e*:

der Arm (–e)	der Pfad (–e)
der Dom (–e)	der Ruf (–e)
der Hund (–e)	der Schuh (–e)
der Ort (–e)	der Tag (–e)

3. A few masculine nouns form their plurals by adding *∺er*:

der Mann (∺er)	der Rand (∺er)
der Mund (∺er)	der Wald (∺er)

4. Other add *–s*:

der Bungalow (–s)	der Jugendklub (–s)
der Friseursalon (–s)	der Park (–s)
der Gummi (–s)	der Schal (–s)
der Hotelboy (–s)	

5. A few nouns (so called weak masculine nouns) form their plural by adding *–n* or *–en*. (These also add *–n* or *–en* to the Accusative, Genitive and Dative singular forms.)

der Affe (–n)	der Junge (–n)
der Bär (–en)	der Löwe (–n)
der Elefant (–en)	der Mensch (–en)
der Junge (–n)	der Neffe (–n)
der Herr (–en)	der Student (–en)

Most masculine nouns ending in *–e* that denote nationality are weak masculines:

der Franzose (–n)	der Russe (–n)

Note: der Deutsche is an exception. It is declined like an adjective.

B. Feminine Nouns (*die* words)

1. The majority of feminine nouns form their plural by adding *–n* or *–en*.

die Mappe (–n)	die Uhr (–en)
die Blume (–n)	die Fahrt (–en)
die Vase (–n)	die Metzgerei (–en)

2. Feminine counterparts of male professions and nationalities etc. form their plurals by adding *–nen*:

(a)

die Brieffreundin (–nen)	die Lehrerin (–nen)
die Freundin (–nen)	die Metzgerin (–nen)
die Kartenverkäuferin (–nen)	die Schülerin (–nen)
	die Verkäuferin (–nen)
die Kellnerin (–nen)	etc. etc.

(b)

die Französin (–nen)	die Engländerin (–nen)

3. A few feminine nouns add *∺e* in the plural.

die Bank (∺e)	die Nacht (∺e)
die Gans (∺e)	die Stadt (∺e)
die Hand (∺e)	die Wand (∺e)
die Kuh (∺e)	die Wurst (∺e)
die Maus (∺e)	

4. A few feminine nouns add *–s* in the plural.

die Bar (–s)	die Saison (–s)
die Milchbar (–s)	die Ziehharmonika (–s)

5. The following feminine nouns add *∺* in the plural.

die Mutter (∺)	
die Tochter (∺)	

C. Neuter Nouns (*das* words)

1. Many neuter nouns form their plural by adding –*e*:
   das Heft (–e)
   das Flugzeug (–e)
   das Telefon (–e)

2. Others add either –*er* or –*er*.
   das Bild (–er)   das Buch (–er)
   das Kind (–er)   das Dach (–er)
   das Kleid (–er)   das Fahrrad (–er)

3. The majority of neuter nouns ending in –*el*, –*en* or –*er* have the same form in the plural as they do in the singular. (*Das Kloster* adds an Umlaut in the plural.)
   das Viertel (–)
   das Brötchen (–)
   das Zimmer (–)

4. A few neuter nouns add –*n* or –*en* in the plural.
   das Auge (–n)   das Ende (–n)
   das Bett (–en)   das Wochenende (–n)
   das Doppelbett (–en) das Hemd (–en)
   das Einzelbett (–en) das Ohr (–en)

5. A few neuter nouns (usually of foreign origin) add –*s* in the plural.
   das Auto (–s)   das Kilo (–s)
   das Büro (–s)   das Kino (–s)
   das Büffet (–s)   das Kotelett (–s)
   das Cello (–s)   das Radio (–s)
   das Hotel (–s)   das Taxi (–s)

D. Other plurals

der Bus (Busse)
der Eßsaal (Eßsäle)

Note: das Wort has two plurals:
das Wort (–e) – connected words that together make sense.
das Wort (–er) – disconnected words (as in a dictionary).

E. The following nouns are used only in the plural:

die Augenschmerzen   die Jeans
die Badesachen   die Kopfschmerzen
die Eltern   die Lebensmittel
die Ferien   die Magenschmerzen
die Geschwister   die Zahnschmerzen
die Herrschaften

38. Question Forms

A.
1. Was ist das? – (What's that?)
2. Wer ist das? – (Who is that?)
3. Was siehst du? – (What can you see?)
4. Wen siehst du? – (Whom can you see?)
5. Wessen Bruder ist er? – (Whose brother is he?)
6. Wem gab er es? – (To whom did he give it?)
7. Welcher Wagen ist es? – (Which car is it?)
8. Welchen Wagen siehst du? – (Which car can you see?)
9. Mit welchem Wagen fuhren sie? (In which car did they go?)
10. Was für ein Wagen ist es? – (What sort of a car is it?)
11. Was für einen Wagen hat er? – (What sort of a car has he got?)
12. Mit was für einem Wagen fuhren sie? (In what sort of a car did they go?)

B.
1. Wann? (When?)
2. Um wieviel Uhr? – (At what time?)
3. In welchem Monat/Jahr? – (In which month/year?)
4. Wie fuhren sie? – (How did they go?)
5. Wie ist es? – (What's it like?)
6. Womit schreibst du? – (What do you write with?)
7. Warum? – (Why?)
8. Wozu? – (Why?/For what purpose?)
9. Weshalb? – (Why?)
10. Wo? – (Where?)
11. Wohin? (Where to?)
12. Woher? – (Where from?)

C.
1. Was macht sie? – (What does she do?)
2. Was wird sie machen? – (What will she do?)
3. Was machte sie? – (What did she do?)
4. Was hat sie gemacht? – (What did she do?)
5. Was hatte sie gemacht? – (What had she done?)
6. Was würde sie machen? – (What would she do?)
7. Was wird sie gemacht haben? – (What will she have done?)
8. {Was hätte sie gemacht?
   {Was würde sie gemacht haben? (What would she have done?)

D.
1. Was geschieht dann? – (What happens then?)
2. Was wird dann geschehen? – (What will happen then?)
3. Was geschah dann? – (What happened then?)
4. Was ist dann geschehen? – (What happened then?)
5. Woher weißt du … ? – (How do you know?)
6. Unter welchen Umständen … ? (In what circumstances?)
7. Wie sieht er aus? – (What does he look like?)

39. Irregular Verbs

A. Strong Verbs

(a) For compounds (e.g. *fernsehen, einsteigen, aufstehen* etc.)
see the simple forms *sehen, steigen* and *stehen*.

(b) *indicates that the verb is conjugated with *sein*.

Infinitive	3rd person sing. present	3rd person sing. imperfect	past participle	meaning
beginnen	beginnt	begann	begonnen	to begin
beißen	beißt	biß	gebissen	to bite
biegen	biegt	bog	gebogen	to bend
bieten	bietet	bot	geboten	to offer
bitten	bittet	bat	gebeten	to ask/ request
bleiben	bleibt	blieb	*geblieben	to remain
braten	brät	briet	gebraten	to roast
brechen	bricht	brach	gebrochen	to break
dreschen	drischt	drosch	gedroschen	to thresh
essen	ißt	aß	gegessen	to eat
fahren	fährt	fuhr	*gefahren	to go (by vehicle) to drive (+ *haben*)
fallen	fällt	fiel	*gefallen	to fall
fangen	fängt	fing	gefangen	to catch
finden	findet	fand	gefunden	to find
fliegen	fliegt	flog	*geflogen	to fly
fließen	fließt	floß	*geflossen	to flow
fressen	frißt	fraß	gefressen	to eat (of animals)
frieren	friert	fror	*gefroren	to freeze/ be cold
geben	gibt	gab	gegeben	to give
gehen	geht	ging	*gegangen	to go
gelingen	gelingt	gelang	*gelungen	to succeed (impers.)
geschehen	geschieht	geschah	*geschehen	to happen (impers.)
gewinnen	gewinnt	gewann	gewonnen	to win
gießen	gießt	goß	gegossen	to pour
halten	hält	hielt	gehalten	to hold to stop
hängen	hängt	hing	gehangen	to hang
heben	hebt	hob	gehoben	to lift
heißen	heißt	hieß	geheißen	to be called
helfen	hilft	half	geholfen	to help
kommen	kommt	kam	*gekommen	to come
kriechen	kriecht	kroch	*gekrochen	to creep
laden	lädt	lud	geladen	to load
lassen	läßt	ließ	gelassen	to let/leave
laufen	läuft	lief	*gelaufen	to run
leiden	leidet	litt	gelitten	to suffer
lesen	liest	las	gelesen	to read
liegen	liegt	lag	gelegen	to lie/be situated

Infinitive	3rd person sing. present	3rd person sing. imperfect	past participle	meaning
melken	melkt	molk	gemolken	to milk
messen	mißt	maß	gemessen	to measure
nehmen	nimmt	nahm	genommen	to take
pfeifen	pfeift	pfiff	gepfiffen	to whistle
raten	rät	riet	geraten	to advise
reiten	reitet	ritt	*geritten	to ride (also + haben)
riechen	riecht	roch	gerochen	to smell
rufen	ruft	rief	gerufen	to call
saufen	säuft	soff	gesoffen	to drink (of animals)
scheiden	scheidet	schied	*geschieden	to part
scheinen	scheint	schien	geschienen	to shine/ seem
schieben	schiebt	schob	geschoben	to push
schießen	schießt	schoß	geschossen	to shoot
schlafen	schläft	schlief	geschlafen	to sleep
schlagen	schlägt	schlug	geschlagen	to hit/ strike
schließen	schließt	schloß	geschlossen	to shut
schneiden	schneidet	schnitt	geschnitten	to cut
schreiben	schreibt	schrieb	geschrieben	to write
schreien	schreit	schrie	geschrien	to shout/ scream
schwimmen	schwimmt	schwamm	*geschwommen	to swim
sehen	sieht	sah	gesehen	to see
sein	ist	war	*gewesen	to be
singen	singt	sang	gesungen	to sing
sitzen	sitzt	saß	gesessen	to sit
sprechen	spricht	sprach	gesprochen	to speak
springen	springt	sprang	*gesprungen	to jump
stehen	steht	stand	gestanden	to stand
stehlen	stiehlt	stahl	gestohlen	to steal
steigen	steigt	stieg	*gestiegen	to climb
tragen	trägt	trug	getragen	to wear /carry
treffen	trifft	traf	getroffen	to meet/hit
treten	tritt	trat	*getreten	to step
trinken	trinkt	trank	getrunken	to drink
tun	tut	tat	getan	to do
vergessen	vergißt	vergaß	vergessen	to forget
verlieren	verliert	verlor	verloren	to lose
wachsen	wächst	wuchs	*gewachsen	to grow
waschen	wäscht	wusch	gewaschen	to wash
werden	wird	wurde	*geworden	to become
werfen	wirft	warf	geworfen	to throw
wiegen	wiegt	wog	gewogen	to weigh
ziehen	zieht	zog	gezogen	to pull

B. Mixed Verbs

brennen	brennt	brannte	gebrannt	to burn
bringen	bringt	brachte	gebracht	to bring
denken	denkt	dachte	gedacht	to think
haben	hat	hatte	gehabt	to have
kennen	kennt	kannte	gekannt	to know
nennen	nennt	nannte	genannt	to name
rennen	rennt	rannte	*gerannt	to run/race
senden	sendet	sandte	gesandt	to send
wenden	wendet	wandte	gewandt	to turn
wissen	weiß	wußte	gewußt	to know

C. Modal Verbs

dürfen	darf	durfte	gedurft	to be allowed
können	kann	konnte	gekonnt	to be able
mögen	mag	mochte	gemocht	to like
müssen	muß	mußte	gemußt	to have to/must
sollen	soll	sollte	gesollt	to owe (ought/should)
wollen	will	wollte	gewollt	to want to

40. Weak Verbs

(a) Verbs in this book other than those listed above and their compounds are weak and follow the pattern of „kochen" e.g.:

kochen   kocht   kochte   gekocht   to cook

(b) Verbs ending in –ieren omit the ge– in the past participle e.g.:

telefonieren telefoniert telefonierte telefoniert to phone

41. Inseparable Prefixes

A number of verbs have inseparable prefixes. The most common of these are: **be–, emp–, ent–, er–, ge–, ver–, miß–, zer–.**

bestehen (to consist)   geschehen (to happen)
empfangen (to receive)   verstehen (to understand)
entdecken (to discover)   mißverstehen (to misunderstand)
erzählen (to tell)   zerstören (to destroy)

42. The character ß

In writing, the character ß is used for **ss**:

(i) in the middle of a word when preceded by a long vowel or diphthong e.g.
    aß, Größe, fleißig, draußen, Füße, genießen, etc.
(ii) at the end of a word or syllable, whether the vowel preceding is long or short.
    e.g.
    daß, Schloß, Eßzimmer etc.
(iii) always in the group **ßt**
    du mußt, du wußtest, er heißt etc.

43. Punctuation

, – (das) Komma
. – (der) Punkt
„ – (die) Anführungszeichen (unten) (pl)
" – (die) Anführungszeichen (oben) (pl)
: – (der) Doppelpunkt
; – (das) Semikolon
! – (das) Ausrufezeichen
? – (das) Fragezeichen
- – (der) Gedankenstrich
() – (die) Klammern (pl)

44. Das Alphabet

A	ah		N	enn
B	bay		O	oh
C	tsay		P	pay
D	day		Q	koo
E	ay		R	air
F	eff		S	ess
G	gay		T	tay
H	hah		U	ooh
I	ee		V	fow (as in fowl)
J	yot		W	vay
K	ka		X	icks
L	ell		Y	ipsilon
M	emm		Z	tset

Lesson vocabularies and additional notes

Lektion 1: Renate und Inge (page 1)

A

das	Zentrum (Zentren):	*(city) centre*
	stammen (wk.) aus + Dat.:	*to come from*
	(un)angenehm:	*(un)pleasant*
der	Vorort (–e):	*suburb*
	modern/altmodisch:	*modern/old fashioned*
das	Einfamilienhaus (¨er):	*detached house*
das	Doppelhaus (¨er):	*semi-detached house*
das	Reihenhaus (¨er):	*terrace house*
das	Mietshaus (¨er):	*block of flats*
	mieten (wk.):	*to rent*
	nett:	*nice*
der	Aufenthalt (–e):	*stay*
sich	**auf**halten (ä, ie, a):	*to stay*
sich	**an**freunden (wk.) mit jemandem:	*to make friends with someone*
das	Reisebüro (–s):	*travel office (agent's)*
die	Stadtmitte (–n):	*town centre*
	erreichen (wk.):	*to reach*

B

der	Tischler (–):	*carpenter*
die	Möbelfabrik (–en):	*furniture factory*
	anstellen (wk.):	*to employ*
	angestellt:	*employed*
der/die	Angestellte (like adj.):	*employee*
die	Bank (–en):	*bank*
	jetzt:	*now*
die	Klinik (–en):	*clinic*
	ledig:	*single*
	verlobt:	*engaged*
	verheiratet:	*married*
	geschieden:	*divorced*
	Köln:	*Cologne*
der	Student (–en)(wk. masc.):	*student*
sich	verloben (wk.) mit + dat.:	*to get engaged to*
der/die	Verlobte (like adj.):	*fiancé/fiancée*
	ein fester Freund:	*a steady boyfriend*

C

	rotbraun:	*auburn*
	lieben (wk.):	*to love*
	auffallend:	*striking*
	gutaussehend:	*good-looking*
die	Freizeit:	*spare time*
	verbringen (verbringt, verbrachte, verbracht):	*to spend (time)*
	ausgeben (i, a, e):	*to spend (money)*
sich	treffen (i, traf, o) mit jemandem:	*to meet someone*
	häufig:	*frequently*
	selten:	*seldom, rarely*
	manchmal:	*sometimes*
die	Reise (–n):	*journey*
der	Urlaubsplan (¨e):	*holiday plan*
der	Urlaub (–e):	*holiday, vacation*

die	Ferien (pl.):	*holiday(s)*
	*verreisen (wk.):	*to go away (on holiday/a trip)*
	deswegen:	*therefore*
	sparen (wk.):	*to save*
der	Teil (–e):	*part*
das	Gehalt (¨er):	*income, earnings*
	damit:	*so that*
	sie fährt **ins** Ausland:	*she goes abroad (movement)*
	sie wohnt **im** Ausland:	*she lives abroad*
die	Sekunde (–n):	*second*
die	Minute (–n):	*minute*
die	Stunde (–n):	*hour*
der	Tag (–e):	*day*
der	Morgen (–):	*morning*
der	Nachmittag (–e):	*afternoon*
der	Nacht (¨e):	*night*
die	Woche (–n):	*week*
der	Monat (–e):	*month*
die	Jahreszeit (–en):	*season*
das	Jahr (–e):	*year*
der	Bart (¨e):	*beard*
der	Finger (–):	*finger*
das	Auge (–n):	*eye*
die	Schulter (–n):	*shoulder*
die	Hand (¨e):	*hand*
der	Arm (–e):	*arm*
der	Kopf (¨e):	*head*
das	Haar (–e):	*hair*
das	Bein (–e):	*leg*
das	Ohr (–en):	*ear*

D

die	Fußgängerzone (–n):	*pedestrian precinct*
das	Kaufhaus (¨er):	*department store*
der	Kaufhof:	*name of a chain of stores (i.e. like Debenham's)*
	fast:	*almost*
	beinahe:	*almost*
das	Gerät (–e):	*piece of equipment*
das	Spielzeug (–e):	*toy*
die	Spielwaren (pl.):	*toys*
	ober (–er/e/es):	*upper*
	unter (–er/e/es):	*lower*
die	Abteilung (–en):	*department*
	entweder . . . oder:	*either . . . or*
	weder . . . noch:	*neither . . . nor*
der	Fahrstuhl (¨e):	*lift*
die	Rolltreppe (–n):	*escalator*

Lektion 2: Am Morgen (page 7)
A

	außer + Dat.:	*except for*
	klingeln (wk.):	*to ring*
der	Wecker (–):	*alarm clock*
	(**auf**) wecken (wk.):	*to wake someone (up)*

	*(auf) wachen (wk.):	to wake (up) (of one's own accord)
	erst dann:	only then
	sobald:	as soon as
der	Hauptbahnhof (÷e):	main line station
sich	verabschieden (wk./insep.)	
	von jemandem:	to say goodbye to someone
	*einbiegen (ie, o, o):	to turn
der	Radiergummi (–s):	rubber
das	Taschentuch (÷er):	handkerchief
der	Schal (–s):	scarf
die	Armbanduhr (–en):	(wrist) watch

B

die	Schlange (–n):	queue
	Schlange stehen (e, a, a):	to queue
die	Hausfrau (–en):	housewife
die	Einkaufstasche (–n):	shopping bag
der	Geschäftsmann (–leute):	businessman
die	Aktentasche (–n):	briefcase
die	Glatze (–n):	bald head
der	Anorak (–s):	anorak
der	Hosenanzug (÷e):	trouser suit

Lektion 3: Rainer und Erich (page 13)

A

der	Beruf (–e):	profession, job
	Was sind Sie von Beruf?:	} What's your job?
	Was machen Sie beruflich?	
	unterrichten (wk.):	to teach
das	Nationalitätszeichen (–):	nationality sign (sticker)
die	Schweiz:	Switzerland
	Frankreich:	France
	Deutschland:	Germany
	Portugal:	Portugal
	Italien:	Italy
	Großbritannien:	Great Britain
	Österreich:	Austria
	Schweden:	Sweden
	Dänemark:	Denmark
	Amerika:	America
die	Vereinigten Staaten:	the United States

B

die	Kunstakademie (–n):	art college
die	Abschlußprüfung (–en):	final examination, finals
der	Werbegraphiker (–):	commercial artist
	zwar:	indeed
	dennoch:	nevertheless
das	Wochenende (–n):	weekend
am	dortigen Gynasium:	at the grammar school there
der	Pullover (–):	sweater
die	Cordjacke (–n):	corduroy jacket
	teilen (wk.):	to share
das	Künstlerviertel (–):	artists' quarter
	diskutieren (wk.):	to discuss
die	Kneipe (–n):	pub
das	Stipendium (–ien):	grant
	verdienen (wk.):	to earn
das	Schnellrestaurant (–s):	snack-bar
der	Aushilfskellner (–):	temporary waiter

C

	anderthalb:	one and a half
	zweieinhalb/dreieinhalb	
	etc.:	two (three) and a half
die	Party (–s):	party
	etwas kleiner:	a little smaller (shorter)
der	Computer (–):	computer
die	Wildlederjacke (–n):	suede jacket
die	Grenze (–n):	border, frontier
der	Ingenieur (–e):	engineer
	beschäftigt:	(here) employed
	knallrot:	bright red
	auf Raten kaufen (wk.):	to buy on hire purchase (HP)
	sorgfältig:	carefully
	polieren (wk.):	to polish
	segeln (wk.):	to sail
das	Segelboot (–e):	sailing boat

D

das	Postamt (÷er):	post office
die	Briefmarke (–n):	stamp
sich	anstellen (wk.):	to join a queue
	seitdem (conj.):	since
die	Sekretärin (–nen):	secretary
die	Kosmetikfirma (–en):	cosmetic firm
	interessant:	interesting
	langweilig:	boring
die	Stellung (–en):	job
	übrigens:	by the way
sich	erinnern (wk.) an + Acc.:	to remember
	wissen (weiß, wußte, gewußt):	to know (a fact)
	kennen (kennt, kannte, gekannt):	to know (a person, place etc.)
	wirklich:	really
	toll:	marvellous, terrific
	in der Nähe:	in the vicinity (of), near to
	*reisen (wk.):	to travel
die	Ausbildung:	training (here: course)
	anfangen (ä, i, a):	to start
die	Semesterferien (pl.):	vacation (university etc.)
das	Studium:	studies
	tüchtig:	(here) hard
die	Fernsehgesellschaft (–en):	TV company

Lektion 4: Im Reisebüro Hoffmann

A (page 20)

der	Platz (÷e):	seat
der	Schalter (–):	counter
	bedienen (wk.):	to serve (customers etc.)
	allerlei:	all kinds of
der	Kunde (–n) (wk. masc.):	customer
	manch (–er/e/es):	a good many
die	Auskunft (÷e):	information
	helfen (i, a, o) + Dat.:	to help
der	Mensch (–en) (wk. masc.):	person (pl.: people)
der	Ferienplan (÷e):	holiday plan
	sogar:	even
die	Gelegenheit (–en):	opportunity
die	Fremdsprache (–n):	foreign language
	üben (wk.):	to practise

	da (conj.):		as
der	Ausländer (–):		foreigner (male)
die	Ausländerin (–nen):		foreigner (female)
	dauernd:		continuously, incessantly
die	Frage (–n):		question
die	Antwort (–en):		answer
	beantworten (wk.):		to answer
	sofort:		immediately, straightaway
	nachschlagen (ä, u, a):		to look something up
das	Kursbuch (¨er):		directory, (railway) timetable
der	Fahrplan (¨e):		timetable (vehicles)
der	Flugplan (¨e):		timetable (air)
der	Preis (–e):		price
das	Ticket (–s):		(flight) ticket
das	Flugticket (–s):		
die	Abfahrtszeit (–en):		departure time
die	Ankunftszeit (–en):		arrival time
	erfahren (ä, u, a):		to learn, find out
der	Job (–s):		job
der	Spanier (–):		Spanish man
die	Spanierin (–nen):		Spanish woman
	spanisch:		Spanish
der	Belgier (–):		Belgian man
die	Belgierin (–nen):		Belgian woman
	flämisch:		Flemish
der	Franzose (–n) (wk. masc.):		Frenchman
die	Französin (–nen):		French woman
	französisch:		French
der	Däne (–n) (wk. masc.):		Danish man
die	Dänin (–nen):		Danish woman
	dänisch:		Danish
die	Niederlande (pl.):		the Netherlands
	Holland:		Holland
der	Holländer (–):		Dutchman
die	Holländerin (–nen):		Dutch woman
	holländisch:		Dutch
der	Russe (–n) (wk. masc.):		Russian man
die	Russin (–nen):		Russian woman
	russisch:		Russian
der	Japaner (–):		Japanese man
die	Japanerin (–nen):		Japanese woman
	japanisch:		Japanese
der	Chinese (–n) (wk. masc.):		Chinese man
die	Chinesin (–nen):		Chinese woman
	chinesisch:		Chinese
der	Engländer (–):		Englishman
die	Engländerin (–nen):		English woman
	englisch:		English
der	Schotte (–n) (wk. masc.):		Scotsman
die	Schottin (–nen):		Scotswoman
der	Waliser (–):		Welshman
die	Waliserin (–nen):		Welsh woman
der	Ire (–n) (wk. masc.):		Irishman
die	Irin (–nen):		Irishwoman
der	Italiener (–):		Italian man
die	Italienerin (–nen):		Italian woman
	italienisch:		Italian
der	Amerikaner (–):		American man
die	Amerikanerin (–nen):		American woman
der	Deutsche (like adj.):		German man

die	Deutsche (like adj.):		German woman
	deutsch:		German

B

	tun (u, a, a):		to do
die	Karte (–n):		ticket
das	Europapokalspiel (–e):		European cup match
	besorgen (wk.):		(here) to get, obtain
	deswegen:		therefore
	unbedingt:		at all costs
der	Flug (¨e):		flight
	Geht das?:		Is that alright? (Can you arrange it?)
	hoffentlich:		hopefully, I hope so
	(un)möglich:		(im)possible
	ausgezeichnet:		excellent
	nämlich:		namely, you see
	prima:		fantastic, great
	nachts:		by night
	in Ordung:		fine, right then, OK
	übernachten (wk.):		to spend the night
	billig/teuer:		cheap/expensive
	wunderbar:		wonderful
	doch:		after all, certainly
	ein bißchen:		a bit, a little
	sowieso:		anyway
sich	(Dat.) **an**sehen (ie, a, a):		to (have a) look at
	eventuell:		possibly, perhaps
	Das paßt gut:		that fits in fine
die	Zentrale (–n):		central office
die	(Telefon) nummer (–n):		(phone) number
	wählen (wk.):		to dial
	heute morgen:		this morning
	heute nachmittag:		this afternoon
	heute abend:		this evening
	gestern morgen:		yesterday morning
	morgen früh:		tomorrow morning
	Auf Wiedersehen:		goodbye
	Auf Wiederhören:		goodbye (on phone)
	Tschüß:		cheerio
sich	wenden (wendet, wandte, gewandt) an + Acc.:		to turn to
	Es tut mir furchtbar leid:		I'm terribly sorry
	Ich habe eben erfahren:		I've just learned
der	Zollbeamte (like adj.):		custom's official
	streiken (wk.):		to strike
	infolgedessen:		as a result of that
	betreten (betritt, betrat, betreten):		to enter
	verlassen (ä, ie, a):		to leave
	augenblicklich:		for the moment
	völlig:		completely
die	Nachschrift (–en):		postscript
	wegen + Gen.:		on account of
	dicht:		dense, thick
der	Nebel (–):		fog, mist
	verschieben (ie, o, o):		to postpone
sich	fragen (wk.):		to wonder (ask oneself)
	stattfinden (i, a, u):		to take place
	****hin**fliegen (ie, o, o):		to fly out
	leider:		unfortunately

beschließen (ie, o, o):		to decide
sich entscheiden (ei, ie, ie) für		
+ Acc.:		to decide (on)
*zurückfliegen (ie, o, o):		to fly back
der Streik (–s):		strike
der Verkehr:		traffic
stark:		Here: heavy
der Tennisplatz (÷e):		tennis court
naß/trocken:		wet/dry
baden (wk.):		to swim
der Durst:		thirst
der Hunger:		hunger
durstig:		thirsty
hungrig:		hungry
die Hitze:		heat
die Kälte:		cold
heiß/kalt:		hot/cold
warm/kühl:		warm/cool

C

der Wunsch (÷e):		wish
die Villa (–en):		villa
die Sprachschule (–n):		language school
der Bauernhof (÷e):		farm
der Schwarzwald:		Black Forest
der Wohnwagen (–):		caravan
der Bodensee:		Lake Constance
die Dame (–n):		lady
älter:		(here) elderly

Lektion 5: Der Unfall (page 27)
A

der Unfall (÷e):		accident
die Absicht (–en):		intention
der Ausflug ÷e):		excursion
einen Ausflug machen		
(wk.):		to go on a trip
*losfahren (ä, u, a):		to set off (by vehicle)
zurechtmachen (wk.):		to get ready, prepare
das Picknick (–s):		picnic
das Butterbrot (–e):		sandwich
die Thermoflasche (–n):		Thermos flask
mitnehmen (nimmt,		
nahm, genommen):		to take along
die Badesachen (pl.):		swimming things
die Straßenecke (–n):		street corner
sich auf den Weg machen		
(wk.):		to set off
der See (–n):		lake
lehnen (wk.):		to lean
die Badehose (–n):		swimming trunks
der Badeanzug (÷e):		swimming costume
der Bikini (–s):		bikini
weiterbaden (wk.):		to go on swimming
*herumklettern (wk.):		to climb around
der Fels (–en) (mixed):		rock
sich befinden (i, a, u):		to be found (to be)
glitschig:		slippery
oben:		at the top
nach oben:		to the top (movement)

*ausrutschen (wk.):		to slip
*hinunterfallen (˙, ie, a):		to fall down
versuchen (wk.):		to try
richtig:		(here) properly
bewegen (wk.):		to move
schreien (ei, ie, ie) um +		
Acc.:		to shout for
die Hilfe:		help
sorgfältig:		carefully
sich erkälten (wk.):		to catch cold
selbst:		himself/herself/itself
stellen (wk.):		to put (in an upright position)
feststellen (wk.):		to establish
die Bahre (–n):		stretcher
der Krankenwagen (–):		ambulance
das Krankenhaus (÷er):		hospital
der Sanitäter (–):		ambulance man

B

*geschehen (ie, a, e):		to happen
sich begrüßen (wk.):		to greet, say hello to each other
*bleiben (ei, ie, ie):		to stay, remain
so schnell wie möglich:		as quickly as possible
*radeln (wk.):		to cycle

Lektion 6: Im Krankenhaus (page 32)
A

einen Tag frei haben:		to have a day off
besuchen (wk.):		to visit
schauen (wk.):		to look
du hast recht:		you're right
jawohl:		certainly
der Name (–n) (mixed):		name
das Schild (–er):		sign
die Einfahrt (–en):		entrance
wir haben Glück:		we're lucky (in luck)
der Parkplatz (÷e):		parking space
gerade:		(here) just
die Station (–en):		ward
das macht nichts:		that doesn't matter
der Pförtner (–):		porter
sich erkundigen (wk.) bei		
jemandem über etwas		
(Acc.):		to inquire about something from someone
entschuldigen (wk.):		to excuse
der Patient (–en) (wk. masc.):	patient
namens:		by the name of
die Besuchszeit (–en):		visiting time
die Stationsschwester (–n):		ward sister
inzwischen:		meanwhile
sprechen (i, a, o) mit +		
Dat.:		to talk to
erlauben (wk.) + Dat.:		to allow
dürfen (darf, durfte,		
gedurft):		to be allowed
seine Temperatur messen		
(i, a, e):		to take his temperature
lächeln (wk.):		to smile
auf einmal:		(here) at once

der	Schmerz (–en):	*pain*
das	Gipsbein (–e):	*leg in plaster*
	schwer/leicht:	*heavy/light*
	überhaupt nicht:	*not at all*
	kratzen (wk.):	*to scratch*
	wie schrecklich!:	*how awful!*
der	Johannisbeersaft:	*blackcurrant juice*
das	Geschenk (–e):	*present*
das	Puzzlespiel (–e):	*jigsaw puzzle*
das	Bastelflugzeug (–e)	*aeroplane kit*
	langweilig/interessant:	*boring/interesting*
	es macht Spaß:	*it's fun*
die	Sache (–n):	*thing*
	bekommen (o, a, o):	*to get, receive*
	die Zeit gut nutzen (wk.)	*to use the time well*
	stöhnen (wk.):	*to groan*
die	Geschichte (–n):	*story*
	aus zweiter Hand:	*second hand*
sich	freuen (wk.) auf + Acc.:	*to look forward to*
	bums:	*whoops*
	es ging nicht:	*nothing doing*
die	Blondine (–n):	*blonde*
	aufhören (wk.):	*to stop*
sich	erinnern (wk.) an + Acc.:	*to remember*
	vergessen (i, a, e):	*to forget*
das	Alter:	*age*
der	Chef (–s):	*boss*

B

der	Arzt (–̈e):	*doctor*
die	Ärztin (–nen):	*female doctor*
das	Medikament (–e):	*medicine*
die	Pille (–n):	*pill*
	erneuern (wk.):	*to replace, renew*
der	Verband (–̈e):	*bandage*
die	Spritze (–n):	*syringe, injection, jab*
die	Injection (–en):	*injection*
der/die	Kranke (like adj.):	*sick person*
das	Thermometer (–):	*thermometer*
der/die	Verletzte (like adj.)	*injured person*

C

	glücklicherweise:	*fortunately*
sich	freuen (wk.):	*to be pleased*
	schicken (wk.):	*to send*
	stolz auf + Acc.:	*proud of*
	schenken (wk.):	*to give (as a present)*
	erzählen (wk.) über + Acc.:	*to tell about*
	versprechen (i, a, o):	*to promise*

Lektion 7: Die Einladung (page 40)

A (a)

die	Einladung (–en):	*invitation*
	einladen (ä, u, a):	*to invite*
das	Wochenende (–n):	*weekend*
	verbringen (verbringt, verbrachte, verbracht):	*to spend (time)*
	zeigen (wk.):	*to show*

sich	freuen (wk.) über + Acc.:	*to be pleased about*
	vorschlagen (ä, u, a):	*to suggest*
	passend:	*suitable*
	ausmachen (wk.):	*to arrange*
(b)		
den	Telefonhörer **ab**heben (e, o, o):	*to lift the receiver*
sich	melden (wk.):	*(here) to answer, speak (Lit.: to announce oneself)*
	passen (wk.):	*to suit*
wir	haben nichts vor:	*we've nothing planned*
	*****ab**fahren (ä, u, a):	*to set off*
	Geht das?:	*Is that alright?*
	selbstverständlich:	*of course*
	prima:	*fantastic, great*
	jemandem Bescheid sagen (wk.):	*to let someone know*
(c)		
	sicherlich:	*(here) I'm sure*

B

sich	verabreden (wk.) für + Acc.:	*to fix, agree upon*
	abholen (wk.) von + Dat.:	*to meet (i.e.: to fetch from)*
der	Blumenhändler (–):	*florist*
die	Blumenhändlerin (–nen):	
die	Zigarre (–n):	*cigar*
der	Tabakhändler (–):	*tobacconist*
die	Tabakhändlerin (–nen):	
der	Kofferraum (–̈e):	*boot (of car)*
sich	**um**ziehen (ie, o, o):	*to change (clothes)*
sich	frisch machen (wk.):	*to freshen up*
die	Pflanze (–n):	*plant*
der	Kranz (–̈e):	*wreath*
das	Streichholz (–̈er):	*match*
der	Tabak:	*tobacco*
	unterrichten (wk.):	*to teach*
	anfertigen (wk.):	*to make*
	backen (bäckt, backte, gebacken):	*to bake*
	behandeln (wk.):	*to treat (patients)*

Lektion 8: Auf dem Bauernhof (page 44)

A

das	Tier (–e):	*animal*
das	Pferd (–e):	*horse*
der	Bulle (–n) (wk. masc.):	*bull*
der	Stier (–e):	*bull*
der	Ochse (–n) (wk. masc.):	*ox*
das	Schwein (–e):	*pig*
die	Kuh (–̈e):	*cow*
das	Schaf (–e):	*sheep*
die	Ziege (–n):	*goat*
das	Kaninchen (–):	*rabbit*
das	Geflügel:	*poultry*
das	Huhn (–̈er):	*hen*
die	Henne (–n):	*hen*

die	Ente (–n):	duck
die	Gans (÷e):	goose
der	Hof (÷e):	(farm)yard
der	Hahn (÷e):	cockerel
der	Misthaufen (–):	dung heap
	krähen (wk.):	to crow
	mal hier . . . mal dort:	now here . . . now there
das	Körnchen (–):	seed
	picken (wk.) nach + Dat.:	to peck (for)
	besonders:	especially
das	Ei (–er):	egg
ein	Ei legen (wk.):	to lay an egg
	schlachten (wk.):	to slaughter
das	Fleisch (Fleischarten):	meat
das	Rindfleisch:	beef
das	Schweinefleisch:	pork
das	Kalbfleisch:	veal
das	Lammfleisch:	lamb
	gewinnen (i, a, o):	(here) to obtain, get
	um ihr Fleisch zu gewinnen:	(here) for their meat
das	Leder:	leather
die	Tierhaut:	hide, skin
der	Handschuh (–e):	glove
die	Handtasche (–n):	handbag
die	Wolle:	wool
	nicht nur . . . sondern auch:	not only . . . but also

B

der	Landwirt (–e):	farmer
der	Bauer (–n) (wk. masc.):	farmer, peasant
der	Traktor (–en):	tractor
der	Trecker (–):	tractor
das	Leben:	life
	gründlich:	fundamentally, radically
	verändern (wk.):	to change
	erleichtern (wk.):	to make easy, relieve
	damit:	with it
	verrichten (wk.):	(here) to do, carry out
	pflügen (wk.):	to plough
	säen (wk.):	to sow
	jäten (wk.):	to weed
	ernten (wk.):	to harvest
die	Ernte (–n):	harvest
das	Feld (–er):	field
	ziehen (ie, o, o):	to pull
der	Pflug (÷e):	plough
der	Samen (–):	seed
	mähen (wk.):	to mow
	dreschen (i, o, o):	to thresh
das	Getreide:	grain, cereal
der	Mähdrescher (–):	combine harvester
das	Korn (÷er):	seed, grain, corn
	bringen (bringt, brachte, gebracht):	to bring
die	Scheune (–n):	barn
	füttern (wk.):	to feed
das	Futter:	fodder
	auf dem Hof:	on the farm

	melken (i, o, o):	to milk
die	Melkmaschine (–n):	milking machine
der	Tankwagen (–):	tanker
	abholen (wk.):	(here) to collect
	anbauen (wk.):	to grow (vegetables etc.)

C

	einen Rundgang machen (wk.):	to make a tour (on foot)
der	Lieferwagen (–):	delivery van
der	Laster (–):	lorry
die	Hundehütte (–n):	kennel
der	Silo (–s):	silo
das	Vieh:	cattle
der	Kuhstall (÷e):	cow shed
der	Pferdestall (÷e):	stable
der	Schweinestall (÷e):	pigsty
der	Hühnerstall (÷er):	henhouse, chicken-coop
der	Kaninchenstall (÷e):	rabbit hutch
die	Scheune (–n):	barn
der	Heuschober (–):	haystack

D

	bitten (i, a, e):	to ask (request)
	anfangen (ä, i, a):	to start
	eine Menge Hühner:	a lot of hens
	verdienen (wk.):	to earn
	vorhaben:	to intend
	anschaffen (wk.):	to get, acquire
	bloß keine Batteriehühner!:	Don't you dare get any battery hens!
das	Batteriehuhn (÷er):	battery hen
	niedlich:	sweet
	um . . . willen + Gen.:	for the sake of
	um Gottes willen:	for goodness sake
	atmen (wk.):	to breathe
	riechen (ie, o, o) nach + Dat.:	to smell of
die	Reitstunde (–n):	riding lesson
	einmal:	(here) sometime
	versuchen (wk.):	to try
	das wär' doch schön:	that would be lovely, wouldn't it?
der	Anbau (–ten):	extension
	nötig:	necessary
	unterbringen (–bringt, –brachte, –gebracht):	to accommodate
	ordentlich:	neat, orderly, tidy
	schaffen (wk.):	(here) to manage
	in Stand halten (ä, ie, a):	to keep up to scratch
die	Landarbeit:	agricultural work
der	Verdienst (–e):	wages, earnings
	es lohnt sich nicht:	it's not worth it
	besitzen (besitzt, besaß, besessen):	to own
	günstig:	reasonable, favourable, good
	mieten (wk.):	to hire
das	Gerät (–e):	piece of equipment
	*reiten (ei, i, i) (also + haben):	to ride
die	Ruine (–n):	ruin

die	Landschaft (–en):	*countryside, scenery*
der	Teich (–e):	*pond*
der	Wald (⸚er):	*forest, wood*
die	Steinbrücke (–n):	*stone bridge*
der	Pfad (–e):	*path, track*
das	Café (–s):	*café*
	Ach, du meine Güte!:	*Oh, goodness me!*
	versprechen (i, a, o):	*to promise*

E

	zu zweit/dritt/viert:	*the two/three/four of them*
	satteln (wk.):	*to saddle (up)*
	etwas besorgt:	*slightly apprehensive*
	besteigen (ei, ie, ie):	*to mount*
	das Tor (–e):	*gate*
	schmal/breit:	*narrow/wide*
die	Hecke (–n):	*hedge*
	dicht:	*thick, dense*
	steil:	*steep*
	erwidern (wk.):	*to reply*
	steif:	*stiff*
	mißmutig:	*(here) gloomily*
	eine Strecke **zurück**legen (wk.):	*to cover a distance*

Lektion 9: Weihnachten (page 52)

A

das	Weihnachten:	*Christmas*
	anzünden (wk.):	*to light*
die	Kerze (–n):	*candle*
der	Adventskranz (⸚e):	*Advent wreath*
	hängen (ä, i, a):	*to hang*

B

der	Nikolaus:	*St Nicholas*
das	Fensterbrett (–er):	*window sill*
	stellen (wk.):	*to put*
die	Süßigkeiten (pl.):	*sweets*
	füllen (wk.):	*to fill*
	beschenken (wk.):	*to give presents to*
	brav:	*good*
die	Rute (–n):	*cane, rod*
	unartig:	*naughty*
	bestrafen (wk.):	*to punish*

C

	zu Weihnachten:	*at Christmas*
der	Weihnachtsbaum (⸚e):	*Christmas tree*
der	Tannenbaum (⸚e):	*fir tree, Christmas tree*
	schmücken (wk.):	*to decorate*
die	Kugel (–n):	*(here) glitter ball*
das	Lametta:	*lametta, tinsel*
der	Teil (–e):	*part*
das	Christkind:	*Christ Child (symbol for Christmas)*
der	Heilige Abend:	*Christmas Eve*
das	Geschenk (–e):	*present*
	heimlich:	*secretly*
das	Weihnachtslied (–er):	*Christmas carol*
die	Weihnachtsgeschichte:	*Christmas story*
	bekommen (o, a, o):	*to receive*

D

der	Weihnachtsmann (⸚er):	*Father Christmas, Santa Claus*
	persönlich:	*personally*
der	Sack (⸚e):	*sack*
das	Weihnachtsgedicht (–er):	*Christmas poem*
	aufsagen (wk.):	*to recite, say (a poem)*
	am Heiligen Abend:	*on Christmas Eve*
die	Sitte (–n):	*custom*
der	Karpfen (·):	*carp*
der	erste Weihnachtstag (–e):	*Christmas day*
der	zweite Weihnachtstag (–e):	*Boxing day*
	am ersten Weihnachtstag:	*on Christmas day*
der	Gänsebraten:	*roast goose*
der	Rotkohl:	*red cabbage*

E

	schneien (wk.):	*to snow*
der	Schneemann (⸚er):	*snowman*
der	Schneeball (⸚e):	*snowball*
	*rodeln (wk.) (also + haben):	*to toboggan*
der	Schlitten (–):	*sledge*
der	Schlittschuh (–e):	*skate*
	Schlittschuh *laufen (äu, ie, au):	*to skate*
	Ski *laufen (äu, ie, au):	*to ski*

F

	Christkindele:	*affectionate, diminutive form of Christkind, i.e. dear, little Christ child (–le = lein = little)*
	doch:	*(here) won't you*
das	Heubündel (–):	*bundle, bale of hay*
der	Esel (–):	*donkey*
	beten (wk.):	*to pray*
	denkt euch!:	*just think!*
der	Wald (⸚er):	*wood, forest*
die	Mütze (–n):	*cap*
das	Mützchen (–):	*little cap (–chen = little). Note that nouns with the suffixes –chen, –lein, –le are neuter)*
	rotgefroren:	*frozen red*
	sie taten ihm weh:	*they hurt him*
	gar:	*(old fashioned) really*
	schleppen (wk.):	*to drag*
	poltern (wk.):	*to clatter, bang along*
	Ihr Naseweise:	*you inquisitive people, you!*
der	Schelmenpack:	*pack of rogues*
	zugebunden:	*tied up*
	bis oben hin:	*right to the top*
	doch:	*yet*
	gewiß:	*surely, certainly*
	(et)was Schönes:	*something nice*
	riechen (ie, o, o) nach + Dat.:	*to smell of*

G

	still:	*silent*
	heilig:	*holy*
	einsam:	*lonely*
	traut:	*familiar*
	hochheilig:	*holy*
das	Paar:	*couple*
	hold:	*fair, blessed, beloved*
der	Knabe (–n) (wk. masc.):	*boy*
	lockig:	*curly*
	himmlisch:	*heavenly*
die	Ruhe:	*silence*
der	Hirt (–en) (wk. masc.):	*shepherd*
	kund machen (wk.):	*to make known*
der	Engel (–):	*angel*
	tönen (wk.):	*to resound*
	laut/leise:	*loud(ly)/soft(ly)*
	fern/nah:	*far/near*
der	Retter (–):	*Saviour*
der	Gott (÷er):	*God*
die	Liebe:	*love*
	lachen (wk.):	*to laugh*
	göttlich:	*divine*
der	Mund (÷er):	*mouth*
	schlagen (ä, u, a):	*to strike*
	rettend:	*redeeming*
die	Stunde (–n):	*hour*
die	Geburt (–en):	*birth*
	treu:	*loyal, faithful, devoted*
das	Blatt (÷er):	*leaf*
	grünen (wk.):	*to turn green*
	zur Sommerzeit:	*in summertime*
	gefallen (ä, ie, a) + Dat.:	*to please*
	(hoch) erfreuen (wk.):	*to delight, please (greatly)*
das	Kleid (–er):	*(here) mantle*
	lehren (wk.):	*to teach*
die	Hoffnung (–en):	*hope*
die	Beständigkeit:	*constancy, steadfastness*
der	Trost:	*consolation, comfort*
die	Kraft (÷e):	*strength*

Lektion 10: Auf dem Fußballplatz
A   (page 57)

der	Fußballplatz (÷e):	*football ground*
das	DFB-Pokalspiel (–e):	*German football league cup tie, match*
die	Mannschaft (–en):	*team*
	obwohl:	*although*
sich	freuen (wk.) auf + Acc.:	*to look forward to*
das	Spiel (–e):	*game*
die	Kasse (–n):	*box office*
das	Stadion (Stadien):	*stadium*
	betreten (i, a, e):	*to enter*
die	Tribüne (–n):	*stand*
die	Stehplätze (pl.):	*(here) terraces*
	fast:	*almost*
	besetzt:	*occupied, taken*
	frei:	*vacant, free*
	*gelingen (i, a, u) (Impersonal):	*to manage*

	es gelang ihnen:	*they managed*
	trotz + Gen.:	*in spite of*
	trotzdem:	*in spite of that*
der	Zuschauer (–):	*spectator*
	drängeln (wk.):	*to push, jostle*
	schreien (wk.):	*to shout*
	singen (i, a, u):	*to sing*
	jubeln (wk.):	*to cheer*
der	Beginn:	*beginning*
	*frieren (ie, o, o) (also + haben):	*to freeze*
	*erscheinen (ei, ie, ie):	*to appear*
	*verschwinden (i, a, u):	*to disappear*
der	Spieler (–):	*player*
der	Schiedsrichter (–):	*referee*
der	Linienrichter (–):	*linesman*
	herrlich:	*marvellous*
der	Kopfball (÷e):	*header*
	(ein Tor) schießen (ie, o, o):	*to score (a goal)*
der	Lärm:	*noise*
	betäubend:	*deafening*
	führen (wk.):	*to lead*
	sogar:	*even*
	plaudern (wk.):	*to chat*
	lebhaft:	*animatedly*
	unterstützen (wk.):	*to support*
die	Halbzeit:	*half-time*
sich	ändern (wk.):	*to change, alter*
	angreifen (ei, i, i):	*to attack*
	nun:	*now*
	ununterbrochen:	*continuously*
	niesen (wk.):	*to sneeze*
	zittern (wk.):	*to shiver*
	*stürzen (wk.):	*to rush*
der	Anhänger (–):	*supporter*
	interessant:	*interesting*
	langweilig:	*boring*
	aufregend:	*exciting*
	gar nicht:	*not at all*
	bemerken (wk.):	*to notice*
	erst nach dem Spiel:	*only after the game*
	klar *werden (i, u, o) (Impersonal):	*to realize*
	es wurde ihnen klar:	*they realized*
	furchtbar:	*awfully*
sich	erkälten (wk.):	*to catch a cold*
	stattfinden (i, a, u):	*to take place*
	*geschehen (ie, a, e):	*to happen*

B

	auf einmal:	*all at one time*
	es macht Spaß:	*it's fun*
	wahrscheinlich:	*probably*
	halten (ä, ie, a) von + Dat.:	*to think of*
der	Tumult (–e):	*commotion, din*
der	Krach (÷e):	*noise, din, racket*
sich	gewöhnen (wk.) an + Acc.:	*to get used to*
	überhaupt nicht:	*not at all*
	woanders:	*somewhere else*

sicher:	*of course*
es geht gleich los:	*it'll be starting soon*
ich bin gespannt:	*I wonder*
verderben (i, a, o):	*to spoil*
ganz bestimmt:	*for certain*
im Auge behalten (ä, ie, a):	*to keep an eye on*
um Gottes willen:	*for Heaven's sake*

C

das	Ohr (–en):	*ear*
das	Auge (–n):	*eye*
die	Zunge (–n):	*tongue*
der	Zahn (÷e):	*tooth*
die	Nase (–n):	*nose*
der	Finger (–):	*finger*
	hören (wk.):	*to hear*
	sehen (ie, a, e):	*to see*
	lecken (wk.):	*to lick*
	beißen (ei, i, i):	*to bite*
	riechen (ie, o, o):	*to smell*
	tasten (wk.):	*to feel*
der	Schal (–s):	*scarf*
der	Hals (÷e):	*neck*
der	Hut (÷e):	*hat*
die	Mütze (–n):	*cap*
der	Handschuh (–e):	*glove*
der	Ring (–e):	*ring*
die	Brille (–n):	*glasses*
der	Arm (–e):	*arm*

Lektion 11: Im Supermarkt (page 62)
A

der	Supermarkt (÷e)::	*supermarket*
	erfahren (wk.):	*to learn*
die	Grippe:	*flu*
	deshalb:	*therefore*
	beschließen (ie, o, o):	*to decide*
	besuchen (wk.):	*to visit*
	klingeln (wk.):	*to ring*
	klopfen (wk.):	*to knock*
	aufmachen (wk.):	*to open*
	zumachen (wk.):	*to shut*
das	Gewissen:	*conscience*
	Das war doch keine gute Idee:	*that wasn't a good idea, was it?*
	gut/schlecht:	*good/bad*
	beide:	*both*
	ich habe Fieber:	*I've got a temperature*
	furchtbar:	*frightful*
der	Schnupfen:	*cold*
	*****aus**rutschen (wk.):	*to slip*
das	Fußgelenk (–e):	*ankle*
das	Handgelenk (–e):	*wrist*
	verrenken (wk.):	*to sprain*
	kaum:	*scarcely, hardly*
	Ach, du meine Güte!:	*Oh, my goodness*
	noch:	*still*
	auf Dienstreise:	*on a business trip*
die	Einkaufsliste (–n):	*shopping list*
	Moment mal!:	*just a moment*

B

	schieben (ie, o, o):	*to push*
der	Einkaufswagen (–):	*(shopping) trolley*
	versuchen (wk.):	*to try*
	ich habe sie gerade gekauft:	*I have just bought them*
das	Kotelett (–s):	*chop, cutlet*
	lecker:	*delicious*
	in der Zwischenzeit:	*meanwhile*
	finden (i, a, u):	*to find*
	irgendwo:	*somewhere or other*
das	Regal (–):	*shelf*
	herunterholen (wk.):	*to take down (goods etc.)*
	vorsichtig:	*carefully*
	verdammt!:	*damn! blast!*
	*****herunter**fallen (ä, ie, a):	*to fall down*
	aufsammeln (wk.):	*to collect up*
die	Abteilung (–en):	*section, department*
die	Ware (–n):	*product, article*
die	Tiefkühltruhe (–n):	*(chest type) deep freeze*
	bedienen (wk.):	*to serve*
	*****dran**kommen (o, a, o):	*to have one's turn*
die	Kassiererin (–nen):	*check-out girl*
	zusammenrechnen (wk.):	*to add up*
der	Preis (–e):	*price*
die	Kasse (–n):	*till, cash register*
	bekommen (o, a, o):	*to get, receive*
das	Wechselgeld:	*change*

Lektion 12: Herr Maier hilft im Haus
A (page 70)

	(Vorhänge) **auf**ziehen (ie, o, o):	*to draw (curtains)*
	(Vorhänge) **zu**ziehen (ie, o, o):	*to close (curtains)*
	Gott sei Dank!:	*Thank God*
der	Invalid (–en) (wk. masc.):	*invalid*
	Machen Sie sich keine Sorgen!:	*Don't worry!*
	übrigens:	*by the way*
	gestern abend:	*last night*
	*****ein**schlafen (ä, ie, a):	*to fall asleep*
der	Briefträger (–):	*postman*
sich	**aus**ruhen (wk.):	*to rest*
	das ist ja unerhört:	*that's quite outrageous*
	das kommt gar nicht in Frage:	*that's completely out of the question*
	(un)schuldig:	*guilty (innocent)*
	wieso denn?:	*how come*
	wegschaufeln (wk.):	*to shovel away*
	aufmachen (wk.):	*to open*
	zumachen (wk.):	*to shut*
	im Freien:	*in the open air*
	das schmeckt besser:	*that tastes better*
die	Suppe (–n):	*soup*
die	Ochsenschwanzsuppe (–n):	*oxtail soup*

B

das	Tablett (–s):	*tray*
	abwaschen (ä, u, a):	*to wash up*
der	Gummistiefel (–):	*rubber boot, wellie*
der	Spaten (–):	*spade*
die	Schaufel (–n):	*shovel*
die	Einfahrt (–en):	*drive*
der	Staubsauger (–):	*vacuum cleaner, hoover*
der	Staublappen (–):	*duster*
der	Besen (–):	*broom*
	staubsaugen (wk.) (insep. but p.p. **staubgesaugt**):	*to vacuum clean (c.f. note on page 75)*
	abstauben (wk.):	*to dust*
	fegen (wk.):	*to sweep*

C

	am Abend zuvor:	*the previous evening*
	früher als erwartet:	*earlier than expected*
	überrascht:	*surprised*
die	Dunkelheit:	*darkness*
	spülen (wk.):	*to wash up*
	pfeifen (ei, i, i):	*to whistle*
	er pfiff vor sich hin:	*he whistled to himself*
	er schenkte sich einen Kognak:	*he poured himself a brandy*
	summen (wk.):	*to hum*
	scharf/stumpf:	*sharp/blunt*
	aufdrehen (wk.):	*to turn on*
das	Kraut (¨er):	*herb*
die	Soße (–n):	*sauce, gravy*
der	Dosenöffner (–):	*tin opener*
	schütten (wk.):	*to tip, pour*
der	Inhalt (–e):	*contents (pl.)*
	bestehen (e, a, a) auf + Dat.:	*to insist on*
	deswegen:	*therefore*
	ausgezeichnet:	*excellent*
	scherzen (wk.):	*to joke*
	den Tisch decken (wk.):	*to lay the table*
	den Tisch **ab**räumen:	*to clear the table*
	Staub wischen (wk.):	*to dust*
	glücklicherweise:	*fortunately*
	leicht/schwer:	*easy/difficult*
sich	**hin**setzen (wk.):	*to sit down*
	sie hatte doch recht:	*she was right after all*

Lektion 13: Die Party (page 78)

A

die	Party (–s):	*party*
der	Geburtstag (–e):	*birthday*
	feiern (wk.):	*to celebrate*
die	Einladungskarte (–n):	*invitation card*
	sie ist eben dabei:	*she's busy, in the process*
	fertig:	*finished*
	hoffentlich:	*hopefully, I hope*
	ungefähr:	*about, approximately*
	genau:	*exactly*
	eng:	*narrow (here: crowded)*
	gemütlich:	*friendly, informal, cosy*

die	Stimmug (–en):	*mood, atmosphere*
	***weg**kommen (o, a, o):	*to get away*
	besprechen (i, a, o):	*to discuss*
	veranstalten (wk.):	*to hold, give, put on*
die	Rumpelkammer:	*junk room*
	ausräumen (wk.):	*to clear out*
	versprechen (i, a, o):	*to promise*
der	Beleuchtungseffekt (–e):	*lighting effect*
sich	kümmern (wk.) um + Acc.:	*to see to*
	fabelhaft:	*fabulous*
	ruhig:	*quiet*
	stimmungsvoll:	*full of atmosphere*
	vernünftig:	*sensible*
die	Ruhe:	*peace and quiet*
	laut/leise:	*loud/soft, quiet*
	hoffen (wk.):	*to hope*
der	Fachmann (Fachleute):	*specialist*
die	Briefmarke (–n):	*stamp*
	frische Luft schnappen (wk.):	*to get some fresh air*

B

der	Verwandte (like adj.):	*relative*
der	Großvater (¨):	*grandfather*
die	Großmutter (¨):	*grandmother*
die	Großeltern (pl.):	*grandparents*
der	Opa (–s):	*grandpa*
die	Oma (–s):	*grandma*
der	Onkel (–):	*uncle*
die	Tante (–n):	*aunt*
der	Neffe (–n) (wk. masc.):	*nephew*
die	Nichte (–n):	*niece*
der	Schwager (¨):	*brother-in-law*
die	Schwägerin (–nen):	*sister-in-law*
die	Schwiegermutter (¨):	*mother-in-law*
der	Schwiegervater (¨):	*father-in-law*
der	Schwiegersohn (¨e):	*son-in-law*
die	Schwiegertochter (¨):	*daughter-in-law*
der	Vetter (–n):	*(male) cousin*
die	Kusine (–n):	*(female) cousin*

C

	annehmen (i, a, o):	*to accept*
	ablehnen (wk.):	*to decline*
	schenken (wk.):	*to give (as a present)*
	schicken (wk.):	*to send*
das	Textilgeschäft (–e):	*clothes shop*
die	Buchhandlung (–en):	*bookshop*
die	Handtasche (–n):	*handbag*
das	Ledergeschäft (–e):	*leather shop*
die	Armbanduhr (–en):	*wrist watch*
die	Schweizeruhr (–en):	*Swiss watch*
das	Uhrengeschäft (–e):	*watchmaker's (shop)*
die	Boutique (–s):	*boutique*
die	Tabakhandlung (–en):	*tobacconist's*
die	Halskette (–n):	*necklace*
	silbern:	*silver*
	golden:	*gold*
der	Juwelierladen (¨):	*jeweller's (shop)*

D

	umräumen (wk.):	*to change, move round*
der	Bücherschrank (¨e):	*book-case*
der	Fernsehapparat (–e):	*television set*
der	Stuhl (¨e):	*chair*
die	Stereoanlage (–n):	*stereo unit*
der	Hocker (–):	*stool*
der	Plattenspieler (–):	*record player*
der	Schreibtisch (–e):	*writing desk*
der	Balkon (–s):	*balcony*
der	Flur (–e):	*hall*
der	Keller (–):	*cellar*
die	Küche (–n):	*kitchen*
das	Wohnzimmer (–):	*lounge, living room*
das	Eßzimmer (–):	*dining room*
das	Schlafzimmer (–):	*bedroom*
das	Hühnchen (–):	*chicken*
das	Rindfleisch:	*beef*
der	kalte Aufschnitt (–e):	*selection of cold meats*
das	Würstchen (–):	*sausage*
der	Salat (–e):	*salad, lettuce*
die	Nudel (–n):	*noodle*
	allerlei:	*all kinds of*
das	belegte Brot (–e):	*open sandwich*
das	Schinkenbrot (–e):	*open ham sandwich*
der	Käsekuchen (–):	*cheese cake*
die	Quarktorte (–n):	*curd cheese flan*
die	Obsttorte (–n):	*fruit flan*
die	Salzstange (–n):	*pretzel stick, twiglet*
die	Erdnuß (¨sse):	*peanut*
	gesalzen:	*salted*
die	Brezel (–n):	*pretzel*
der	Chip (–s):	*potato crisp*
die	Fruchtbowle (–n):	*fruit punch*
	ansetzen (wk.):	*to start, prepare*
	eine ganze Menge:	*a great deal*
	schaffen (wk.):	*(here) to put*
sich	beeilen (wk.):	*to hurry*
	anbringen (bringt, brachte, gebracht):	*to set up*
der	Discjockey (–s):	*disc jockey, DJ*
	anprobieren (wk.):	*to try out*
die	Blödelei:	*clowning (around)*
	probieren (wk.):	*to test, try*
das	Schleckermaul (¨er):	*nibbler*

E

das	kalte Büffet:	*cold buffet*
	schmücken (wk.):	*to decorate*
	zurechtmachen (wk.):	*to put straight, set up*
	einen Mantel **ab**legen (wk.):	*to take off a coat*
sich	amüsieren (wk.):	*to enjoy oneself*
sich	verabschieden (wk.):	*to take one's leave*
	weitertanzen (wk.):	*to go on dancing*

F

	gebrauchen (wk.):	*to make use of*
die	Größe:	*size*
	passen (wk.):	*to fit*

	stehen (e, a, a):	*(here) to suit*
	wirklich:	*really*
	es ist schade:	*it's a pity*
der	Nachbar (–n) (wk. masc.):	*neighbour*
	großartig:	*superb*
	klappen (wk.):	*to go smoothly*
	meinen (wk.):	*to mean*
	alle waren darüber einig:	*everybody agreed*
das	Handwerk:	*trade*
der	Hit (–s):	*hit (music)*
der	Lärm:	*noise*
	wie rasend:	*like mad, crazy*
die	Hitze:	*heat*
	mindestens:	*at least*
	infolgedessen:	*as a result*
	ich muß Schluß machen:	*I must close*

Lektion 14: Ferienpläne (page 89)

A

	sprechen (i, a, o) über + Acc.:	*to talk about*
	sparen (wk.):	*to save*
	heiraten (wk.):	*to get married*
	schaffen (wk.):	*(here) to do, manage*
	teuer/billig:	*expensive/cheap*
	überhaupt etwas:	*anything at all*
	reich/arm:	*rich/poor*
	Liebling:	*darling*
	nachdenklich:	*thoughtful*
	scherzen (wk.):	*to joke*
	Mach' dir keine Sorgen!:	*don't worry*
	ernst:	*serious*
	seufzen (wk.):	*to sigh*
	schlimm:	*bad*
die	Sommerferien (pl.):	*summer holidays*
	brauchen (wk.):	*to need*
	*fliegen (ie, o, o) (also + **haben**):	*to fly*
	erster/zweiter Klasse:	*first/second class*
das	Luxushotel (–s):	*luxury hotel*
	campen (wk.):	*to camp*
	zelten (wk.):	*to camp*
	gut/schlecht:	*good/bad*
die	Idee (–n):	*idea*
	vielleicht:	*perhaps*
	schauen (wk.) auf + Acc.:	*to look at*
	sonst:	*otherwise*
	versäumen (wk.):	*to miss*
der	Anfang (¨e):	*start*
	wenden (wendet, wandte, gewandt):	*to turn*

B

	ins Ausland *fahren (ä, u, a):	*to go abroad*
	im Ausland wohnen (wk.):	*to live abroad*
	entweder . . . oder:	*either . . . or*
	auf dem Lande:	*in the country*

das	Meer (–e):	*sea*
der	Berg (–e):	*mountain*
sich	**auf**halten (ä, ie, a):	*to stay*
der	Ausflug (÷e):	*excursion*
	einen Ausflug machen	
	(wk.):	*to go on a trip*
die	Tour (–en):	*tour*
das	Hotel (–s):	*hotel*
die	Pension (–s):	*boarding house*
die	Villa (Villen):	*villa*
	mieten (wk.):	*to rent*
der	Campingplatz (÷e):	*camp site*
	per Anhalter *fahren (ä,	
	u, a):	*to hitchhike*
	trampen (wk.):	*to hitchhike*
die	Bahn (–en):	*railway*
	mit der Bahn:	*by rail*
sich	sonnen (wk.):	*to sunbathe*
der	Strand (÷e):	*to beach*
	*wandern (wk.):	*to hike*
der	Rucksack (÷e):	*rucksack*
der	Wanderstock (÷e):	*walking stick*
	*klettern (wk.):	*to climb*
der	Ort (–e):	*place*
das	Schloß (÷sser):	*castle*
das	Museum (Museen):	*museum*
	besichtigen (wk.):	*to visit*
die	Sehenswürdigkeiten (pl.):	*sights*
der	Vorteil (–e):	*advantage*
der	Nachteil (–):	*disadvantage*
sich	(selbst) verpflegen (wk.):	*to cook for oneself, to self cater*
	bei sonnigem Wetter:	*in sunny weather*
	(un) angenehm:	*(un)pleasant*
	(un) bequem:	*(un) comfortable*

Lektion 15: Camping (page 98)

der	Schwarzwald:	*the Black Forest*
sich	**an**melden (wk.):	*to book in*
das	Formular (–e):	*form*
ein	Formular **aus**füllen (wk.):	*to fill in a form*
	zeigen (wk.):	*to show*
das	Zelt (–e):	*tent*
der	Raum (÷e):	*room, space*
ein	Zelt **auf**bauen (wk.):	*to put up a tent*
die	Schwierigkeit (–en):	*difficulty*
das	Gestell (–e):	*frame*
	aufstellen (wk.):	*to erect, put up*
	darüberlegen (wk.):	*to put over*
	befestigen (wk.):	*to secure, fasten*
der	Hering (–e):	*(tent) peg*
der	Boden (÷):	*ground*
	schlagen (ä, u, a):	*to knock, hit*
der	Holzhammer (–):	*mallet*
	aufpumpen (wk.):	*to pump up*
die	Luftmatratze (–n):	*air mattress*
die	Luftpumpe (–n):	*air pump*
der	Klappstuhl (÷e):	*collapsible/folding chair*
	einrichten (wk.):	*to set up*
der	Campingherd (–e):	*camp stove*
die	Waschgelegenheit (–en):	*washing facilities (pl.)*
die	Duschgelegenheit (–en):	*shower facilities (pl.)*

Lektion 16: Auf dem Bahnhof (page 101)
A

	heutzutage:	*nowadays*
	(un) nötig:	*(un) necessary*
	alles Nötige:	*(here) everything you want*
	außer + Dat.:	*besides, in addition to*

B

sich	erkundigen (wk.) nach +	
	Dat.:	*to inquire about*
die	Ankunftszeit (–en):	*arrival time*
die	Abfahrtszeit (–en):	*departure time*
	eine Auskunft erhalten (ä,	
	ie, a):	*to obtain information*
die	Fahrkarte (–n):	*ticket*
	eine Fahrkarte lösen	
	(wk.):	*to buy a ticket*
	eine einfache (Fahrt):	*a single (ticket)*
die	Rückfahrkarte (–n):	*return ticket*
	hin und zurück:	*return*
	***um**steigen (ei, ie, ie):	*to change (trains etc.)*
	brauchen (wk.):	*to need*
das	Gepäck:	*luggage*
der	Gepäckschein (–e):	*luggage ticket*
	suchen (wk.):	*to look for*
der	Gepäckträger (–):	*porter*
der	Kofferkuli (–s):	*(luggage) trolley*
	schwer/leicht:	*heavy/light*
	***ein**laufen (äu, ie, au):	*(here) to arrive*
die	Zeitschrift (–en):	*periodical, journal*
die	Illustrierte (like adj.):	*magazine*
die	Schokolade:	*chocolate*
das	Bonbon (–s):	*sweet*
die	Nuß (÷sse):	*nut*
	(Geld) wechseln (wk.):	*to change (money)*
das	Taxi (–s):	*taxi*
das	Schließfach (÷er):	*left luggage locker*

Lektion 17: Marias Reise nach England
A
(page 107)

	zu Ostern:	*at Easter*
der/die	Bekannte (like	
	adj.):	*acquaintance*
	froh:	*glad*
	vorschlagen (ä, u, a):	*to suggest*
	begleiten (wk.):	*to accompany*
	buchen (wk.):	*to book*
	reservieren (wk.):	*to reserve*
	besorgen (wk.):	*(here) to get (buy)*
	***bummeln (wk.):	*(here) to dawdle, hang about*
die	Dame (–n):	*lady*
	***ab**fahren (ä, u, a):	*to leave, depart*
die	Bahnhofsuhr (–en):	*station clock*
	atemlos:	*breathless*
	reichlich Zeit:	*ample time*
der	Keks (–e):	*biscuit*
	***verhungern (wk.):	*to starve*
das	Nichtraucherabteil (–e):	*non-smoking compartment*
das	Gepäcknetz (–e):	*luggage rack*
der	Fensterplatz (÷e):	*window seat*

	lächeln (wk.):	to smile
	küssen (wk.):	to kiss
der	Pfiff:	whistle
	Tschüß:	cheerio
die	Lokomotive (–n):	locomotive
der	Liegewagen (–):	couchette coach
der	Speisewagen (–):	dining car
der	Schlafwagen (–):	sleeper
der	Zugführer (–):	guard
der	Eckplatz (⸚e):	corner seat
sich	verabschieden (wk.):	to say goodbye
	sie sah zum Fenster hinaus:	she looked out of the window
der	Schaffner (–):	ticket collector
	kontrollieren (wk.):	to inspect, check
der	Reisepaß (⸚sse):	passport
	vorzeigen (wk.):	to show
die	Fähre (–n):	ferry

B

	schrecklich:	awful
die	Überfahrt (–en):	crossing
	übel:	ill, sick
	komisch:	funny
sich	freuen (wk.):	to be pleased
	aufpassen + Acc.:	to look after
die	Geschichte (–n):	story (here: incident)
	dumm:	stupid
	verlieren (ie, o, o):	to lose
	echt:	genuine
der	Baustil (–e):	architectural style
	das stimmt:	that's right
der	Krieg (–e):	war
	wieder **auf**bauen (wk.):	to rebuild
der	Unterschied (–e):	difference
die	Sitte (–n):	custom

Lektion 18: Briefe aus England (page 114)
A

der	Eindruck (⸚e):	impression
	berichten (wk.):	to tell about
die	Hinreise (–n):	outward journey
die	Überfahrt (–en):	crossing
	stürmisch:	rough
	seekrank:	seasick
	ich hatte Angst:	I was afraid
	frei:	free, vacant
	besetzt:	occupied, taken
sich	**hin**legen (wk.):	to lie down
der	Kiosk –-e):	shop, kiosk
das	Parfüm (–s):	perfume, scent
	reich/arm:	rich/poor
	blaß:	pale
	elend:	miserable, wretched
	sie tat mir wirlich leid:	I really felt sorry for her
	trösten (wk.):	to comfort, console
	sogenannt:	so-called
die	Klippe (–n):	cliff
	aussehen (ie, a, e):	to look
	alles steckte noch darin:	everything was still in it
der	Zwischenfall (⸚e):	incident
	*verlaufen (äu, ie, au):	to pass off

	gefallen (ä, ie, a) (Impersonal):	to please, like
	komisch:	funny
	deutlich:	clearly
	bestehen (e, a, a) auf + Dat.:	to insist on
	jetzt muß ich Schluß machen:	now I must close

B

	unglaublich:	incredible
die	Königin (–nen):	queen
der	König (–e):	king
	schade!:	what a pity
der	Tourist (–en) (wk. masc.):	tourist
	überfüllt:	overcrowded
der	Einkaufsbummel (–):	shopping spree
	einen Einkaufsbummel machen (wk.):	to go on a shopping spree
das	Programm (–e):	programme
der	Dampfer (–):	steamer
die	Themse:	the Thames
die	Rheindampferfahrt (–en):	steamer trip along the Rhine
der	Rhein:	the Rhine
	planen (wk.):	to plan
	wagen (wk.):	to risk
	übermorgen:	the day after tomorrow
die	Uni (–s):	university
die	Universität (–en):	university
der	Stechkahn (⸚e):	punt
	mieten (wk.):	(here) to hire
	unbedingt:	at all costs
das	Parlamentsgebäude (–):	parliament building (here: Houses of Parliament)
die	Abtei (–en):	abbey
das	Dia (–s):	slide
	*gelingen (i, a, u):	to succeed (here: to come out)

Lektion 19: Eine Großstadt (page 120)
A

der	Überblick (–e):	survey
das	Viertel (–):	area, quarter

B

das	Geschäft (–e):	store, shop
der	Laden (⸚):	shop
das	Warenhaus (⸚er):	department store
das	Kaufhuas (⸚er):	department store
das	Café (–s):	café
das	Kino (–s):	cinema
das	Theater (–):	theatre
der	Konzertsaal (–säle):	concert hall
die	Oper (–n):	opera house
das	Nachtlokal (–e):	night club
das	Tanzlokal (–e):	dance hall
die	Kneipe (–n):	pub
die	Disco (–s):	disco
die	Bar (–s):	bar
das	Hotel (–s):	hotel
das	Restaurant (–s):	restaurant

die	Gaststätte (–n):	*restaurant*
der	Park (–s):	*park*
die	Anlage (–n):	*(public) park*
der	Kinderspielplatz (∺e):	*children's playground*
das	Freibad (∺er):	*open air swimming pool*
das	Hallenbad (∺er):	*indoor swimming pool*
der	See (–n):	*lake*
die	See (–n):	*sea*
der	Zoo (–s):	*zoo*
der	Tiergarten (∺):	
die	Fabrik (–en):	*factory*
das	Werk (–e):	*works, factory*
der	Schornstein (–e):	*chimney*
das	Rathaus (∺er):	*town hall*
das	Amt (∺er):	*office*
	amtlich:	*official*
das	Büro (–s):	*office*
das	Verwaltungsgebäude (–):	*administration building*
die	Bank (–en):	*bank*
die	Sparkasse (–n):	*(savings) bank*
das	Versicherungsgebäude (–):	*insurance building*
die	Börse (–n):	*stock exchange*
das	Museum (Museen):	*museum*
die	Kunstgalerie (–n):	*art gallery*
das	Dock (–s):	*dock*
der	Kran (∺e):	*crane*
die	Werft (–en):	*wharf*
das	Schiff (–e):	*ship*
das	Lagerhaus (∺er):	*warehouse*
der	Schuppen (–):	*shed*
das	Haus (∺er):	*house*
der	Bungalow (–s):	*bungalow*
die	Villa (Villen):	*villa*
das	Hochhaus (∺er):	*high-rise building*
das	Mietshaus (∺er):	*block of flats*
die	Wohnung (–en):	*flat*
der	Dom (–e):	*cathedral*
die	Kathedrale (–n):	*cathedral*
der	Parkuhr (–en):	*parking meter*
das	Parkhochhaus (∺er):	*multi-storey car park*
die	Tiefgarage (–n):	*underground car park*

C

der	Film (–e):	*film*
das	Schauspiel (–e):	*play*
das	Theaterstück (–e):	*play*
das	Konzert (–e):	*concert*
die	Oper (–n):	*opera*
das	Konto (–s):	*account*
	eröffnen (wk.):	*to open*
	wechseln (wk.):	*to change*
der	Scheck (–s):	*cheque*
	einen Scheck **ein**lösen (wk.):	*to cash a cheque*
	Geld **ein**zahlen (wk.):	*to pay in money*
	Geld **ab**heben (e, o, o):	*to withdraw money*
der	Reisescheck (–s):	*traveller's cheque*
	ausländisch:	*foreign*
	(un)interessant:	*(un)interesting*

	wertvoll:	*valuable*
	wertlos:	*worthless*
der	Gegenstand (∺e):	*object*
das	Gemälde (–):	*painting*
die	Zeichnung (–en):	*drawing*
	beten (wk.):	*to pray*
die	Messe hören (wk.):	*to hear mass*
	übernachten (wk.):	*to stay the night*
	einkaufen (wk.):	*to go shopping*
	einen Zug nehmen (i, a, o):	*to catch a train*

Lektion 20: In der Stadt (page 128)

das	Stadtzentrum (–zentren):	*town centre*
die	Stadtmitte (–n):	*town centre*
	zahlreich:	*numerous*
	es ist immer viel Betrieb:	*it's always very busy*
die	Ampel (–n):	*traffic light*
der	Verkehr:	*traffic*
den	Verkehr regeln (wk.):	*to direct the traffic*
	gelegentlich:	*occasionally*
der	Polizist (–en) (wk. masc.):	*policeman*
	übernehmen (i, a, o):	*to take over*
die	Verkehrsregelung:	*traffic control*
	ständig:	*constantly*
der	Strom (∺e):	*(here) stream*
das	Auto (–s):	*car*
der	PKW (–s):	*car*
der	Lastwagen (–):	*lorry*
der	LKW (–s):	*lorry*
das	Motorrad (∺er):	*motor cycle*
das	Moped (–s):	*moped*
das	Fahrrad (∺er):	*bicycle*
	*****vorbei**fließen (ie, o, o):	*to flow past*
	unterbrechen (i, a, o):	*to interrupt*
der	Verkehrsfluß (∺sse):	*flow of traffic*
der	Fußgänger (–):	*pedestrian*
	sicher:	*safely*
	überqueren (wk.):	*to cross*
der	Einkauf (∺e):	*purchase*
	Einkäufe machen (wk.):	*to go shopping*
	hupen (wk.):	*to hoot, honk*
	bremsen (wk.):	*to brake*
der	Unfall (∺e):	*accident*
	vermeiden (ei, ie, ie):	*to avoid*
die	Münze (–n):	*coin*
die	Autobahn (–en):	*motorway*
die	Raststätte (–n):	*service area, services*
	vorwärts:	*forwards*
	rückwärts:	*backwards*
die	Geschwindigkeitsbegrenzung (–en):	*speed limit*
der	Führerschein (–e):	*driving licence*
	den Führerschein machen (wk.):	*to take one's driving test*
der	Zebrastreifen (–):	*zebra crossing*

B

das	Verkehrszeichen (–):	*traffic sign*
die	Einbahnstraße (–n):	*one-way street*
	überholen (wk.):	*to overtake*

	***ab**biegen (ie, o, o):	to turn (off)
	halten (ä, ie, a):	to hold, stop
die	Einfahrt (–en):	entry, entrance (for vehicles)
der	Eingang (⸚e):	entrance (on foot)
	***ein**fahren (ä, u, a):	to drive in
die	Richtung (–en):	direction
	anhalten (ä, ie, a):	to stop

C

	er kam auf mich zu:	he came up to me
	jetzt kommst du dran:	now it's your turn
	eine Frage stellen (wk.):	to ask (put) a question
die	Bibliothek (–en):	library
die	Leihbibliothek (–en):	lending library

Lektion 21: Im Park (page 134)
A

das	Ruderboot (–e):	rowing boat
	rudern (wk.):	to row
das	Segelboot (–e):	sailing boat
	segeln (wk.):	to sail
	selbstgebaut:	home-made
	***seil**hüpfen (wk.):	to skip
die	Puppe (–n):	doll
der	Kinderwagen (–):	pram
das	Baby (–s):	baby
das	Gespräch (–e):	conversation
	ein Gespräch führen (wk.):	to carry on a conversation
sich	freuen (wk.) über + Acc.:	to be pleased about
	in der Ferne:	in the distance
der	Lärm:	noise
	***springen** (i, a, u):	to jump
	planschen (wk.):	to splash around
der	Rasen (–):	lawn, grass
das	Schwimmbecken (–):	swimming pool
	bunt:	colourful
der	Sonnenschirm (–e):	parasol
die	Schlagsahne (–n):	whipped cream

B

	abgetrennt:	separate
die	Rutsche (–n):	slide
	***hinunter**rutschen (wk.):	to slide down
die	Schaukel (–n):	swing
sich	schaukeln (wk.):	to swing
die	Wippe (–n):	seesaw
	wippen (wk.):	to seesaw
das	Karussell (–s):	roundabout
sich	stellen (wk.) auf + Acc.:	to stand on
	anschieben (ie, o, o):	to push (off)
sich	rund **herum**drehen (wk.):	to spin round

Lektion 22: Flugreise nach Hamburg
A (page 140)

das	Ticket (–s):	(plane) ticket
die	Sekretärin (–nen):	secretary (female)
die	Waage (–n):	scales

die	Ground-Hosteß (–Hostessen):	ground hostess
	prüfen (wk.):	to check
der	Name (–n):	name
die	Liste (–n):	list
	direkt:	directly
	startbereit:	(here) ready to take off
die	Rollbahn (–en):	runway
die	Stewardeß (Stewardessen):	air hostess
die	Gangway (–s):	gangway
	begrüßen (wk.):	to greet
der	Fluggast (⸚e):	(air) passenger
	betreten (i, a, e):	to enter
sich	**an**schnallen (wk.):	to fasten one's safety belt
der	Sicherheitsgurt (–e):	safety belt
sich	**ab**schnallen (wk.):	to unfasten one's safety belt
	*starten (wk.):	to start (take off)
	***ab**fliegen (ie, o, o):	to take off
der	Pilot (–en) (wk. masc.):	pilot
der	Kapitän (–e):	captain
das	Ziel (–e):	destination
	*landen (wk.):	to land

B

der	Flug (⸚e):	flight
der	Zwischenfall (⸚e):	incident
die	Verspätung:	delay
	mit Verspätung ***an**kommen (o, a, o):	to arrive late
sich	zurücklehnen (wk.):	to lean back
der	Abflug (⸚e):	take off
	***ver**laufen (äu, ie, au):	to pass
sich	**vor**stellen (wk.):	to imagine
	ohnmächtig *werden (i, u, o):	to faint, pass out
	Angst haben:	to be afraid
	meinen (wk.):	to think, reckon
das	Motorengeräusch (–e):	engine noise
das	Schütteln:	shaking
	mitteilen (wk.) + Dat.:	to inform
	per Funk:	by radio
	bitten (i, a, e) um + Acc.:	to ask for
	heftig:	violent
das	Gewitter (–):	storm
	erzählen (wk.):	to tell
die	Geschichte (–n):	story
die	Maschine (–n):	plane
	einschlagen (ä, u, a):	to strike
der	Motor (–en):	engine
in	Brand *geraten (ä, ie, a):	to catch fire
	fabelhaft:	fabulously
	reagieren (wk.):	to react
	***zurück**kehren (wk.):	to return
der	Feuerwehrwagen (·):	fire engine
der	Brand (⸚e):	fire
	löschen (wk.):	to put out, extinguish
	ernst:	serious
	das macht nichts:	that doesn't matter
	jedenfalls:	at any rate

erleichtert:	*relieved*	
heil und sicher:	*safe and sound*	
erfahren (ä, u, a):	*to learn, find out*	

Lektion 23: Aufenthalt in Hamburg (I)
(page 149)

A

	einrichten (wk.):	*to arrange, fix (things)*
sich	amüsieren (wk.):	*to enjoy oneself*
	trotzdem:	*nevertheless*

B

die	Hafenrundfahrt (–en):	*(boat) trip round the harbour*
	borgen (wk.) von + Dat.:	*to borrow from*
die	Landungsbrücke (–n):	*landing bridge*
	einen Wagen **ab**stellen (wk.):	*to park a car*
die	Möwe (–n):	*seagull*
	*kreisen (wk.):	*to circle*
	schreien (ei, ie, ie):	*to shriek*
das	Überseeschiff (–e):	*ocean going ship*
	beladen (ä, u, a):	*to load*
sich	interessieren (wk.) für + Acc:	*to be interested in*
die	Fahne (–n):	*flag*
	riesig:	*huge, gigantic*
	winzig:	*tiny*
	*auf**fallen (ä, ie, a):	*to attract attention*
	betrachten (wk.):	*to look at*
sich	bewegen (wk.):	*to move*

Lektion 24: Aufenthalt in Hamburg (II)
(page 152)

A

das	Aquarium (Aquarien):	*aquarium*
	allerlei:	*all kinds of*
die	Eule (–n):	*owl*
der	Adler (–):	*eagle*
der	Habicht (–e):	*hawk*
die	Krähe (–n):	*crow*
der	Rabe (–n) (wk. masc.):	*raven*

B

	einfach:	*simple*
die	Beschreibung (–en):	*description*
das	Tier (–e):	*animal*
der	Schwanz (–e):	*tail*
	(mit dem Schwanz) wedeln (wk.):	*to wag (a tail)*
der	Stoßzahn (–e):	*tusk*
der	Rüssel (–):	*trunk*
das	Fell (–e):	*fur, skin, pelt*
die	Schnauze (–n):	*muzzle, snout, mouth*
die	Tatze (–n):	*paw*
die	Kralle (–n):	*claw*
	stark/schwach:	*strong/weak*
	verhältnismäßig:	*relatively*
	gefleckt:	*spotted*
	kräftig:	*powerful*

	gelbbraun:	*tawny*
	bösartig:	*vicious*
das	Raubtier (–e):	*predator, beast of prey*
die	Mähne (–n):	*mane*
	spitz:	*pointed*
die	Barthaare (pl.):	*whiskers*

C

der	Tierlaut (–e):	*animal noise*
	trompeten (wk.):	*to trumpet*
	brummen (wk.):	*to growl*
	heulen (wk.):	*to howl*
	zischen (wk.):	*to hiss*
	brüllen (wk.):	*to roar*
	meckern (wk.):	*to bleat*
	muhen (wk.):	*to moo*
	wiehern (wk.):	*to whinny*
	gackern (wk.):	*to cackle*
	schnattern (wk.):	*to quack*
	bellen (wk.):	*to bark*
	miauen (wk.):	*to miaow*

D

das	Maul (–er):	*mouth (animal)*
der	Schnabel (–):	*beak, bill*
die	Klaue (–n):	*claw, hoof (cow's)*
die	Pfote (–n):	*paw (dog's etc.)*
der	Huf (–e):	*hoof (horse's)*
der	Nagel (–):	*nail*
	fressen (i, a, e):	*to eat (for animals)*
	saufen (äu, o, o):	*to drink (for animals)*
	*kriechen (ie, o, o):	*to crawl, slither (snakes)*

E

	stundenlang:	*for hours (on end)*
	beobachten (wk.):	*to watch, observe*
die	Faxen (pl.):	*antics*
die	Grimasse (–n):	*grimace*
die	Kaffeetafel (–n):	*(here) tea party*
der	Schimpanse (–n) (wk. masc.):	*chimpanzee, chimp*
	gähnen (wk.):	*to yawn*
sich	strecken (wk.):	*to stretch*
der	Käfig (–e):	*cage*
	auf und ab:	*up and down*
sich	benehmen (i, a, o):	*to behave*
der	Dschungel (–):	*jungle*
die	Fütterungszeit (–en):	*feeding time*
der	Wächter (–):	*keeper*
	roh:	*raw*
	zuwerfen (i, a, o):	*to throw*
	spritzen (wk.):	*to squirt*
sich	drängen (wk.):	*to crowd*
die	Nonne (–n):	*run*
	*watscheln (wk.):	*to waddle*
	prächtig:	*splendid(ly)*
	gefärbt:	*coloured*
	gefährlich:	*dangerous*
der	Beutel (–):	*(here) pouch*
	niedlich:	*sweet*

F

das	Foto (–s):	*photo*
	ein Foto **auf**nehmen (i, a, o):	*to take a photo*
	bis Mittag:	*by lunchtime*
	fertig:	*ready*
der	Schwarzweißfilm (–e):	*black-and-white film*
der	Farbfilm (–e):	*colour film*
der	Abzug (–e):	*print*
die	Aufnahme (–n):	*shot, photo*
	eine gelungene Aufnahme:	*a shot that has come out*
die	Herrschaften (pl.):	*(here) sir and madam*
	verderben (i, a, o):	*to spoil*
	ganz im Gegenteil:	*quite the reverse*
	lustig:	*funny, amusing*
	frech:	*cheeky*
das	Blitzlicht:	*flash (light)*
die	Zunge **heraus**strecken (wk.):	*to poke out one's tongue*
	sonst:	*otherwise*

Lektion 25: Das Porträt (page 160)
A

	(Fingernägel) lackieren (wk.):	*to paint (fingernails)*
der	Fön (–e):	*hair-dryer*
	trocknen (wk.):	*to dry*
	*****auf**fahren (ä, u, a):	*to start (with surprise)*
der	Dieb (–e):	*thief*
	*****ein**brechen (i, a, o) (also + haben):	*to break in*
das	Porträt (–s):	*portrait*
der	Herzog –e:	*duke*
	stehlen (ie, a, o):	*to steal*
	wertvoll:	*valuable*
	erst:	*(here) only*
	zuhören (wk.):	*to listen*
	vorlesen (ie, a, e):	*to read aloud*
der	Zeitungsbericht (–e):	*newspaper report*
der	Polizeibericht (–e):	*police report, account*
	melden (wk.):	*to report, state*
	in der gestrigen Nacht:	*last night*
der	Verlust (–e):	*loss*
	aufmerksam:	*observant*
die	Putzfrau (–en):	*charlady*
	entdecken (wk.):	*to discover*
	angestrengt:	*strenuous*
die	Bemühung (–en):	*effort*
	feststellen (wk.):	*to ascertain, find out*
	stürmisch:	*stormy*
die	Vergangenheit:	*past*
der	Maler (–):	*painter*
	malen (wk.):	*to paint*
der	Edelmann (Edelleute):	*nobleman*
das	Landhaus (–er):	*country house, seat*
	völlig:	*completely*
	zerstören (wk.):	*to destroy*
die	Mansarde (–n):	*attic*
	ungeklärt:	*unexplained*
	annehmen (i, a, o):	*to assume*

	(un)ehrlich:	*(dis)honest*
der	Diener (–):	*servant*
	verstecken (wk.):	*to hide*
	restaurieren (wk.):	*to restore*
	hiesig:	*local, here*
	vermuten (wk.):	*to assume*
	schmuggeln (wk.):	*to smuggle*

B

	retten (wk.):	*to save, rescue*
der	Herr (–en) (wk. masc.):	*Here: master*
die	Giftschlange (–n):	*poisonous snake*
	beißen (ei, i, i):	*to bite*
	*****sterben (i, a, o):	*to die*
der	Kunstexperte (–n) (wk. masc.):	*art expert*

C

	mutig:	*courageous*
	klug:	*clever*
	zufällig:	*by chance*
	bekannt:	*well known*
	geschickt:	*skillful, clever*
	beschädigt:	*damaged*
	vor kurzem:	*a short while ago*

D

	tödlich:	*fatal*
	töten (wk.):	*to kill*
	tot:	*dead*

Lektion 26: Berichte (page 168)

	jemanden **an**lächeln (wk.):	*to smile at someone*
	höflich:	*polite(ly)*
der	Flugplan (–e):	*flight schedule*
	hinzufügen (wk.):	*to add*
die	Zentrale (–n):	*head office*
das	Gespräch (–e):	*conversation*
	traurig:	*sad(ly)*

Vocabulary

The following list combines the vocabulary of *Biberswald* with that of the present volume, *Unterwegs*.

1. The plurals of nouns are given in brackets; (–) indicates that the plural form is the same as the singular.
2. The prefixes of separable verbs are shown in bold. The vowel changes of strong verbs are shown in brackets. For a further conjugation of these verbs see page 197.
3. Verbs marked * are conjugated with *sein*.
4. Abbreviations: Acc. = Accusative; Dat. = Dative; Gen. = Genitive; wk = weak verb; imp. = impersonal verb; insep. = inseparable verb; wk masc. = weak masculine; pl = plural; like adj. declined like an adjective.

	abbestellen (wk):	to cancel
	***ab**biegen (ie, o, o):	to turn off (traffic etc.)
der	Abend (–e):	evening
der	Heilige Abend:	Christmas Eve
	am Abend:	in the evening
das	Abendbrot	evening meal, supper
das	Abendessen	
	abends:	in the evenings
	aber:	but
die	Abfahrt (–en):	departure
	***ab**fahren (ä, u, a):	to leave, depart
der	Abflug (¨e):	departure (flight)
der	Abhang (¨e):	slope
	abheben (e, o, o):	(+ *sein*) to take off (plane)
		(+ *haben*) to take out
	abholen (wk):	to meet (fetch)
	ablegen (wk):	to take off (coat)
	ablehnen (wk):	to decline (turn down)
	abräumen (wk):	to clear (the table)
	absagen (wk):	to decline, turn down
das	Abschicken (–):	posting, sending off
der	Abschluß (¨e):	conclusion, close
	abschnallen (wk):	to unbuckle, unfasten
der	Absender (–):	sender
die	Absicht (–en):	intention
	abstauben (wk):	to dust
	abstellen (wk):	to park
die	Abtei (–en):	abbey
das	Abteil (–e):	compartment
die	Abteilung (–en):	department
sich	**ab**trocknen (wk):	to dry oneself
	abwaschen (ä, u, a):	to wash up
der	Abzug (¨e):	print (photographic)
die	Adresse (–n):	address
der	Adventskranz (¨e):	Advent wreath
der	Affe (–n) (wk masc.):	monkey
die	Aktentasche (–n):	brief case
	allein:	alone
	allerlei:	all sorts of
	Alligator (–en):	alligator
	als:	when, than (*größer als* – bigger than)
	also:	therefore
	alt:	old
das	Alter (–):	age
	altmodisch:	old fashioned
	amtlich:	official
sich	amüsieren (wk):	to enjoy oneself
die	Ananas (–):	pineapple
	anbauen (wk):	to grow (vegetables etc.)
	anbeißen (ei, i, i):	to bite (take the bait)
das	Andenken (–):	souvenir
sich	ändern (wk):	to alter, change
	anderthalb:	one and a half
der	Anfang (¨e):	start, beginning
	anfertigen (wk):	to make, manufacture
sich	**an**freunden (wk) *mit* + Dat:	to make friends with
die	Angel (–n):	fishing rod
die	Angelausrüstung:	fishing tackle
	angeln (wk):	to fish
die	Angelrute (–n):	fishing rod
	angenehm:	pleasant
	angestrengt:	strenuous
	angestellt:	employed
der	Angestellte (like adj.):	employee
	angreifen (ei, i, i):	to attack
die	Angst:	anxiety, fear (*Hast du Angst?* – Are you afraid?)
	***an**halten (ä, ie, a):	to stop
per	Anhalter ***fahren** (ä, u, a):	to hitch hike
der	Anhänger (–):	supporter
	***an**kommen (o, a, o) *in* + Dat.:	to arrive (in) (*Er kommt in der Stadt an* – He arrives in the town.)
	ankündigen (wk):	to announce, declare
die	Ankunft (¨e):	arrival
	anlächeln (wk):	to smile at
	anmachen (wk):	to turn on, switch on

216

	annehmen (i, a, o):	to accept, assume
der	Anorak (–s):	anorak
	anrufen (u, ie, u):	to telephone
	anschieben (ie, o, o):	to push off (set in motion)
	anschnallen (wk):	to buckle, fasten
	ansehen (ie, a, e):	to look at
sich	**an**sehen (ie, a, e):	to look at oneself
	anschließend:	then
	anstatt:	instead of (anstatt ins Kino zu gehen – instead of going to the pictures.)
	anstecken (wk):	to light (Ich steckte mir eine Zigarette an – I lit a cigarette)
	anstrengend:	tiring, exhausting
die	Antwort (–en):	answer
	antworten (wk):	to answer
	anziehen (ie, o, o):	to put on (clothes)
sich	**an**ziehen (ie, o, o):	to get dressed
der	Anzug (⸚e):	suit
	anzünden (wk):	to light
der	Apfel (⸚):	apple
der	Apfelbaum (⸚e):	apple tree
der	Apotheker (–n):	apple tart
die	Apfelsine (–n):	orange
	applaudieren (wk):	to applaud
die	Apotheke (–n):	chemist's shop
der	Apotheker (–):	chemist
das	Aquarium (Aquarien):	aquarium
die	Arbeit:	work
	arbeiten (wk):	to work
der	Arm (–e):	arm
	arm:	poor
die	Armbanduhr (–en):	wrist watch
	arrangieren (wk):	to arrange
die	Art (–en):	type, kind
der	Arzt (⸚e):	doctor
der	Aschenbecher (–):	ash tray
der	Athlet (–en) (wk masc.):	athlete
	auf (+ Acc. or Dat.):	on
	aufbauen (wk):	to put up, erect
der	Aufenthalt (–e):	stay
	auffahren (ä, u, a):	to start (sit up suddenly etc.)
	auffallen (ä, ie, a):	to stand out, be conspicuous
	auffallend:	showy, bright
	aufführen (wk):	to perform
die	Aufführung (–en):	performance
	aufgeben (i, a, e):	to hand over (luggage)
	aufgeregt:	excited
sich	**auf**halten (ä, ie. a):	to stay
	aufhören (wk):	to stop
	aufmachen (wk):	to open
	aufmerksam:	attentive
	aufnehmen (i, a, o):	to take a photograph, to take up/in.
	aufpassen (wk):	to pay attention, keep an eye on things
	aufpumpen (wk):	to pump up
	aufregend:	exciting
	aufsagen (wk):	to recite
	aufsammeln (wk):	to gather up, collect

	aufsatteln (wk):	to saddle up
der	Aufschnitt (–e):	selection of cold meats, sausages
	aufsetzen (wk):	to put on (Sie setzt den Topf auf – she puts the saucepan on (the stove))
	***auf**stehen (e, a, a):	to get up
	aufstellen (wk):	to put up, erect
	auftragen (ä, u, a):	to put on (make up)
	***auf**wachen (wk):	to wake up (of one's own accord)
	aufwecken (wk):	to wake up (someone else)
	aufziehen (ie, o, o):	(+ sein) to blow up (i.e. a storm) (+ haben) to draw (curtains)
das	Auge (–n):	eye
	augenblicklich:	momentary
(die)	Augenschmerzen (pl):	eye ache, sore eyes
	aus (Dat.):	out of, from
der	Ausblick (–e):	view
der	Ausflug (⸚e):	excursion, trip (einen Ausflug machen – to go on an excursion)
	ausfüllen (wk):	to fill out (a form)
der	Ausgang (⸚e):	exit
	ausgezeichnet:	excellent
der	Aushilfskellner (–):	temporary waiter
die	Auskunft (⸚e):	information
das	Ausland:	abroad
	ausländisch:	foreign
	ausmachen (wk):	to mind (Es macht nichts aus – It doesn't matter)
	auspacken (wk):	to unpack
	ausprobieren (wk):	to try out, test
	ausräumen (wk):	to clear out (a room)
sich	**aus**ruhen (wk):	to rest
	***aus**rutschen (wk):	to slip
	ausschreiben (ei, ie, ie):	to write out
	aussehen (ie, a, e)	to look like, appear
	außer (Dat.):	besides, except for
die	Aussicht (–en):	view
	***aus**steigen (ei, ie, ie)	
	aus+Dat.:	to get out of (a train etc.)
	ausverkauft:	sold out
	auswählen (wk):	to select, choose
der	Ausweis (–e):	identity card, passport
	auswerfen (i, a, o):	to throw out, cast
	ausziehen (ie, o, o):	to take off (clothes)
sich	**aus**ziehen (ie, o, o):	to get undressed
das	Auto (–s):	car
die	Autobahn (–en):	motorway
der	Automat (–en) (wk masc.):	vending machine
das	Baby (–s):	baby
der	Bäcker (–):	baker
die	Bäckerei (–en):	bakery, baker's shop
der	Badeanzug (⸚e):	swimming costume
die	Badehose (–n):	swimming trunks
	baden (wk):	to bathe, swim

die Badesachen (pl):	swimming things	
die Badewanne (–n):	bath	
das Badezimmer (–):	bathroom	
die Bahn (–en):	railway (*mit der Bahn* – by train)	
der Bahnhof (–e):	station	
die Bahnhofshalle (–n):	station entrance hall	
der Bahnhofsvorsteher (–):	station master	
der Bahnsteig (–e):	platform	
die Bahnsteigkarte (–n):	platform ticket	
balancieren (wk):	to balance	
bald:	soon	
bald nachher:	soon afterwards	
der Balkon (–s):	balcony	
der Ball (–e):	ball	
die Banane (–n):	banana	
die Bank (–e):	bench, seat	
die Bank (–en):	bank	
die Bar (–s):	bar	
die Bardame (–n):	barmaid	
der Bart (–e):	beard	
das Barthaar (–e):	whiskers	
das Bastelflugzeug (–e):	model plane (in kit form)	
der Bauer (–n) (wk masc.):	farmer	
der Bauernhof (–e):	farm	
der Baum (–e):	tree	
beantworten (wk):	to answer	
beaufsichtigen (wk):	to supervise	
der Becher (–):	beaker, mug	
das Becken (–):	basin, pool	
bedeckt:	covered	
die Bedeutung (–en):	meaning, importance	
bedienen (wk):	to serve	
die Bedienung:	service charge (in a restaurant etc.)	
sich beeilen (wk):	to hurry	
*begegnen (wk) (+Dat.):	to meet (by chance)	
begeistert:	enthusiastic	
der Beginn:	beginning	
beginnen (i, a, o):	to begin	
begleiten (wk):	to accompany	
begrüssen (wk):	to greet	
bei (Dat.):	at, on	
der Beifall:	applause	
das Bein (–e):	leg	
das Beispiel (–e):	example	
beißen (ei, i, i):	to bite	
bekannt:	well known	
der/die Bekannte (like adj.)	acquaintance	
bekommen (o, a, o):	to receive	
beladen (ä, u, a):	to load	
der Beleuchtungseffekt (–e):	lighting effect	
bellen (wk):	to bark	
die Belohnung (–en):	reward	
bemerken (wk):	to notice, observe	
die Bemühung (–en):	effort	
benutzen (wk):	to use	
das Benzin:	petrol	
beobachten (wk):	to observe	
bequem:	comfortable	
bereiten (wk):	to prepare	

bereits:	already	
der Berg (–e):	mountain	
der Berggipfel (–):	top of a mountain, summit	
berichten (wk):	to report	
berühmt:	famous	
die Bergstraße (–n):	mountain road	
beschädigt:	damaged	
beschäftigt:	busy, occupied	
Bescheid sagen (wk):	to say for certain	
beschließen (ie, o, o):	to decide	
die Beschreibung (–en):	description	
der Besen (–):	broom	
besetzt:	occupied, taken	
besichtigen (wk):	to visit, look at	
besonders:	especially (*nichts Besonderes* – nothing special)	
besorgen (wk):	to look after/for, care for	
besorgt:	concerned	
besprechen (i, a, o):	to discuss	
das Besteck (–e):	cutlery	
bestehen (e, a, a) auf + Dat.	to insist on	
bestehen (e, a, a) aus + Dat.:	to consist of	
bestellen (wk):	to order (a meal etc.)	
die Bestellung (–en):	order	
der Besuch (–e):	visit	
besuchen (wk):	to visit	
die Besuchszeit (–en):	visiting time	
beten (wk):	to pray	
betrachten (wk):	to look at, gaze at	
betreten (i, a, e):	to enter	
der Betrieb (–e):	undertaking (*Es gibt viel Betrieb* – there is a lot going on)	
das Bett (–en):	bed	
der Beutel (–):	bag, pouch	
bewegen (wk):	to move, stir	
sich bewegen (wk):	to stir	
bewölkt:	cloudy, overcast	
bezahlen (wk):	to pay for	
bieten (ie, o, o):	to offer	
das Bier (–e):	beer	
der Bikini (–s):	bikini	
das Bild (–er):	picture	
billig:	cheap	
binden (i, a, u):	to tie, bind	
(*die*) Biologie:	biology	
die Birne (–n):	pear	
bis (Acc.):	up to, until	
bitte:	please	
bitte schön:	don't mention it	
bitten (i, a, e) um + Acc.:	to ask (for), request	
ein bißchen:	a little	
blaß:	pale	
blau:	blue	
*bleiben (ei, ie, ie):	to stay, remain (*Es bleibt mir nichts anderes übrig als* – All I can do is …)	
der Bleistift (–e):	pencil	
der Blitz (–e):	lightning	

	blitzen (wk):	to lighten (*es blitzt* – it's lightning)
die	Blockflöte (–n):	recorder
	blond:	blonde
die	Blondine (–n):	blonde
	bloß:	only
die	Blume (–n):	flower
das	Blumenbeet (–e):	flower bed
die	Blumenhandlung (–en):	florist's shop
der	Blumenhändler (–):	florist
der	Blumenkohl:	cauliflower
die	Bluse (–n):	blouse
der	Boden (∺):	ground
die	Bodenkontrolle (–n):	ground control
das	Bodenpersonal:	ground staff
das	Bonbon (–s):	sweet
	borgen (wk):	to borrow
die	Börse (–n):	Stock Exchange
	bösartig:	wild, vicious
die	Boutique (–s):	boutique
der	Brand (∺e):	fire
	braten (ä, ie, a):	to roast, cook
die	Bratsche (–n):	viola
	brauchen (wk):	to need
	braun:	brown
	der *Braunbär* (–en) (wk masc.):	brown bear
	brechen (i, a, o):	to break
	breit:	wide
die	Breite:	width
	bremsen (wk):	to brake
	brennen (brennt, brannte, gebrannt):	to burn
	brennend:	burning
das	Brett (–er):	board
die	Brezel (–n):	pretzel
der	Brief (–e):	letter
der	Brieffreund (–e):	pen friend (male)
die	Brieffreundin (–nen):	pen friend (female)
die	Briefmarke (–n):	stamp
der	Briefträger (–):	postman
der	Briefumschlag (∺e):	envelope
die	Brille (–n):	spectacles
	bringen (bringt, brachte, gebracht):	to bring
die	Brombeere (–n):	blackberry
das	Brot (–e):	bread
das	Brötchen (–):	roll
die	Brücke (–n):	bridge
der	Bruder (∺):	brother
	brüllen (wk):	to roar
	brummen (wk):	to growl
der	Brunnen (–):	fountain, well
das	Buch (∺er):	book
die	Buchhandlung (–en):	book shop
der	Bücherschrank (∺e):	bookcase
die	Büchse (–n):	tin
die	Bude (–n):	bed sitter
das	Büffet (–s):	sideboard
	bügeln (wk):	to iron
der	Bulle (–n) (wk masc.):	bull

der	Bungalow (–s):	bungalow
	bunt:	bright, gay
der	Bürgersteig (–e):	pavement
der	Bus (–se):	bus
die	Butter:	butter
das	Café (–s):	cafe
das	Campen:	camping
	campen (wk):	to camp
der	Campingherd (–e):	camping stove
der	Campingplatz (∺e):	camp site
der	Campingstuhl (∺e):	camping chair
der	Campingtisch (–e):	camping table
das	Cello (–s):	cello
der	Chef (–s):	boss
(die)	Chemie:	chemistry
die	Chips (pl):	potato crisps
der	Chor (∺e):	choir
die	Coca-Cola (–s):	coca-cola
das	College (–s):	college
der	Computer (–):	computer
die	Cordjacke (–n):	corduroy jacket
der	Couchtisch (–e):	occasional table, coffee table
der	Cowboy (–s):	cowboy
	da:	there, as
	dabei:	thereby, at the same time, in so doing
das	Dach (∺er):	roof
die	Dame (–n):	lady
die	Damentoilette (–n):	ladies' lavatory
der	Dampfer (–):	steamer
	danach:	after that
der	Dank:	thanks
	dann:	then
	danke (*schön*):	thank you
	darüber*legen* (wk):	to put/lay over
	dauernd:	continuous (ly)
die	Decke (–n):	ceiling
	decken (wk):	to lay (the table)
die	Delikatesse (–n):	delicatessen (cooked meats etc.)
	denken (denkt, dachte, gedacht):	to think
	denn:	for
	dennoch:	yet, nevertheless
	deshalb:	therefore
	deswegen:	therefore
	deutlich:	distinct, clear
das	Dia (–s):	slide (photographic)
	dicht:	dense
	dick:	fat
der	Dieb (–e):	thief
der	Diener (–):	servant
die	Dienstreise (–n)	business trip
der	Discjockey (–s):	discjockey
	dieser/e/es:	this, the latter
der	Diskoabend (–e):	disco
	diskutieren (wk):	to discuss
das	Dock (–s):	dock
der	Dom (–e):	cathedral

der	Dompteur (–e):	trainer
	donnern (wk):	to thunder (es donnert – it's thundering)
das	Doppelbett (–en):	double bed
der	Doppeldeckerbus (–se):	double decker bus
das	Doppelhaus (–er):	semi-detached house
die	Doppelstunde (–n):	double period
	doppelt:	doubled
das	Doppelzimmer (–):	double room
das	Dorf (–er):	village
der	Dorfplatz (–e):	village square
die	Dose (–n):	tin
der	Dosenöffner (–):	tin opener
	drängeln (wk):	to throng, crush
	*drankommen (o, a, o)	to have one's turn (ich komme dran – it's my turn)
	draußen:	outside
	dreschen (i, o, o):	to thresh
der	Dresseur (–e):	animal trainer
	dringend:	urgent
	drinnen:	inside, indoors
die	Drogerie (–n):	chemist's shop (drug store)
der	Dschungel (–):	jungle
	dunkel:	dark
	dünn:	thin
	durch (Acc.):	through, by means of
	dürfen (darf, durfte, gedurft):	to be allowed to, may
der	Durst:	thirst
	durstig:	thirsty
die	Duschanlage (–n):	shower facilities
	duzen (wk):	to call someone du
der	D-Zug (–e):	express train
	echt:	genuine
der	Eckplatz (–e):	corner seat
der	Edelmann (–leute):	nobleman
das	Ehepaar (–e):	married couple
	ehrlich:	honest
das	Ei (–er):	egg
	eigentlich:	actually
	*eilen (wk)	to hurry
	eilig:	in a hurry (Ich habe es eilig – I'm in a hurry)
der	Eimer (–):	bucket
	*einbiegen (ie, o, o):	to turn into (a street etc.)
	*einbrechen (i, a, o):	to break into
der	Eindruck (–e):	impression
	einfach:	simple, single (eine einfache Fahrt – a single ticket)
	*einfahren (ä, u, a):	to drive in, arrive
das	Einfamilienhaus (–er):	detached house
der	Eingang (–e):	entrance
die	Eingangshalle (–n):	entrance hall
	einige:	several
	einkaufen (wk):	to go shopping
der	Einkaufsbummel (–):	shopping expedition
die	Einkaufsliste (–n):	shopping list
die	Einkaufstasche (–n):	shopping bag
das	Einkaufsviertel (–):	shopping quarter
der	Einkaufswagen (–):	shopping trolley
	einladen (ä, u, a):	to invite
die	Einladung (–en):	invitation
die	Einladungsliste (–n):	invitation list
	einlösen (wk):	to cash (a cheque)
	einrichten (wk):	to arrange, furnish
	einschenken (wk):	to pour out
	*einsteigen (ei, ie, ie) in + Acc.:	to get in/on
	*eintreffen (i, a, o):	to arrive (trains etc.)
die	Eintrittskarte (–n):	entrance ticket
	einzahlen (wk):	to pay in
das	Einzelbett (–en):	single bed
die	Einzelstunde (–n):	single period
das	Einzelzimmer (–):	single room
das	Eis:	ice cream
der	Eisbär (–en) (wk masc.):	polar bear
der	Elefant (–en) (wk masc.):	elephant
	elend:	wretched
die	Eltern (pl):	parents
	empfangen (ä, i, a):	to receive
die	Empfangsdame (–n):	receptionist
der	Empfangstisch (–e):	reception desk
das	Ende (–n):	end
	energisch:	energetic
	eng:	narrow, confined
der	Enkel (–):	grandson
die	Enkelin (–nen):	granddaughter
	entdecken (wk):	to discover
die	Ente (–n):	duck
	enthalten (ä, ie, a):	to contain
	entlang (Acc.):	along
	entfernt:	distant
sich	entscheiden (ei, ie, ie):	to decide
	entschuldigen (wk):	to excuse
	entweder ... oder:	either ... or
	entwickeln (wk):	to develop
die	Erbse (–n):	pea
die	Erdbeere (–n):	strawberry
der	Erdbeerkuchen (–):	strawberry flan
das	Erdgeschoß (–e):	ground floor
(die)	Erdkunde:	geography
die	Erdnuß (–e):	peanut
	erfahren (ä, u, a):	to experience
der	Erfolg (–e):	success
die	Erfrischung (–en):	refreshment(s)
	erhalten (ä, ie, a):	to receive
das	Erholungsviertel (–):	recreational quarter
sich	erinnern an (+ Acc.):	to remember
sich	erkälten (wk):	to catch cold
sich	erkundigen (wk) bei jemandem nach einer Sache:	to inquire about something from someone
	erlauben (wk) (+ Dat.):	to allow
	erleben (wk):	to experience
	erleichtern (wk):	to relieve
	erleichtert:	relieved
	ernten (wk):	to harvest
	erproben (wk):	to test
	erreichen (wk):	to reach, to catch (a bus etc.)
	erst:	only, first
	erst dann:	only then
	erwähnen (wk):	to mention

	erwidern (wk):	to reply
	erzählen (wk):	to relate, tell
	essen (i, a, e):	to eat
das	*Essen* (–):	meal
der	*Eßsaal* (–säle):	dining room (in an hotel etc.)
das	*Eßzimmer* (–):	dining room
	etwa:	about
	etwas:	something
	etwas später:	a little later
	fabelhaft:	fabulous
die	*Fabrik* (–en):	factory
das	*Fach* (–er):	subject
der	*Fachmann* (–leute):	expert
die	*Fahne* (–n):	flag
	fahren (ä, u, a):	(+ *sein*) to travel (+ *haben*) to drive
die	*Fahrkarte* (–n):	ticket
die	*Fähre* (–n):	ferry
der	*Fahrplan* (–e):	timetable
das	*Fahrrad* (–er):	bicycle
der	*Fahrstuhl* (–e):	lift
die	*Fahrt* (–en):	journey
das	*Fahrzeug* (–e):	vehicle
der	*Fall* (–e):	case, incident (*auf keinen Fall* – under no circumstances, not for anything
	*fallen (ä, ie, a):	to fall
	falsch:	wrong, false
die	*Familie* (–n):	family
	fangen (ä, i, a):	to catch (*einen Fisch fangen* – to catch a fish)
	fantastisch:	fantastic
die	*Farbe* (–n):	colour
die	*Faxen* (pl):	antics
	fegen (wk):	to sweep
	fehlen (wk):	to be missing
	feiern (wk):	to celebrate
das	*Feld* (–er):	field
der	*Fels* (–en) (wk masc):	rock
das	*Fenster* (–):	window
das	*Fensterbrett* (–er):	window sill
die	*Ferien* (pl):	holidays
der	*Fernsehapparat* (–e):	television set
	fern.*sehen* (ie, a, e):	to watch television
der	*Fernsehraum* (–e):	television room
	fertig:	finished, ready
das	*Festspielhaus* (–er):	festival theatre
	fest.*stellen* (wk):	to determine, find out
der	*Feuerwehrmann* (–leute):	fireman
der	*Feuerwehrwagen* (–):	fire-engine
das	*Feuerzeug* (–e):	lighter
das	*Fieberthermometer* (–):	thermometer
der	*Film* (–e):	film
	finden (i, a, u):	to find
der	*Finger* (–):	finger
der	*Fingernagel* (–):	finger nail
der	*Fisch* (–e):	fish
der	*Flamingo* (–s):	flamingo
die	*Flasche* (–n):	bottle

das	*Fleisch* (*Fleischsorten*):	meat
der	*Fleischer* (–):	butcher
	fleißig:	hardworking
die	*Fliege* (–n):	fly
	*fliegen (ie, o, o):	to fly
	*fließen (ie, o, o):	to flow
die	*Flöte* (–n):	flute
der	*Flug* (–e):	flight
der	*Fluggast* (–e):	air passenger
der	*Flugschein* (–e):	flight ticket
der	*Flur* (–e):	hall (of a house etc.)
der	*Fluß* (–e):	river
die	*Flüssigkeit* (–en):	liquid
das	*Flußufer* (–):	river bank
der	*Flughafen* (–):	airport
das	*Flugzeug* (–e):	aeroplane
das	*Fohlen* (–):	foal
	folgen (wk) + Dat.:	to follow
der	*Fön* (–e):	electric hair drier
das	*Formular* (–e):	form
die	*Forelle* (–n):	trout
der	*Fotoapparat* (–e):	camera
das	*Fotogeschäft* (–e):	photographer's shop
der	*Fotograf* (–en) (wk masc.):	photographer
	fragen (wk):	to ask
sich	*fragen* (wk):	to ask oneself, wonder
die	*Frau* (–en):	woman, wife, Mrs
das	*Fräulein* (–):	young woman, Miss
	frankieren (wk):	to stamp (letters)
	frei:	free, unoccupied, vacant
das	*Freibad* (–er):	open air swimming pool
im	*Freien*:	in the open air
die	*Freizeit*:	spare time
das	*Fremdenbuch* (–er):	hotel register
	fressen (i, a, e):	to eat (of animals)
sich	*freuen* (wk) *über* + Acc.:	to be pleased about
der	*Freund* (–e):	friend (male)
die	*Freundin* (–nen):	friend (female)
	freundlich:	friendly
der	*Friedhof* (–e):	cemetery
	frisch:	fresh
	frieren (ie, o, o) (+ *haben* and *sein*):	to freeze (*Es friert* – It's freezing)
der	*Friseur* (–e):	barber, hairdresser (male)
die	*Friseuse* (–n):	hairdresser (female)
der	*Friseursalon* (–s):	hairdressing saloon
	froh:	happy, glad
die	*Fruchtbowle* (–n):	fruit punch
	früh:	early
das	*Frühstück*:	breakfast
	frühstücken (wk):	to have breakfast
der	*Fuchs* (–e):	fox
sich	*fühlen* (wk):	to feel
	führen (wk):	to lead, conduct
der	*Führerschein* (–e):	driving licence
	füllen (wk):	to fill
der	*Füller* (–):	fountain pen
	für (+ Acc.):	for

	furchtbar:	terribly, awfully, frightful (*Er spielt Fußball furchtbar gern* – he really loves playing football)
der	*Fuß* (¨e):	foot
der	*Fußballplatz* (¨e):	football field, pitch
der	*Fußballverein* (–e):	football club
der	*Fußgänger* (–):	pedestrian
das	*Fußgelenk* (–e):	ankle
das	*Futter* (–):	fodder
	füttern (wk):	to feed (animals etc.)
die	*Fütterungszeit* (–en):	feeding time
die	*Gabel* (–n):	fork
	gackern (wk):	to cackle
	gähnen (wk):	to yawn
der	*Gang* (¨e):	corridor
die	*Gangway* (–s):	gangway
die	*Gans* (¨e):	goose
der	*Gänsebraten* (–):	roast goose
	ganz:	quite, all, whole (*die ganze Klasse* – all the class)
	gar nicht:	not at all
die	*Garage* (–n):	garage
der	*Garten* (¨):	garden
das	*Gas* (–e):	gas
der	*Gasherd* (–e):	gas stove
der	*Gast* (¨e):	guest, visitor
die	*Gaststätte* (–n):	restaurant
die	*Gaststube* (–n):	lounge (in an hotel etc.)
das	*Gästezimmer* (–):	hotel bedroom
das	*Gebäude* (–):	building
	geben (i, a, e):	to give (*es gibt* (+ Acc.) – there is, there are)
	gebrauchen (wk):	to use
der	*Geburtstag* (–e):	birthday
das	*Gedicht* (–e):	poem
	geduldig:	patient(ly)
	gefährlich:	dangerous
	gefallen (ä, ie, a) + Dat.:	to please, like (*Das Buch gefällt mir* – I like the book)
	gefangen:	caught
	gefärbt:	coloured
	gefleckt:	spotted
das	*Geflügel*:	poultry
die	*Gegend* (–en):	region, countryside
der	*Gegenstand* (¨e):	object
das	*Gegenteil* (–e):	opposite
	gegenüber (+ Dat.):	opposite
der	*Gegner* (–):	opponent
die	*Geige* (–n):	violin
das	*Gehalt* (–e):	income
	*gehen (e, i, a):	to go, walk
	gelb:	yellow
das	*Geld*:	money
die	*Gelegenheit* (–en):	opportunity
	gelegentlich:	occasional
	*gelingen (i, a, u) (impers.):	to succeed, manage (*Es gelang mir einen Platz zu finden* – I managed to find a seat)
das	*Gemälde* (–):	painting
das	*Gemüse* (*Gemüsesorten*):	vegetables
der	*Gemüsehändler* (–):	greengrocer
	gemütlich:	cosy, pleasant
	genau:	exactly
das	*Gepäck*:	luggage
die	*Gepäckaufbewahrung* (–en):	left luggage
das	*Gepäcknetz* (–e):	luggage rack
der	*Gepäckschein* (–e):	luggage ticket
der	*Gepäckträger* (–):	porter
	gerade:	just (*Sie erreichten den Bus gerade noch* – They just managed to catch the bus)
	geradeaus:	straight on
	*geraten (ä, ie, a):	*in Brand geraten* – to catch fire
das	*Gerät* (–e):	equipment
das	*Geräusch* (–e):	noise
	gern:	willingly (*Ich lese gern* – I like reading)
	gesalzen:	salted
die	*Gesamtschule* (–n):	comprehensive school
das	*Geschäft* (–e):	shop, store, business
die	*Geschäftsfrau* (–en):	business woman
der	*Geschäftsmann* (–leute):	business man
	*geschehen (ie, a, e):	to happen
das	*Geschenk* (–e):	present
die	*Geschichte* (–n):	story, incident, history
die	*Geschicklichkeit*:	expertness
	geschickt:	clever
das	*Geschirr*:	crockery
	geschlossen:	closed, shut
	geschmückt:	decorated
die	*Geschwindigkeit* (–en):	speed
die	*Geschwindigkeitsbegrenzung* (–en):	speed limit
die	*Geschwister* (pl):	brothers and sisters
das	*Gesicht* (–er):	face
das	*Gestänge* (–):	frame
	gestern:	yesterday
	gestreift:	striped
	gesund:	healthy
das	*Getränk* (–e):	drink
die	*Getränkekarte* (–n):	wine list
	gewinnen (i, a, o):	to win
das	*Gewissen* (–):	conscience
das	*Gewitter* (–):	thunderstorm
	gewöhnlich:	usual(ly)
	gießen (ie, o, o):	to pour
die	*Giftschlange* (–n):	poisonous snake
der	*Gipfel* (–):	summit
die	*Gipfelstation* (–en):	top of ski lift
das	*Gipsbein* (–e):	leg in plaster
die	*Giraffe* (–n):	giraffe
die	*Gitarre* (–n):	guitar
das	*Glas* (¨er):	glass
die	*Glatze* (–n):	bald head
	glauben (wk) (+ Dat.):	to believe, think
	gleich:	immediately
	gleich darauf:	immediately afterwards
das	*Gleis* (–e):	railway track, platform

das	*Glück*:	luck (*Du hast Glück gehabt* – you've been lucky)
	glücklich:	lucky, happy
	glücklicherweise:	fortunately
das	*Gramm* (–):	gramme
das	*Gras* (¨er):	grass
	grau:	grey
die	*Grenze* (–n):	frontier
	grillen (wk):	to grill
die	*Grimasse* (–n):	grimace
die	*Grippe*:	'flu
der	*Groschen* (–):	groschen (small coin)
	groß:	large, big
die	*Größe*:	size
die	*Großeltern* (pl):	grandparents
die	*Großmutter* (¨):	grandmother
die	*Großstadt* (¨e):	large city
der	*Großvater* (¨):	grandfather
	grün:	green
die	*Grünanlagen* (pl):	green open spaces, parkland
	gründlich:	thoroughly
der	*Grund* (¨e):	reason
das	*Gummi* (–s):	rubber
der	*Gummibaum* (¨e):	rubber plant
der	*Gummistiefel* (–):	rubber boots
der	*Gruß* (¨e):	greeting
	gucken (wk):	to peep
die	*Gurke* (–n):	cucumber
die	*sauere Gurke*:	gherkin
das	*Gymnasium* (*Gymnasien*):	grammar school
das	*Haar* (–e):	hair
die	*Haarbürste* (–n):	hair brush
	haben (*hat, hatte, gehabt*):	to have
der	*Habicht* (–e):	hawk
das	*Hackfleisch*:	mince-meat
der	*Hafen* (¨):	harbour, port
die	*Hafenrundfahrt* (–en):	trip round the harbour
die	*Hafenstadt* (¨e):	seaport (town)
das	*Hafenviertel* (–):	docks, dockland, harbour area
der	*Hahn* (¨e):	cock, tap
die	*Halbzeit* (–en):	half time
das	*Hallenbad* (¨er):	indoor swimming pool
der	*Hals* (¨e):	neck
die	*Halskette* (–n):	necklace
	halten (ä, ie, a):	(+ *sein*) to stop (+ *haben*) to hold
die	*Haltestelle* (–n):	bus, tram stop
das	*Hammelfleisch*:	lamb
die	*Hand* (¨e):	hand
(die)	*Handarbeit* (–en):	needlework
das	*Handgelenk* (–e):	wrist
das	*Handgepäck*:	hand luggage
der	*Handschuh* (–e):	glove
die	*Handtasche* (–n):	handbag
das	*Handtuch* (¨er):	towel
das	*Handwerk*:	trade
	hängen (ä, i, a):	to hang
	hart:	hard

	häßlich:	ugly
	häufig:	frequently
der	*Hauptausgang* (¨e):	main exit
der	*Hauptbahnhof* (¨e):	main line station
der	*Haupteingang* (¨e):	main entrance
das	*Hauptgericht* (–e):	main course
	hauptsächlich:	mainly, chiefly
die	*Hauptstadt* (¨e):	capital
das	*Haus* (¨er):	house
zu	*Hause*:	at home
nach	*Hause*:	home (movement)
die	*Haustür* (–en):	front door
(die)	*Hauswirtschaftslehre*:	domestic science
die	*Haut* (¨e):	skin, hide
die	*Hecke* (–n):	hedge
das	*Heft* (–e):	exercise book
	heil:	safe
	heilig:	holy
der	*Heimweg* (–e):	way home
	heiraten (wk):	to marry, get married
	heiß:	hot
	heißen (ei, ie, ei):	to be called
	helfen (i, a, o) + Dat.:	to help
das	*Hemd* (–en):	shirt
die	*Henne* (–n):	hen
der	*Hering* (–e):	tent peg
der	*Herr* (–en) (wk masc.):	gentleman, Mr, master
die	*Herrentoilette* (–n):	gentlemen's lavatory
	herrlich:	splendid, marvellous
die	*Herrschaften* (pl):	ladies and gentlemen
	herunter*holen* (wk):	to fetch down, hand down
der	*Herzog* (¨e):	duke
	heulen (wk):	to howl
der	*Heuschober* (–):	haystack
	heute:	today
	heute abend:	this evening, tonight
	heute morgen:	this morning
	hiesig:	here (as adj.)
die	*Hilfe*:	help
die	*Himbeere* (–n):	raspberry
der	*Himmel* (–):	sky
	*****hinab***fahren* (ä, u, a):	to drive down
	hinauf|*hinunter*:	up/down
	hinaus*sehen* (ie, a, e):	to look out (*Er sah zum Fenster hinaus* – He looked out of the window)
	hinein*gucken* (wk):	to look in, peep in
sich	**hin***legen* (wk):	to lie down
die	*Hinreise* (–n):	outward journey
	hinter (+ Acc. or Dat.):	behind
der	*Hintergrund* (¨e):	background
	*****hinunter***fallen* (ä, ie, a):	to fall down
	hinzu*fügen* (wk):	to add
der	*Hirsch* (–e):	stag
die	*Hitze*:	heat
	hoch:	high
das	*Hochhaus* (¨er):	multi-storey block
der	*Hocker* (–):	stool
	hoffen (wk):	to hope
	höflich:	polite, courteous
die	*Höhe*:	height

	holen (wk):	to fetch
das	*Holz* (÷er):	wood
die	*Holzbrücke* (–n):	wooden bridge
der	*Holzhammer* (÷):	mallet
der	*Honig*:	honey
	hören (wk):	to hear
die	*Hose* (–n):	trousers
der	*Hosenanzug* (÷e):	trouser suit
das	*Hotel* (–s):	hotel
der	*Hotelboy* (–s):	hotelboy
die	*Hotelfachschule* (–n):	college of hotel management
	hübsch:	pretty
der	*Hügel* (–):	hill
das	*Huhn* (÷er):	hen
der	*Hühnerstall* (÷e):	fowl-house, chicken's run
der	*Hund* (–e):	dog
die	*Hundehütte* (–n):	kennel
der	*Hunger*:	hunger
	hungrig:	hungry
	hupen (wk):	to hoot, blow one's horn
der	*Hut* (÷e):	hat
die	*Idee* (–n):	idea
	ihr (e):	her, their, you
	Ihr (e):	your
die	*Illustrierte* (like adj.):	illustrated magazine
der	*Imbiß* (÷e):	snack
die	*Imbißstube* (–n):	snack bar
	immer:	always
der	*Indianer* (–):	Indian
die	*Industriestadt* (÷e):	industrial city
das	*Industrieviertel* (–):	industrial quarter
	infolgedessen:	as a result (of that)
der	*Ingenieur* (–e):	engineer
die	*Injection* (–en):	injection
die	*Insel* (–n):	island
das	*Instrument* (–e):	instrument
	interessant:	interesting
sich	*interessieren* (wk) *für* + Acc.:	to be interested in
der	*Invalide* (–n) (wk masc.):	invalid
	inzwischen:	meanwhile, in the meantime
	irgendwo:	somewhere (or other)
	ja:	yes
die	*Jacke* (–n):	jacket
der	*Jaguar* (–s):	jaguar
das	*Jahr* (–e):	year
das	*Jahrhundert* (–e):	century
die	*Jahreszeit* (–en):	season
	jährlich:	annual
	jäten (wk):	to weed
die	*Jeans* (pl):	jeans
	jedenfalls:	in any case
	jeder/e/es:	each, every
	jedoch:	however
	jener/e/es:	that, the former
	jetzt:	now
der	*Job* (–s):	job
der	*Johannisbeersaft* (÷e):	blackcurrant juice

der	*Jongleur* (–e):	juggler
	jonglieren (wk):	to juggle
	jubeln (wk):	to rejoice, cheer
der	*Jugendklub* (–s):	youth club
	jung:	young
der	*Junge* (–n) (wk masc.):	boy
der	*Juwelierladen* (÷):	jeweller's shop
der	*Kaffee*:	coffee
die	*Kaffeekanne* (–n):	coffee pot
die	*Kaffeetafel* (–n):	'tea party'
der	*Käfig* (–e):	cage
der	*Kakao*:	cocoa, drinking chocolate
das	*Kalb* (÷er):	calf
das	*Kalbfleisch*:	veal
	kalt:	cold
die	*Kälte*:	cold(ness)
der	*Kamm* (÷e):	comb
	kämmen (wk):	to comb
das	*Känguruh* (–s):	kangaroo
das	*Kaninchen* (–):	rabbit
der	*Kaninchenstall* (÷e):	rabbit hutch
die	*Kanne* (–n):	can
die	*Kapelle* (–n):	band, orchestra
der	*Kapitän* (–e):	captain
	kaputt:	broken
	kariert:	checked
die	*Karotte* (–n):	carrot
der	*Karpfen* (–):	carp
die	*Karte* (–n):	ticket
die	*Kartenverkäuferin* (–nen):	cashier, ticket lady/girl
die	*Kartoffel* (–n):	potato
das	*Karussell* (–s):	roundabout
der	*Käse* (–sorten):	cheese
das	*Käsebrot* (–e):	open cheese sandwich
der	*Käsekuchen* (–):	cheesecake
die	*Kasse* (–n):	cash desk, till
der	*Kassentisch* (–e):	till counter
	kassieren (wk):	to cash, take the money
die	*Kathedrale* (–n):	cathedral
die	*Katze* (–n):	cat
	kaufen (wk):	to buy
das	*Kaufhaus* (÷er):	store
	kaum:	scarcely, hardly
die	*Kegelbahn* (–en):	skittle or bowling alley
	kegeln (wk):	to play skittles
	kein/e:	not a
der	*Keller* (–):	cellar
der	*Kellner* (–):	waiter
die	*Kellnerin* (–nen):	waitress
	kennen/*lernen* (wk):	to meet, get to know
die	*Kerze* (–n):	candle
die	*Keule* (–n):	(Indian) club
das	*Kilo* (–s):	kilo
das	*Kilogramm* (–):	kilogramme
der	*Kilometer* (–):	kilometre
das	*Kind* (÷er):	child
der	*Kinderspielplatz* (÷e):	children's playground, park
der	*Kinderwagen* (–):	pram
das	*Kino* (–s):	cinema
die	*Kinokarte* (–n):	cinema ticket

der	Kiosk (–e):	kiosk
die	Kirche (–n):	church
der	Kirschbaum (–e):	cherry tree
die	Kirsche (–n):	cherry
	klagen (wk):	to complain
	klappen (wk):	to turn out, work out (*Alles klappte gut* – everything went off well)
der	Klappstuhl (–e):	folding chair
	klar:	clear
	klar *werden (wird, wurde, geworden):	to realize (*Es wurde ihm klar* – He realized)
die	Klarinette (–n):	clarinet
die	Klasse (–n):	class (*Das war Klasse* – That was marvellous)
das	Klassenzimmer (–):	classroom
	klatschen (wk):	to clap
das	Klavier (–e):	piano
das	Kleid (–er):	dress (pl. clothes)
der	Kleiderschrank (–e):	wardrobe
die	Kleidung:	clothing
	klein:	small, little
das	Kleingeld:	change (money)
die	Kleinstadt (–e):	small town
	klettern (wk) (+ *haben* and *sein*):	to climb, clamber, scramble up
	klingeln (wk):	to ring
die	Klinik (–en):	clinic
die	Klippe (–n):	cliff
	klopfen (wk):	to knock
das	Kloster (–):	monastery
das	Klubzimmer (–):	club room
das	Knie (–):	knee
der	Koch (–e):	cook
	kochen (wk):	to cook, boil
der	Köder (–):	bait
der	Koffer (–):	suitcase
der	Koffer-Kuli (–s):	luggage trolley (for individual passengers)
der	Kofferraum (–e):	boot (of a car)
der	Kognak:	brandy
der	Kohl:	cabbage
	komisch:	funny, strange
	*kommen (o, a, o):	to come
die	Konditorei (–en):	confectioner's shop
die	Königin (–nen):	queen
	können (kann, konnte, gekonnt):	to be able
das	Konto (–s):	account
der	Kontrabaß (–bässe):	double bass
	kontrollieren (wk):	to control
das	Konzert (–e):	concert
der	Konzertsaal (–säle):	concert hall
der	Kopf (–e):	head
der	Kopfball (–e):	header (football)
(die)	Kopfschmerzen (pl):	headache
der	Kopfstand (–e):	headstand
der	Korb (–e):	basket
das	Korn:	corn
das	Körnchen (–):	granule, grain
die	Körpertemperatur:	body temperature

	korrigieren (wk):	to correct
	köstlich:	delicious
das	Kotelett (–s):	cutlet, chop
	knallen (wk):	to crack (a whip etc.)
	knallrot:	bright red
die	Kneipe (–n):	pub
der	Knirps (–e):	dwarf, telescopic umbrella
	kräftig:	powerful
die	Krähe (–n):	crow
	krähen (wk):	to crow
die	Kralle (–n):	claw
der	Kran (–e):	crane
	krank:	ill, sick
der	Kranke (like adj.):	ill or sick person
das	Krankenhaus (–er):	hospital
die	Krankenschwester (–n):	nurse
der	Krankenwagen (–):	ambulance
der	Kranz (–e):	wreath
	kratzen (wk):	to scratch
das	Kraut (–er):	herb
die	Kreide (Kreidestücke)	chalk
	*kreisen (wk):	to circle
die	Kreuzung (–en):	crossing
	*kriechen (ie, o, o):	to crawl
der	Krieg (–e):	war
das	Krokodil (–e):	crocodile
der	Krug (–e):	jug
der	Kuchen (–):	cake
die	Küche (–n):	kitchen
die	Küchenhilfe (–n):	kitchen help
der	Küchentisch (–e):	kitchen table
der	Kugelschreiber (–):	biro, ball pen
die	Kuh (–e):	cow
der	Kuhstall (–e):	cow shed
	kühl:	cool
der	Kühlschrank (–e):	refrigerator
der	Kuli (–s):	biro
sich	kümmern (wk) um+ Acc.:	to bother about
der	Kunde (–e) (wk. masc.):	customer
die	Kunstakademie (–n):	art school
(die)	Kunsterziehung:	art (as school subject)
der	Kunstexperte (–n) (wk masc.):	art expert
die	Kunstgalerie (–n):	art gallery
das	Künstlerviertel (–):	part of a town where artists live and work
das	Kunstmuseum (–museen):	art museum
das	Kursbuch (–er):	timetable, handbook
	kurz:	short
die	Kusine (–n):	cousin (female)
	lachen (wk):	to laugh
	lächeln (wk):	to smile
	lackieren (wk):	to varnish
der	Laden (–):	shop
	laden (lädt, lud, geladen):	to load
das	Lagerhaus (–er):	warehouse
das	Lametta (–s):	lametta, tinsel
das	Lamm (–er):	lamb
die	Lampe (–n):	lamp
das	Land (–er):	country, land (German province)

	landen (wk):	to land
das	*Landhaus* (¨er):	country house
die	*Landkarte* (–n):	map
die	*Landschaft* (–en):	scenery
die	*Landungsbrücke* (–n):	landing stage
	lang:	long
	langsam:	slow
	langweilig:	boring
der	*Lappen* (–):	cloth, duster
der	*Lärm*:	noise
	lassen (ä, ie, a):	to leave, have something done (*Er ließ sich das Haar schneiden* He had his hair cut)
	*laufen (äu, ie, au):	to run
der	*Laut* (–e):	sound
das	*Leben* (–):	life
	ums Leben *kommen (o, a, o):	to lose one's life, perish
	leben (wk):	to live
(die)	*Lebensmittel* (pl):	groceries
das	*Lebensmittelgeschäft* (–e):	grocer's shop
der	*Lebensmittelhändler* (–):	grocer
	lebhaft:	lively
	lecker:	delicious
	lecken (wk):	to lick
das	*Leder* (–):	leather
	ledern:	leather
das	*Ledergeschäft* (–e):	leather goods' shop
der	*Lederstiefel* (–):	leather boot
	ledig:	single (not married)
	leer:	empty
	leeren (wk):	to empty
	legen (wk):	to put
	lehnen (wk):	to lean
der	*Lehrer* (–):	teacher (male)
die	*Lehrerin* (–nen):	teacher (female)
(die)	*Leibeserziehung*:	physical education, P.E.
	leicht:	easy, light, slight
(die)	*Leichtathletik*:	athletics (*Leichtathletik treiben* – to do athletics)
	leider:	unfortunately
die	*Leiter* (–n):	ladder
	lesen (ie, a, e):	to read
	lieber haben:	to prefer
am	*liebsten haben*:	to like most of all
das	*Lied* (–er):	song
	liegen (ie, a, e):	to lie, be situated
der	*Liegewagen* (–):	couchette
der	*Likör* (–e):	liqueur
die	*Limonade* (–n):	lemonade
das	*Lineal* (–e):	ruler
der	*Linienrichter* (–):	linesman
	links:	left
die	*Liste* (–n):	list
der	*Liter* (–):	litre
der	*Löffel* (–):	spoon
der	*Lokalschlager* (–):	local derby
	los:	off (*Es ist viel los* – There's a lot going on)
	*losfahren (ä, u, a):	to set off (by vehicle)
	löschen (wk):	to put out, extinguish
der	*Löwe* (–n) (wk masc.):	lion
die	*Luft*:	air
die	*Luftmatratze* (–n):	air mattress
die	*Luftpumpe* (–n):	air pump
das	*Lunchpaket* (–e):	lunch packet, packed lunch
	Lust haben:	to want to (*Hast du Lust, ins Kino zu gehen?* – Do you want to go to the pictures?)
	lustig:	cheerful, merry
das	*Luxushotel* (–s):	luxury hotel
das	*Mädchen* (–):	girl
der	*Magen* (¨):	stomach
(die)	*Magenschmerzen* (pl):	stomach ache
der	*Mähdrescher* (–):	combine harvester
	mähen (wk):	to mow, cut
die	*Mähne* (–n):	mane
	mal:	multiplied by, just
	mal hier ... mal dort:	now here ... now there
das	*Mal* (–e):	time, occasion
	malen (wk):	to paint
der	*Maler* (–):	painter
	man:	one, people
	manchmal:	sometimes
der	*Mann* (¨er):	man, husband
die	*Mannschaft* (–en):	team
die	*Mansarde* (–n):	attic
der	*Mantel* (¨):	coat
die	*Mappe* (–n):	briefcase
die	*Mark*:	DM., Mark (money)
	markieren (wk):	to mark
die	*Marmelade* (–n):	jam
	marschieren (wk):	to march
die	*Maschine* (–n):	machine
(die)	*Mathematik*:	maths
der	*Matrose* (–n) (wk masc.):	sailor
die	*Mauer* (–n):	wall (outside)
das	*Maul* (¨er):	animal's mouth
das	*Medikament* (–e):	medicine
die	*Medizin* (–en):	medicine, pills etc.
die	*Mehrwertsteuer*:	value added tax, VAT
die	*Meile* (–n):	mile
	meinen (wk):	to think
	meistens:	mostly
	melden (wk):	to announce, report
sich	*melden* (wk):	to answer (the telephone)
	melken (melkt, molk, gemolken):	to milk
die	*Melkmaschine* (–n):	milking machine
der	*Mensch* (–en) (wk masc.):	person
	messen (i, a, e):	to measure
das	*Messer* (–):	knife
der	*Meter* (–):	metre
der	*Metzger* (–):	butcher
die	*Metzgerei* (–en):	butcher's shop
	miauen (wk):	to miaow
die	*Milch*:	milk
die	*Milchbar* (–s):	milk bar
die	*Milchkanne* (–n):	milk churn
der	*Milchshake* (–s):	milk-shake
	mieten (wk):	to rent, hire
das	*Mietshaus* (¨er):	block of flats

die	Millionenstadt (=e):	city with a million inhabitants
	mindestens:	at least
	mißmutig:	dejected(ly)
die	Minute (–n):	minute
der	Misthaufen (–):	dung heap
	mit (+ Dat.):	with
das	Mitglied (–er):	member
	mitmachen (wk):	to join in
	mitnehmen (i, a, o):	to take along
	Mittag:	midday, noon
	Mittag essen (i, a, e):	to have lunch
das	Mittagessen:	lunch
die	Mitte:	middle
	mitteilen (wk) + Dat.:	to advise, inform
die	Mittelschule (–n):	secondary modern school
	Mitternacht:	midnight
die	Möbelfabrik (–en):	furniture factory
	modern:	modern
	mögen (mag, mochte, gemocht):	to like (Ich möchte gern – I should like to)
	möglich:	possible
die	Molkerei (–en):	dairy
der	Monat (–e):	month
	monatlich:	monthly
der	Morgen (–):	morning
	morgen:	tomorrow
	morgens:	in the mornings
der	Motor (–en):	engine, motor
das	Motorrad (=er):	motor bike
die	Möwe (–n):	seagull
	müde:	tired
	muhen (wk):	to moo
der	Mund (=er):	mouth
die	Münze (–n):	coin
das	Museum (Museen):	museum
die	Musik:	music
	musikalisch:	musical
die	Musikanlage	music equipment (record player, tape recorder, loudspeakers etc.)
die	Musiktruhe (–n):	radio
	müssen (muß, mußte, gemußt):	to have to, must
	mutig:	brave, courageous
die	Mutter (=):	mother
die	Mütze (–n):	cap
	nach (+ Dat.):	to, after
der	Nachbar (–n) (wk. masc.):	neighbour
	nachdenklich:	thoughtful(ly)
	nachher:	afterwards
der	Nachmittag (–e):	afternoon
	nachmittags:	in the afternoons
	nachschlagen (ä, u, a):	to look up (in a book etc.)
die	Nachspeise (–n):	dessert
die	Nacht (=e):	night
der	Nachteil (–e):	disadvantage
das	Nachtlokal (–e):	night club
	nachts:	at night
der	Nachttisch (–e):	bedside table
der	Nagel (=):	nail
	nah:	near
	in der Nähe:	in the vicinity
sich	nähern (wk) (+ Dat.):	to approach, draw near (Sie näherten sich der Stadt – They approached the town)
der	Name (–n):	name
	namens:	by the name of
	nämlich:	namely, that is to say
die	Nase (–n):	nose
das	Nashorn (=er):	rhinoceros
	naß:	wet
das	Nationalitätszeichen (–):	nationality plate (on a car etc.)
	neben (+ Acc. and Dat.):	next to
	nebenan:	next door, nearby, adjoining
	neblig:	foggy, misty
	nehmen (i, a, o)	to take
	nein:	no
das	Nest (–er):	nest
	nett:	nice, pleasant
das	Netz (–e):	net
	neu:	new
	nicht:	not
	nicht wahr:	isn't it
das	Nichtraucherabteil (–e):	non smoking compartment
	nicht nur ... sondern auch:	not only ... but also
	nichts:	nothing
	niederknien (wk):	to kneel down
	niedlich:	sweet
	nie (mals):	never
das	Nilpferd (–e):	hippopotamus
	noch:	still
	noch einmal:	once again
die	Nonne (–n):	nun
die	Nummer (–n):	number
	nur:	only
	nutzen (wk):	to use
	nützlich:	useful, of use
	oben:	upstairs, at the top (nach oben – upstairs (movement))
	oberhalb (+ Gen.):	above
das	Obst (–sorten):	fruit
das	Obstgeschäft (–e):	fruiterer's
der	Obststand (=e):	fruit stall
	obwohl:	although
die	Ochsenschwanzsuppe (–n):	oxtail soup
	oder:	or
der	Ofen (=):	oven, stove
	offen:	open
	öffnen (wk):	to open
	oft:	often
	ohne (+ Acc.):	without
das	Ohr (–en):	ear
der	Ohrring (–e):	earring
das	Öl (–e):	oil
der	Onkel (–):	uncle
die	Oper (–n):	opera, opera house
das	Orchester (–):	orchestra

in Ordnung:	in order
der Ort (–e):	place
das Örtchen (–):	small place
oval:	oval
das Paket (–e):	packet
die Pampelmuse (–n):	grapefruit
der Papagei (–en):	parrot
der Papierkorb (–e):	waste-paper basket
das Parfüm:	perfume, scent
der Park (–s):	park
parken (wk):	to park
das Parkhochhaus (–er):	multi-storey car park
der Parkplatz (–e):	parking place, car park
die Parkuhr (–en):	parking meter
das Parlamentsgebäude (–)	parliament buildings
die Party (–s):	party
der Paß (–e):	passport
passen (wk):	to suit
passend:	suitable
das Passionsspiel (–e):	Passion play
der Patient (–en) (wk masc.):	patient
die Pause (–n):	interval, pause, break
das Pech:	bad luck
die Peitsche (–n):	whip
der Pelikan (–e):	pelican
die Pension (–en):	boarding house
das Personal:	staff
persönlich:	personally
der Pfeffer (–):	pepper
die Pfeife (–n):	pipe
pfeifen (ei, i, i):	to whistle
der Pfennig (–e):	pfennig (small coin)
das Pferd (–e):	horse
der Pferdeschwanz (–e):	pony tail
der Pferdestall (–e):	stable
der Pfirsich (–e):	peach
die Pflanze (–n):	plant
die Pflaume (–n):	plum
das Pflichtfach (–er):	compulsory subject
der Pförtner (–):	doorkeeper, janitor
der Pflug (–e):	plough
pflügen (wk):	to plough
das Pfund:	pound
(*die*) Physik:	physics
picken (wk):	to peck
das Picknick (–s):	picnic
picknicken (wk):	to picnic
der Pilot (–en) (wk masc.):	pilot
der Pinguin (–e):	penguin
planen (wk):	to plan
planschen (wk):	to splash
die Plattform (–en):	platform
der Platz (–e):	seat, square
die Platzmitte (–n):	the middle of the square
die Platte (–n):	record
der Plattenspieler (–):	record player
plaudern (wk):	to chat
plötzlich:	suddenly
polieren (wk):	to polish

der Polizeibericht (–e):	police report
der Polizist (–en) (wk masc.):	policeman
das Pony (–s):	pony
das Porträt (–s):	portrait
die Posaune (–n):	trombone
das Postamt (–er):	post office
der Postbeamte (like adj.):	post office clerk
der Postbus (–se):	post bus
das Postfach (–er):	pigeon hole (for letters)
prächtig:	splendid
der Preis (–e):	price
der Priester (–):	priest
prima	first rate, excellent
probieren (wk):	to try, test
das Programm (–e):	program
prüfen (wk):	to test
die Prüfung (–en):	test, examination
das Publikum (–a):	audience
der Pullover (–):	pullover, sweater
das Pult (–e):	desk
pünktlich:	punctual(ly)
die Puppe (–n):	doll
putzen (wk):	to clean
die Putzfrau (–en):	char(lady)
das Puzzlespiel (–e):	jig saw puzzle
die Quarktorte (–n):	curd cheese tart
das Quartett (–e):	quartet
der Rabe (–n) (wk masc.):	raven
der Rachen (–):	jaw (of animals)
*rad*fahren (ä, u, a):	to cycle
das Radio (–s):	radio
der Rand (–er):	edge (*am Rande* – on the edge)
*rasen (wk):	to race, travel at speed
der Rasierapparat (–e):	razor
sich rasieren (wk):	to shave
auf Raten kaufen (wk):	to buy on hire purchase
das Rathaus (–er):	town hall
das Raubtier (–e):	beast of prey
rauchen (wk):	to smoke
reagieren (wk):	to react
die Rechnung (–en):	bill
rechts:	right
rechtzeitig:	in good time, punctually
die Rede (–n):	speech
das Regal (–e):	shelf
regeln (wk):	to direct (traffic etc.)
der Regen (–):	rain
der Regenmantel (–):	raincoat
der Regenschirm (–e):	umbrella
regnen (wk):	to rain
regnerisch:	rainy
das Reh (–e):	roe deer
reich:	rich
reif:	ripe
das Reihenhaus (–er):	terrace house

die	*Reise* (–n):	journey
das	*Reisebüro* (–s):	travel agency
der	*Reisescheck* (–s):	traveller's cheque
	reiten (ei, i, i) (+ *haben*	
	and *sein*):	to ride
die	*Reiterin* (–nen):	rider (female)
	reparieren (wk):	to repair
das	*Reptilienhaus* (∺er):	reptile house
	*rennen (rennt, rannte,	
	gerannt):	to run, race
	reservieren (wk):	to reserve
das	*Restaurant* (–s):	restaurant
	restaurieren (wk):	to restore
	retten (wk):	to save, rescue
die	*Revue* (–n):	revue, cabaret
	richtig:	right, correct
die	*Richtung* (–en):	direction
	riechen (ie, o, o):	to smell
	riesig:	huge, gigantic
das	*Rindfleisch*:	beef
der	*Ring* (–e):	ring
die	*Robbe* (–n):	seal
der	*Rock* (∺e):	skirt
die	*Rollbahn* (–en):	runway
der	*Roller* (–):	motor scooter
die	*Rolltreppe* (–n):	escalator
der	*Roman* (–e):	novel
der	*Rosenkohl*:	Brussels sprouts
	rot:	red
der	*Rotkohl*:	red cabbage
	rötlich:	reddish
die	*Rückfahrkarte* (–n):	return ticket
die	*Rückkehr*:	return
der	*Rucksack* (∺e):	rucksack
das	*Ruderboot* (–e):	rowing boat
	rudern (wk):	to row
	rufen (u, ie, u):	to call, shout
	ruhig:	quiet, peaceful
das	*Rumpelzimmer* (–):	lumber room
	rund:	round
die	*Rundfahrt* (–en):	round trip, excursion
der	*Rundgang* (∺e):	tour (on foot)
der	*Rüssel* (–):	elephant's trunk
die	*Rutsche* (–n):	slide
	rutschen (wk) (+ *haben*	
	and *sein*):	to slide
	säen (wk):	to sow
	saftig:	juicy
	sagen (wk):	to say
die	*Saison* (–s):	season
der	*Salat* (–e):	lettuce, salad
der	*Salto* (–s):	somersault
das	*Salz* (e):	salt
die	*Salzstange* (–n):	salted cheese stick, cheese straw
der	*Samen* (–):	seed
	sammeln (wk):	to collect
der	*Sattel* (∺):	saddle
	sauber:	clean

	sauer:	sour
	saufen (äu, o, o):	to drink (of animals)
	saugen (wk):	to suck
das	*Saxophon* (–e):	saxophone
die	*S-Bahn* (–en):	city railway
	schaben (wk):	to scrape
das	*Schach*:	chess
die	*Schachtel* (–n):	box
das	*Schaf* (–e):	sheep
	schaffen (wk):	to manage, achieve
der	*Schaffner* (–):	conductor, guard
der	*Schal* (–s):	scarf
der	*Schalter* (–):	counter, ticket office
	schälen (wk):	to peel
das	*Schaltjahr* (–e):	leap year
	scharf:	sharp
	schauen (wk):	to look
die	*Schaufel* (–n):	shovel
	schaufeln (wk):	to shovel
die	*Schaukel* (–n):	swing
	schaukeln (wk):	to swing
das	*Schauspiel* (–e):	play
der	*Scheck* (–s):	cheque
die	*Scheibe* (–n):	slice
der	*Schein* (–e):	appearance
	scheinen (ei, ie, ie):	to shine, seem
	scherzen (wk):	to joke
die	*Scheune* (–n):	barn
der	*Schiedsrichter* (–):	referee
	schick:	smart, chic
	schieben (ie, o, o):	to push
	schießen (ie, o, o):	to shoot, score
das	*Schiff* (–e):	ship
der	*Schimmel* (–):	white horse
der	*Schimpanse* (–n)	
	(wk masc.):	chimpanzee
der	*Schinken* (–):	ham
das	*Schinkenbrot* (–e):	open ham sandwich
	schlachten (wk):	to slaughter
	schlafen (ä, ie, a):	to sleep
der	*Schlafplatz* (∺e):	berth
der	*Schlafwagen* (–):	sleeper (railway)
das	*Schlafzimmer* (–):	bedroom
	schläfrig:	sleepy
	schlagen (ä, u, a):	to hit
die	*Schlagsahne*	whipped cream
das	*Schlagzeug* (–e):	percussion
die	*Schlange* (–n):	queue
	Schlange stehen (e, a, a):	to queue up
	schlank:	slim
	schlecht:	bad
	schleppen (wk):	to drag
	schließen (ie, o, o):	to shut, close
	schließlich:	finally
	schlimm:	bad
der	*Schlips* (–e):	tie
der	*Schlitten* (–):	sledge, sleigh
der	*Schlittschuh* (–e):	skate
	Schlittschuh *laufen	
	(äu, ie, au):	to skate
das	*Schloß* (∺sser):	castle

der	*Schluß* (÷e):	end, conclusion
der	*Schlüssel* (–):	key
das	*Schlüsselbrett* (–er):	key board
	schmal:	narrow
	schmecken (wk):	to taste (*Das Bier schmeckte gut* – the beer tasted good)
	schmücken (wk):	to decorate, adorn
	schmuggeln (wk):	to smuggle
	schmutzig:	dirty
der	*Schnabel* (÷):	beak
	schnappen (wk):	to snatch (*frische Luft schnappen* – To get some fresh air)
der	*Schnaps* (÷e):	schnaps, gin
	schnattern (wk):	to cackle (of geese)
die	*Schnauze* (–n):	snout, muzzle
der	*Schnee*:	snow
der	*Schneeball* (÷e):	snowball
der	*Schneemann* (÷er):	snowman
	schneeweiß:	snow white
	schneien (wk):	to snow (*es schneit* – it's snowing)
	schnell:	quick(ly)
	so schnell wie möglich:	as quickly as possible
das	*Schnellrestaurant* (–s):	snack bar
das	*Schnitzel* (–):	cutlet
der	*Schnupfen* (–):	cold
der	*Schnurrbart* (÷e):	moustache
die	*Schokolade*:	chocolate
	schön:	beautiful, nice
der	*Schornstein* (–e):	chimney
der	*Schrank* (÷e):	cupboard
	schrecklich:	awful(ly)
	schreiben (ei, ie, ie):	to write
die	*Schreibmaschine* (–n):	typewriter
der	*Schreibtisch* (–e):	desk
	schreien (ei, ie, ie):	to shout, cry
der	*Schuh* (–e):	shoe
	schuldig:	guilty
die	*Schule* (–n):	school
die	*Schulmappe* (–n):	school bag, briefcase
der	*Schüler* (–):	schoolboy
die	*Schülerin* (–nen):	schoolgirl
die	*Schulter* (–n):	shoulder
der	*Schuppen* (–):	shed
die	*Schüssel* (–n):	bowl
das	*Schütteln* (–):	shaking, vibration
	schütteln (wk):	to shake
	schwach:	weak
der	*Schwager* (÷):	brother-in-law
die	*Schwägerin* (–nen):	sister-in-law
der	*Schwanz* (÷e):	tail (*Der Hund wedelte mit dem Schwanz* – The dog wagged its tail)
	schwarz:	black
das	*Schwein* (–e):	pig
das	*Schweinefleisch*:	pork
der	*Schweinestall* (÷e):	pig sty
die	*Schweizeruhr* (–en):	Swiss watch
	schwer:	heavy, difficult
die	*Schwester* (–n):	sister
die	*Schwiegermutter* (÷):	mother-in-law
der	*Schwiegersohn* (÷e):	son-in-law
die	*Schwiegertochter* (÷):	daughter-in-law
der	*Schwiegervater* (÷):	father-in-law
die	*Schwierigkeit* (–en):	difficulty
das	*Schwimmbecken* (–):	swimming pool
	*schwingen (i, a, u):	to swing
der	*See* (–n):	lake
	seekrank:	seasick
der	*Seelöwe* (–n) (wk masc.):	sea lion
das	*Segelboot* (–e):	sailing boat
	segeln (wk):	to sail
	sehen (ie, a, e):	to see
die	*Sehenswürdigkeit* (–en):	sight (thing worth seeing)
	sehr:	very
die	*Seife* (Seifenstücke):	soap
das	*Seil* (–e):	rope
	seil*hüpfen* (wk):	to skip
	*sein (ist, war, gewesen):	to be
	sein/seine:	his
	seit (+ Dat.):	since, for
die	*Seite* (–n):	side
die	*Sekretärin* (–nen):	secretary (female)
der	*Sekt*:	champagne
die	*Sekunde* (–n):	second
	selber:	himself, herself etc.
	selbst:	himself, herself etc.
	selbstgebaut:	made by oneself
	selbstverständlich:	of course
	selten:	rarely, seldom
	seltsam:	strange
das	*Semester* (–):	term
der	*Senf*:	mustard
	servieren (wk):	to serve
der	*Sessel* (–):	arm chair
	sich setzen (wk):	to sit down
	seufzen (wk):	to sigh
	sicher:	certainly
	sicherlich:	certainly
der	*Sicherheitsgurt* (–e):	safety belt
das	*Silo* (–s):	silo
	singen (i, a, u):	to sing
die	*Sitte* (–n):	custom
der	*Sitz* (–e):	seat
	sitzen (i, a, e):	to sit
der	*Ski* (–er):	ski
	Ski laufen (äu, ie, au):	to ski
der	*Skilehrer* (–):	ski instructor
der	*Skilift* (–e):	ski lift
der	*Skiunterricht*:	ski instruction
	sobald:	as soon as
die	*Socke* (–n):	sock
das	*Sofa* (–s):	settee
	sofort:	immediately
	sogar:	even
	sogenannt:	so called
der	*Sohn* (÷e):	son
der	*Soldat* (–en) (wk masc.):	soldier
	sollen (soll, sollte, gesollt):	shall, should, ought
die	*Sommerferien* (pl):	summer holidays
die	*Sonne* (–n):	sun

sich	*sonnen* (wk):	to sunbathe
das	*Sonnendeck* (–s):	sun deck
der	*Sonnenschirm* (–e):	parasol
	sonnig:	sunny
	sonst noch etwas?:	anything else?
die	*Sorge* (–n):	care, worry
	sorgfältig:	carefully
die	*Soße* (–n):	sauce, gravy
	spannend:	tense, exciting
	sparen (wk):	to save
der	*Spargel*:	asparagus
der	*Spaß*:	fun (*das macht Spaß* – that's fun)
der	*Spaten* (–):	spade
	spät:	late
der	*Spaziergang* (–e):	walk (*einen Spaziergang machen* – to go for a walk)
	**spazieren*gehen (e, i, a):	to go for a walk
die	*Speisekarte* (–n):	menu
der	*Speisewagen* (–):	dining car
die	*Sperre* (–n):	barrier
der	*Spiegel* (–):	mirror
das	*Spiel* (–e):	game
	spielen (wk):	to play
der	*Spieler* (–):	player
(*die*)	*Spielstunde* (n):	games (at school)
die	*Spielwaren* (pl):	toys (in a shop)
das	*Spielzeug* (–e):	toy
	spitz:	pointed
die	*Spitze* (–n):	peak
die	*Sprache* (–n):	language
die	*Sprachschule* (–n):	language school
	sprechen (i, a, o):	to speak
	*springen (i, a, u):	to jump
die	*Spritze* (–n):	injection
	spritzen (wk):	to squirt
der	*Spültisch* (–e):	sink unit
die	*Stachelbeere* (–n):	gooseberry
das	*Stadion* (*Stadien*):	stadium
die	*Stadt* (–e):	town, city
die	*Stadtmitte* (–n):	town centre
das	*Stadtzentrum* (–zentren):	town centre
	stammen (wk) *aus*+ Dat.:	to come from
	stark:	strong
	startbereit:	ready to start
	starten (wk):	to start
die	*Station* (–en):	station, stage, ward
die	*Stationsschwester* (–n):	ward sister
	stattfinden (i, a, u):	to take place
der	*Staublappen* (–):	duster
	staubsaugen (wk) (insep.):	to vacuum, hoover
der	*Staubsauger* (–):	vacuum cleaner
der	*Stechkahn* (–e):	punt
	stecken (wk):	to put (into)
	stehen (e, a, a):	to stand
die	*Stehlampe* (–n):	standard lamp
	stehlen (ie, a, o):	to steal
der	*Stehplatz* (–e):	standing place
	steif:	stiff
	steil:	steep

die	*Steinbrücke* (–n):	stone bridge
	stellen (wk):	to put (usually in an upright position)
	stenographieren (wk):	to take down in shorthand
	*sterben (i, a, o):	to die
die	*Stewardeß* (–en):	air hostess
die	*Stimme* (–n):	voice
die	*Stimmung* (–en):	atmosphere, mood
das	*Stipendium* (–Stipendien):	grant
der	*Stock* (*Stockwerke*):	floor (*im ersten Stock* – on
das	*Stockwerk* (–e):	the first floor)
	stöhnen (wk):	to groan
	stolz auf + Acc.:	proud of
der	*Stoßzahn* (–e):	tusk
der	*Strand* (–e):	beach
die	*Straße* (–n):	road, street
die	*Straßenbahn* (–en):	tram
die	*Straßenecke* (–n):	corner of the street
die	*Strecke* (–n):	distance
sich	*strecken* (wk):	to stretch
das	*Streichholz* (–er):	match
der	*Streik* (–s):	strike
	streiken (wk):	to strike
der	*Strom* (–e):	large river, stream (of traffic)
der	*Strumpf* (–e):	stocking
die	*Strumpfhose* (–n):	tights
das	*Stück*:	piece
der	*Student* (–en) (wk masc.):	student
der	*Studentenkeller* (–):	beer cellar for students
	studieren (wk):	to study
der	*Stuhl* (–e):	chair
	stumpf:	blunt
die	*Stunde* (–n):	hour, lesson
der	*Stundenplan* (–e):	timetable (school)
	stündlich:	hourly
	stürmisch:	stormy, rough
	*stürzen (wk):	to rush
	suchen (wk):	to look for
	summen (wk):	to hum
der	*Supermarkt* (–e):	supermarket
die	*Suppe* (–n):	soup
	süß:	sweet
die	*Süßigkeiten* (pl):	sweets
der	*Tabak* (–e):	tobacco
der	*Tabakhändler* (–):	tobacconist
die	*Tabakhandlung* (–en):	tobacconist's shop
das	*Tablett* (–s):	tray
die	*Tafel* (–n):	blackboard
der	*Tag* (–e):	day
	täglich:	daily
das	*Tal* (–er):	valley
die	*Talstation* (–en):	boarding stage at bottom of skilift
die	*Tankstelle* (–n):	filling station
der	*Tankwart* (–e):	petrol pump attendant
der	*Tannenbaum* (–e):	fir-tree, Christmas tree
die	*Tante* (–n):	aunt
	tanzen (wk):	to dance
das	*Tanzlokal* (–e):	dance hall

die	Tasche (–n):	pocket
das	Taschenmesser (–):	pen knife
die	Taschenuhr (–en):	pocket watch
die	Tasse (–n):	cup
	tasten (wk):	to feel
die	Tatze (–n):	paw
das	Taxi (–s):	taxi
der	Taxistand (–e):	taxi rank
	Technisches Zeichnen:	technical drawing
der	Tee:	tea
der	Teich (–e):	pond
der	Teil (–e):	part
	teilen (wk):	to part, divide, share
das	Telefon (–e):	telephone
das	Telefonbuch (–er):	telephone directory
der	Telefonhörer (–):	telephone receiver
	telefonieren (wk) mit + Dat.:	to telephone
die	Telefonzelle (–n):	telephone kiosk
der	Teller (–):	plate
der	Teppich (–e):	carpet
die	Terrasse (–n):	terrace
	teuer:	dear, expensive
das	Textilgeschäft (–e):	clothes' shop
das	Theater (–):	theatre
die	Thermosflasche (–n):	thermos flask
	tief:	deep
die	Tiefe (n):	depth
die	Tiefgarage (–n):	underground garage
die	Tiefkühltruhe (–n):	deep freeze, freezer
das	Tier (–e):	animal
der	Tiergarten (–):	zoo
der	Tiger (–):	tiger
	tippen (wk):	to type
der	Tisch (–e):	table
der	Tischler (–):	carpenter
die	Tochter (–):	daughter
die	Toilette (–n):	toilet, lavatory
der	Toilettenschrank (–e):	bathroom cabinet
der	Toilettentisch (–e):	dressing table
die	Tomate (–n):	tomato
die	Tomatensuppe (–n):	tomato soup
das	Tonbandgerät (–e):	tape recorder
der	Topf (–e):	plant pot, saucepan
das	Tor (–e):	goal, gate
die	Torte (–n):	tart
die	Tour (–en):	tour
der	Tourist (–en) (wk masc.):	tourist
	traben (wk) (+ haben and sein):	to trot
die	Trage (–n):	stretcher
	tragen (ä, u, a):	to carry, wear
der	Traktor (–en):	tractor
	*trampen (wk):	to hitch hike
	treffen (i, a, o):	to meet (by appointment), hit
sich	treffen (i, a, o) mit + Dat.:	to meet
	treiben (ei, ie, ie):	Sport treiben – to go in for sport
die	Treppe (–n):	stairs

die	Tribüne (–n):	stand (at a football ground etc.)
das	Trimester (–):	term
	trinken (i, a, u):	to drink
	trocken:	dry
die	Trommel (–n):	drum
die	Trompete (–n):	trumpet
	trompeten (wk):	to trumpet
	trösten (wk):	to console, comfort
	trotz (+ Gen.):	in spite of
	trotzdem:	in spite of that
die	Truppe (–n):	troupe
die	Tube (–n):	tube
die	Tür (–en):	door
	Turnen:	P.E., gym
die	Turnhalle (–n):	gymnasium
	typisch:	typical
die	U-Bahn (–en):	tube, underground
	übel:	ill
	üben (wk):	to practise
	über (Acc. & Dat.):	over, above
der	Überblick (–e):	survey
	übereinstimmen (wk) mit + Dat.:	to agree with
die	Überfahrt (–en):	crossing
	überfüllt:	overcrowded
	überhaupt:	at all
	übermorgen:	the day after tomorrow
	übernachten (wk) (insep):	to spend the night
	überqueren (wk) (insep):	to cross
	überrascht:	surprised
der	Überseedampfer (–):	ocean-going steamer
	übrigens:	by the way, moreover
die	Uhr (–en):	clock, watch
das	Uhrengeschäft (–e):	watch and clock shop
die	Umgebung (–en):	surrounding countryside
der	Umstand (–e):	circumstance
	*umsteigen (ei, ie, ie):	to change (vehicles)
sich	umziehen (ie, o, o):	to get changed
	unangenehm:	unpleasant
	unbedingt:	at all costs, absolutely, without fail
	unbekannt:	unknown
	unbequem:	uncomfortable
	unbeschädigt:	undamaged, unharmed
	unecht:	not genuine, false
	unehrlich:	dishonest
der	Unfall (–e):	accident
	unfreundlich:	unfriendly
	ungefähr:	approximately, about
	ungeklärt:	unexplained
	ungeschält:	unpeeled
	ungeschickt:	clumsy
	unglaublich:	unbelievable, incredible
	unglücklich:	unhappy, unfortunate
	unhöflich:	impolite
die	Uni (–s):	university
die	Universität (–en):	university
das	Universitätsviertel (–):	university district
	unten:	downstairs, at the bottom

		(nach unten – downstairs (movement))
	unter (+ Acc. & Dat.):	under, beneath
das	*Unterdeck* (–s):	lower deck
	unterhalb (+ Gen.):	below
sich	*unterhalten* (ä, ie, a) (insep):	to chat, converse
	unterrichten (wk) (insep):	to teach, instruct
der	*Unterschied* (–e):	difference
	unterstützen (wk) (insep):	to support
die	*Untertasse* (–n):	saucer
	ununterbrochen:	continuous, uninterrupted
	üppig:	lush, luxuriant
der	*Urlaub:*	leave, holidays
der	*Urlaubsplan* (÷e):	holiday plan
die	*Vase* (–n):	vase
der	*Vater* (÷):	father
sich	*verabreden* (wk) (insep):	to make an appointment, arrange to meet
	verabredet:	arranged
sich	*verabschieden* (wk) (insep):	to part, take one's leave
	verändern (wk):	to alter, change
	veranstalten (wk) (insep):	to arrange
	verärgert:	annoyed
	verbringen (verbringt, verbrachte, verbracht):	to spend (time)
	verdienen (wk):	to earn, deserve
der	*Verdienst* (–e):	earnings
die	*Vergangenheit* (–en):	past
	vergebens:	in vain
	*vergehen (e, i, a):	to pass
	vergessen (i, a, e):	to forget
der	*Vergleich* (–e):	comparison
das	*Vergnügungsviertel* (–):	entertainments district
die	*Vergrößerung* (–en):	enlargement
	verhältnismäßig:	relatively
	verheiratet:	married
	verkaufen (wk):	to sell
der	*Verkäufer* (–):	salesman
die	*Verkäuferin* (–nen):	saleslady
der	*Verkehr:*	traffic
die	*Verkehrsampel* (–n):	traffic light
das	*Verkehrszeichen* (–):	traffic sign
	verlassen (ä, ie, a):	to leave
	verlaufen (äu, ie, au):	to pass (of time)
der	*Verletzte* (like adj.):	injured person
	verlieren (ie, o, o):	to lose
der	*Verlobte* (like adj.):	fiancé
	verlobt:	engaged
der	*Verlobungsring* (–e):	engagement ring
der	*Verlust* (–e):	loss
	vermeiden (ei, ie, ie):	to avoid
	vermuten (wk) (insep):	to assume, suppose
	vernünftig:	sensible
	verpassen (wk) (insep):	to miss (a bus etc.)
	*verreisen (wk) (insep):	to go away
	verrenken (wk) (insep):	to twist (an ankle etc.)
	verrichten (wk) (insep):	to do, accomplish
	versäumen (wk) (insep):	to miss (an opportunity etc.)

	verschieben (ie, o, o):	to postpone
	verschieden:	different
	verschwenden (wk) (insep):	to waste
das	*Versicherungsgebäude* (–):	insurance building
die	*Verspätung* (–en):	delay, lateness
	versprechen (i, a, o):	to promise
	verstecken (wk) (insep):	to hide
	verstehen (e, a, a):	to understand
	versuchen (wk) (insep):	to try, attempt
das	*Verwaltungsgebäude* (–):	administrative building
das	*Verwaltungsviertel* (–):	administrative area
	verwandeln (wk) (insep):	to change
	verwandt:	related
die	*Verwandschaft* (–en):	relationship
	verzichten (wk) (insep) auf+ Acc.:	to do without, miss
der	*Vetter* (–n):	cousin (male)
das	*Vieh:*	cattle
das	*Viehfutter:*	cattle fodder
	viel:	much, a lot
	viele:	many
	vielleicht:	perhaps
	viereckig:	square, rectangular
das	*Viertel* (–):	quarter, area, district
die	*Viertelstunde* (–n):	a quarter of an hour
die	*Villa* (Villen):	villa
die	*Violine* (–n):	violin
der	*Vogel* (÷):	bird
die	*Volksschule* (–n):	primary school
	voll:	full
	völlig:	completely
	vollschlank:	plumpish
	von (+ Dat.):	from, of
	vor (+ Acc. and Dat.):	in front of
	im voraus:	in advance
der	*Vordergrund:*	foreground
	vor*haben* (hat, hatte, gehabt):	to intend
der	*Vorhang* (÷e):	curtain
	vor*lesen* (ie, a, e):	to read aloud
der	*Vormittag* (–e):	morning (*am Vormittag* – in the morning)
der	*Vorort* (–e):	suburb
der	*Vorschlag* (÷e):	suggestion
	vor*schlagen* (ä, u, a):	to suggest
	vorsichtig:	cautious(ly), careful(ly)
die	*Vorspeise* (–n):	first dish, hors d'oeuvre
	vor*stellen* (wk):	to introduce, present
die	*Vorstellung* (–en):	performance
der	*Vorteil* (–e):	advantage
	vor*zeigen* (wk):	to show, produce
die	*Waage* (–n):	weighing machine, scales
	*wachsen (ä, u, a):	to grow
der	*Wächter* (–):	keeper
	wagen (wk):	to dare, risk
der	*Wagen* (–):	car, carriage
	wählen (wk):	to choose, dial
das	*Wahlfach* (÷er):	voluntary subject
	während (+ Gen.):	during
	während:	while

	wahrscheinlich:	probably
die	*Wand* (ᵉe):	wall
	wandern (wk):	to hike, wander
der	*Wanderstock* (ᵉe):	hiking stick
der	*Wandschrank* (ᵉe):	wall cupboard
die	*Ware* (–n):	ware, goods
das	*Warenhaus* (ᵉer):	department store
	warm:	warm (*Es ist mir warm –* I'm warm)
	warten (wk) *auf*+ Acc.:	to wait (for)
der	*Wartesaal* (–säle):	waiting room
	warum:	why
	was:	what
	was für:	what sort of
die	*Waschanlage* (n):	washing facilities
das	*Waschbecken* (–):	wash basin
sich	*waschen* (ä, u, a):	to wash
der	*Waschlappen* (–):	face flannel
die	*Waschmaschine* (–n):	washing machine
das	*Waschpulver* (–):	washing powder
der	*Waschraum* (ᵉe):	wash room
das	*Wasser*:	water
der	*Wasserrand* (ᵉer):	water's edge
	watscheln (wk):	to waddle
	wechseln (wk):	to change
das	*Wechselgeld*:	change
die	*Wechselstube* (–n):	currency exchange office
der	*Wecker* (–):	alarm clock
	wedeln (wk):	to wag (*Der Hund wedelte mit dem Schwanz* – the dog wagged its tail)
	weg:	away
der	*Weg* (–e):	way, path (*sich auf den Weg machen* – to set off)
	wegen (+ Gen):	on account of
	weich:	soft
(das)	*Weihnachten*:	Christmas
der	*Weihnachtsbaum* (ᵉe):	Christmas tree
das	*Weihnachtsgedicht* (–e):	Christmas poem
das	*Weihnachtsgeschenk* (–e):	Christmas present
die	*Weihnachtsgeschichte*:	the Christmas story
das	*Weihnachtslied* (–er):	Christmas carol
	weil:	because
der	*Wein* (–e):	wine
die	*Weintraube* (–n):	grape
	weiß:	white
	weit:	far
	weiter*fahren* (ä, u, a):	to drive on
	welcher/e/es:	which
die	*Welt* (–en):	world
	wenden (wendet, wandte, gewandt):	to turn
	wenn:	when(ever), if
	wer:	who
der	*Werbegraphiker* (–):	commercial artist
	werden (wird, wurde, geworden):	to become, get
	werfen (i, a, o):	to throw, cast
die	*Werft* (–en):	wharf
das	*Werk* (–e):	works (factory)
	wertvoll:	valuable
das	*Wetter*:	weather
der	*Whisky*:	whisky
	wie:	how, like (*Wie ist es?* – What's it like?)
auf	*Wiedersehen*:	good-bye
	wiegen (ie, o, o):	to weigh
	wiehern (wk):	to neigh
die	*Wiese* (–n):	meadow
die	*Wildlederjacke* (–n):	suede jacket
	wimmeln (wk):	to crowd, throng
der	*Wind* (–e):	wind
	windig:	windy
die	*Wippe* (–n):	see-saw
	wippen (wk):	to see-saw
(die)	*Wirtschaftskunde*:	economics (school subject)
	wischen (wk):	to wipe
	wissen (weiß, wußte, gewußt):	to know (*Ich weiß nicht* – I don't know)
	wo:	where
die	*Woche* (–n):	week
das	*Wochenende* (–n):	week end
	wöchentlich:	weekly
der	*Wodka*:	vodka
	wohin:	where to
	wohnen (wk):	to live
das	*Wohnviertel* (–):	residential area
der	*Wohnwagen* (–):	caravan
das	*Wohnzimmer* (–):	living room, lounge
der	*Wolf* (ᵉe):	wolf
die	*Wolke* (–n):	cloud
	wolkenlos:	cloudless
die	*Wolle* (Wollarten):	wool
	wollen (will, wollte, gewollt):	to want to
die	*Wolljacke* (–n):	cardigan
das	*Wort* (–e/ᵉer):	word
das	*Wörterbuch* (ᵉer):	dictionary
	wozu:	why, for what purpose
	wunderbar:	wonderful
	wünschen (wk):	to wish
die	*Wurst* (ᵉe):	sausage
der	*Zaun* (ᵉe):	fence
der	*Zahn* (ᵉe):	tooth
der	*Zahnarzt* (ᵉe):	dentist
die	*Zahnbürste* (–n):	tooth brush
die	*Zahnpasta* (pasten):	toothpaste
(die)	*Zahnschmerzen* (pl):	toothache
die	*Zahl* (–en):	number
der	*Zebrastreifen* (–):	zebra crossing
die	*Zeichnung* (–en):	drawing
	zeigen (wk):	to show, point
die	*Zeitschrift* (–en):	magazine
die	*Zeitung* (–en):	newspaper
der	*Zeitungsbericht* (–e):	newspaper report
der	*Zeitungsstand* (ᵉe):	newspaper stand
das	*Zelt* (–e):	tent (*ein Zelt* **auf***bauen* (wk) – to put up a tent)
	zelten (wk):	to camp
der	*Zentimeter* (–):	centimetre

der	*Zentner* (—) :	hundredweight (50 kilos)
	zerstören (wk) (insep):	to destroy
die	*Ziege* (-n) :	goat
	ziehen (ie, o, o):	to pull
die	*Ziehharmonika* (-s):	accordion
das	*Ziel* (-e):	destination, aim
	ziemlich:	fairly
	zierlich:	dainty
die	*Zigarette* (—n):	cigarette
die	*Zigarre* (—n):	cigar
das	*Zimmer* (—) :	room
die	*Zimmerbestellung* (-en):	room reservation
das	*Zimmermädchen* (–):	chamber maid
der	*Zirkus* (–se):	circus
	zischen (wk):	to hiss
die	*Zitrone* (—n):	lemon
der	*Zoll* (–e):	customs
der	*Zollbeamte* (like adj.):	customs official
das	*Zollgebäude* (–):	customs building
die	*Zollstation* (-en):	customs station
der	*Zoo* (-s) :	zoo
	zu (+Dat.):	to
	zubereiten (wk):	to prepare
	züchten (wk):	to breed, to grow
der	*Zucker*:	sugar
das	*Zuckerstückchen* (–):	lump of sugar

	zuerst:	firstly, first of all
	zufällig:	by chance
	zufrieden:	content, satisfied
der	*Zug* (–e):	train
	zuhören (wk) (+Dat.):	to listen to
	zumachen (wk):	to close, shut
die	*Zunge* (-n):	tongue
	zurechtmachen (wk):	to get ready, prepare, arrange
	zurücklegen (wk):	*eine Strecke zurücklegen* – to cover a distance
	zusammen:	together
	zusammenbrechen (i, a, o):	to collapse
	zusammenklappbar:	collapsible
der	*Zuschlag* (–e):	supplement
der	*Zuschauer* (–):	spectator
	zuwenden (*wendet, wandte, gewandt*):	to turn to
	zuziehen (ie, o, o):	*Vorhänge zuziehen* – to draw the curtains
	zwar:	indeed
die	*Zwiebel* (–n):	onion
	zwischen (+Acc. and Dat.):	between
der	*Zwischenfall* (–e):	incident

Acknowledgements

Once again I should like to acknowledge my indebtedness to my wife for her patience and her many constructive suggestions, and to Udo Tolle who helped me with the initial concept of *Unterwegs*. I should also like to thank Sigrid Martin, Heidi Harris, Gisela Angell and Franz Mainzer who kindly read through the manuscript and ensured the authenticity of the German.

D. F. S.

List of Photographs